ଷ୍ଟକ୍ ମାର୍କେଟ୍‌ରେ ସଫଳତାର ସୂତ୍ର

ଅମୋଲ ଗାନ୍ଧୀ

ଡାଇମଣ୍ଡ ବୁକ୍ସ

www.diamondbook.in

ପ୍ରକାଶକ : ଡାଇମଣ୍ଡ ପକେଟ ବୁକ୍ସ (ପ୍ରା.)ଲି.
X-30, ଓଖଲା ଇଣ୍ଡଷ୍ଟ୍ରିଆଲ ଏରିଆ ଫେଜ୍ - II
ନୂଆ ଦିଲ୍ଲୀ - 110020
ଫୋନ : 011-40712200
ଇ-ମେଲ : sales@dpb.in
ୱେବସାଇଟ୍ : www.diamondbook.in
ସଂସ୍କରଣ : 2019
ମୁଦ୍ରକ : ଜି.ଏସ. ଏଣ୍ଟରପ୍ରାଇଜର୍ସ

Stock Market Re Safalata Ra Sutra (Odia)

ଷ୍ଟକ୍ ମାର୍କେଟ୍‌ରେ ସଫଳତାର ସୂତ୍ର

by: Amol Gandhi

ଲେଖକଙ୍କ କଲମରୁ...

ଶେୟାର ବଜାରରେ ପ୍ରତ୍ୟେକ ନିବେଶକ ସଫଳ ହେବାର ସ୍ୱପ୍ନ ଦେଖନ୍ତି କିନ୍ତୁ ଆପଣ ଭଲ ଭାବେ ଜାଣିଥିବେ ଯେ ସ୍ୱପ୍ନ ଖୁବ୍ କମ ଲୋକଙ୍କର ସଫଳ ହୋଇ ପାରେ । ଆପଣଙ୍କୁ ଏପରି କେତେକ ଉଦାହରଣ ମିଳିଯିବ ଯିଏ ସଫଳତା ପାଇଁ ସବୁକିଛି କରନ୍ତି ତଥାପି ମଧ୍ୟ ବିଫଳତା ହସ୍ତଗତ ହୁଏ । ଶେୟାର ବଜାରରେ ସଫଳ ହେବା ପାଇଁ ଜରୁରୀ ହେଉଛି ନିବେଶକଙ୍କର ମସ୍ତିଷ୍କ ଖୋଲା ଓ ସଚେତ ରହିବା ଉଚିତ୍ ଯାହା ଫଳରେ କି ଶେୟାର ବଜାରର ପ୍ରତ୍ୟେକ ହଲଚଲକୁ ତୀକ୍ଷ୍ଣ ଦୃଷ୍ଟିରେ ଦେଖି ପାରିବେ ।

ଶେୟାର ବଜାରରେ କଠିନ ପରିଶ୍ରମ ଓ ବହୁତ ସମୟ ଲଗାଇ କାର୍ଯ୍ୟ କରିବା ପରିବର୍ତ୍ତେ ମଧ୍ୟ, ସଫଳ ନହୋଇ ପାରିବା ପଛରେ ଗୋଟିଏ କାରଣ ହେଉଛି ନିଜ କର୍ମକୁ ଠିକ ଆକଳନ ନକରି ପାରିବା । ଯେତେବେଳେ କି ସଫଳ ବ୍ୟକ୍ତି ନିଜର ପ୍ରତ୍ୟେକ ଛୋଟ-ବଡ଼ ନିର୍ଣ୍ଣୟର ପ୍ରତିକ୍ରିୟା ଆକଳନ କରନ୍ତି, ପରାମର୍ଶ ନିଅନ୍ତି । ଭୂଲ ଉପରେ ନଜର ରଖନ୍ତି ଓ ସେହି ଅନୁସାରେ ଆଗର ରଣନୀତି ପ୍ରସ୍ତୁତ କରନ୍ତି । ଏହି ପୁସ୍ତକ ଆପଣଙ୍କୁ ଅଧିକ ଭଲ ରଣନୀତି ପ୍ରସ୍ତୁତ କରିବାରେ ସହାୟକ ହୋଇ ପାରେ ।

ଶେୟାର ବଜାରରେ ପ୍ରତ୍ୟେକ ନିବେଶକଙ୍କୁ ନିଜ ପାଇଁ କେବେବି ସୀମିତ ମାର୍ଗ ପ୍ରସ୍ତୁତ କରିବା ଉଚିତ୍ ନୁହେଁ । ଶେୟାର ବଜାରରେ ସଫଳ ଲୋକମାନେ କୌଣସି ସୀମିତ ମାର୍ଗରେ ବାନ୍ଧି ହୋଇ ରୁହନ୍ତି ନାହିଁ, ବରଂ ସେମାନେ ପ୍ରତ୍ୟେକ ନିଜ ନିଜ ମାର୍ଗକୁ ଆଗକୁ ବଢ଼ାନ୍ତି ଓ ଏପରି କାର୍ଯ୍ୟକୁ ହାତରେ ନିଅନ୍ତି, ଯାହାକୁ କରିବା ପାଇଁ ସେମାନଙ୍କୁ ନିଜ କମ୍ଫର୍ଟ ଜୋନରୁ ବାହାରକୁ ବହାରିବା ପାଇଁ ହେବ ।

ଶେୟାର ବଜାରରେ ସଫଳ ନିବେଶକ ନିଜେ କମ୍ଫର୍ଟ ଜୋନରୁ ବାହାରକୁ ବାହାରି ନୂଆ-ନୂଆ ଜିନିଷ ଶିଖନ୍ତି ଓ ନୂଆ-ନୂଆ ଅନୁଭବ ପ୍ରାପ୍ତ କରନ୍ତି ଓ ସେମାନଙ୍କ ଏହି ଅନୁଭବ ଶେୟାର ବଜାରରେ ସଫଳତାର ମାର୍ଗ ପ୍ରସ୍ତୁତ କରେ । ଏହି ପୁସ୍ତକ ଆପଣଙ୍କୁ ଆଗକୁ ବଢ଼ିବା ପାଇଁ ସାହାଯ୍ୟ କରିବ ।

ଶେୟାର ବଜାରରେ ପ୍ରତ୍ୟେକ ନିବେଶକ ନିଜର ଲକ୍ଷ ନିର୍ଦ୍ଧାରଣ କରନ୍ତି, କିନ୍ତୁ ଲକ୍ଷକୁ ସିଏ ଭେଦ କରେ ଯାହା ପାଖରେ ଅର୍ଜୁନ ପରି ଏକାଗ୍ରତା ଥାଏ । କୌଣସି ବି ପରିସ୍ଥିତିରେ ନିଜର ଫୋକସ୍ ଜାରି ରଖିବା ସଫଳ ହେବା ପାଇଁ ବହୁତ ଆବଶ୍ୟକ ଅଟେ । କାରଣ ଯଦି ଫୋକସ୍ ହଟାଇ ଦିଅନ୍ତି ତେବେ ଲକ୍ଷ ମଧ୍ୟ ଅଦୃଶ୍ୟ ହୋଇଯିବ । ଏହି ପୁସ୍ତକ ଜଣେ ନିବେଶକଙ୍କ ଲକ୍ଷ ପ୍ରାପ୍ତି ପାଇଁ ମହତ୍ତ୍ୱପୂର୍ଣ୍ଣ ଭୂମିକା ଗ୍ରହଣ କରି ପାରିବ ।

- ଅମୋଲ ଗାନ୍ଧୀ

ସୂଚୀପତ୍ର

୧- ଷ୍ଟକ ମାର୍କେଟ୍

> ନିଜର ସଫଳତାକୁ ସେଥିରେ ମାପ, ତାକୁ ପାଇବା ପାଇଁ ତୁମେ ଯାହା ହଜାଇଛ ।
> - ଦଲାଇ ଲାମା

କୌଣସି ବି କ୍ଷେତ୍ରରେ ସଫଳତାର ସବୁଦିନ ନୂଆ କୀର୍ତ୍ତିମାନ ସ୍ଥାପିତ କରିବା ପାଇଁ ସର୍ବ ପ୍ରଥମ ଆବଶ୍ୟକତା ହେଉଛି ଯେ ଆମେ କେବଳ ସେହି କ୍ଷେତ୍ର ବିଷୟରେ କେବଳ ଗଭୀର ଅଧ୍ୟୟନ କଲେ ଚଳିବ ନାହିଁ, ବରଂ ସେହି କ୍ଷେତ୍ର ସହିତ ଜଡ଼ିତ ଲୋକ, ସମିତିମାନଙ୍କ ସହିତ ମଧ୍ୟ ସମ୍ପର୍କ ରଖିବା ଉଚିତ୍ । ଆମେ ନିଜ ପାଠକମାନଙ୍କୁ ସର୍ବପ୍ରଥମେ ଷ୍ଟକ ମାର୍କେଟ ସହିତ ସମ୍ପର୍କୀତ କେତେକ ତଥ୍ୟ ପ୍ରଦାନ କରୁଛୁ ।

ଷ୍ଟକ ମାର୍କେଟରେ ଶେୟାର, ଡିବେଞ୍ଚର, ମ୍ୟୁଚୁଆଲ ଫଣ୍ଡ, ଡେରିଭେଟିଭ୍ସ ଓ ଅନ୍ୟ ସିକ୍ୟୁରିଟୀଜ ସୁରକ୍ଷାକୁ କିଣାଯାଏ ଓ ବିକାଯାଏ । ଶେୟାରକୁ ମୁଖ୍ୟ ରୂପେ ଷ୍ଟକ ଏକ୍ସଚେଞ୍ଜ ମାଧ୍ୟମରେ କିଣା ଯାଏ ଓ ବିକାଯାଏ ଓ ଭାରତରେ ବୀଏସଇ (ବମ୍ବେ ଷ୍ଟକ ଏକ୍ସଚେଞ୍ଜ) ଏନଏସ୍‌ଇ (ନ୍ୟାସନାଲ ଷ୍ଟକ ଏକ୍ସଚେଞ୍ଜ) ନାମକ ଦୁଇଟି ମୁଖ୍ୟ ଷ୍ଟକ ଏକ୍ସଚେଞ୍ଜ ଅଛି ।

ଶେୟାର ବଜାର ଏକ ଏପରି ବଜାର ଅଟେ ଯେଉଁଠାରେ କମ୍ପାନୀମାନଙ୍କର ଶେୟାର କିଣା-ବିକା କରାଯାଇ ପାରିବ । କୌଣସି ବି ଅନ୍ୟ ବଜାର ପରି ଶେୟାର ବଜାରରେ ମଧ୍ୟ କିଣିବା ଓ ବିକିବା ବାଲା ଜଣେ ଅନ୍ୟ ଜଣକ ସହିତ ମିଳେ ଓ ମୂଲଚାଲ କରି ସଉଦା ପକ୍କା କରେ । ପ୍ରଥମେ ଶେୟାରୁଡ଼ିକରେ କିଣା-ବିକା ମୌଖିକ କଥାବାର୍ତ୍ତା ଦ୍ୱାରା ହେଉଥିଲା ଓ କିଣା-ବିକା ବାଲା ହିଁ ସଉଦା କରୁଥିଲେ । କିନ୍ତୁ ଏବେ ସମସ୍ତ ନେଣଦେଣ ଷ୍ଟକ ଏକ୍ସଚେଞ୍ଜ ନେଟୱାର୍କ ସହିତ ଜଡ଼ିତ କମ୍ପ୍ୟୁଟର ମାଧ୍ୟମରେ ହେଉଛି । ଇଣ୍ଟରନେଟରେ ମଧ୍ୟ ଏହି ସୁବିଧା ମିଳେ । ଆଜିର ସ୍ଥିତି ହେଉଛି କିଣିବା-ବିକିବା ବାଲା ଜଣେ ଅନ୍ୟ ଜଣକୁ ଜାଣି ବି ପାରୁନାହିଁ ।

ଏକ ପ୍ରକାରରେ ଦେଖିବାକୁ ଗଲେ ଏଠାରେ ଶେୟାରର ନିଲାମ ହୁଏ । ଯଦି କାହାକୁ ବିକିବାର ଥାଏ ତେବେ ସବୁଠାରୁ ଉଚ୍ଚ ଦର ଡାକିବା ବାଲାକୁ ଏହି ଶେୟାର ବିକି ଦିଆଯାଏ । ବା ଯଦି କିଏ ଶେୟାର କିଣିବାକୁ ଚାହେଁ ତେବେ ବିକିବା ବାଲାଙ୍କ ମଧ୍ୟରୁ ଯିଏ ସବୁଠାରୁ କମ ମୂଲ୍ୟରେ ଦେବା ପାଇଁ ପ୍ରସ୍ତୁତ ଥାଏ ତା ଠାରୁ ଶେୟାର କିଣି ନିଆଯାଏ । ଶେୟାର ମଣ୍ଡି (ଯେପରି ବମ୍ବେ ଷ୍ଟକ ଏକ୍ସଚେଞ୍ଜ ବା ନ୍ୟାସନାଲ ଷ୍ଟକ ଏକ୍ସଚେଞ୍ଜ) ଏହିପରି ଡାକ ଲଗାଇବା ପାଇଁ ଆବଶ୍ୟକ ହେଉଥିବା ସବୁ ପ୍ରକାରର ସୁବିଧା ଉପଲବ୍ଧ କରାଇଥାନ୍ତି । ଭାବନ୍ତୁ, ଗୋଟାଏ ଦିନରେ କୋଟି କୋଟି ଶେୟାର ଆଦାନ ପ୍ରଦାନ ହୁଏ । କେତେ କଷ୍ଟକର ହେବ ଯଦି ସମସ୍ତ କାରବାର କରିବା ବାଲାଙ୍କୁ ଗର୍ଜି ଗର୍ଜି କିଣିବା ଓ ବିକିବା ବାଲାମାନଙ୍କୁ ଖୋଜିବାକୁ ହେବ । ଯଦି ଏପରି ହେବ ତେବେ ଶେୟାର କିଣିବା ଓ ବିକିବା ଅଳ୍ପ-ବେଶୀ ଅସମ୍ଭବ ହୋଇଯିବ । ଶେୟାର ମଣ୍ଡିଗୁଡ଼ିକ ଏହି କାର୍ଯ୍ୟକୁ ସରଳ ଓ ଠିକ୍ ଉପାୟରେ କରିବାର ଅସଲି ଢାଞ୍ଚା ପ୍ରଦାନ କରନ୍ତି । କେତେ ପ୍ରକାରର ନିୟମ, କମ୍ପ୍ୟୁଟରର ସାହାଯ୍ୟ, ଶେୟାର ବ୍ରୋକର, ଇଣ୍ଟରନେଟ ମାଧ୍ୟମରେ ଏହି ଅସଲି ଢାଞ୍ଚା ଦିଆଯାଏ । ପ୍ରକୃତରେ ଶେୟାର ବଜାର ଏକ ସୁବିଧାଜନକ ପରିବା ବଜାର ଠାରୁ ଅଧିକ କିଛି ନୁହେଁ ।

କିଛି ବର୍ଷ ପୂର୍ବେ ବମ୍ବେ ଷ୍ଟକ ଏକ୍ସଚେଞ୍ଜରେ ସିଧା କିଣା ବିକା କରିବାକୁ ପଡୁଥିଲା ।

ବିଗତ କିଛି ବର୍ଷ ହେବ କମ୍ପ୍ୟୁଟର ଓ ଇଣ୍ଟରନେଟ ମାଧ୍ୟମରେ କେହି ହେଲେ ବି ଘରେ ବସି ଶେୟାର କିଣା-ବିକା କରି ପାରିବ । ସୂଚନା ବିଭାଗର ଏହା ଏକ କ୍ରାନ୍ତିକାରୀ ଉତ୍କୃଷ୍ଟ ନମୂନା ଅଟେ । ଯେଉଁ କାମ ପୂର୍ବରୁ କେବଳ ପଇସା ବାଲା ହିଁ କରି ପାରୁଥିଲେ ଏବଂ ସେସବୁ ଜଣେ ସାଧାରଣ ମଣିଷ ବି କରି ପାରୁଛି ।

ଆଜିକାଲି ସବୁ ଶେୟାର ଡିମ୍ୟାଟେ ରିଆଲାଇଜ୍‌ଡ ଅଟନ୍ତି । ଶେୟାର ଛଡ଼ା ନିବେଶକ ଭାରତୀୟ ମ୍ୟୁଚୁଆଲ ଫଣ୍ଡରେ ମଧ୍ୟ ପଇସା ଲଗାଇ ପାରିବେ ।

ସାଧାରଣ ଗ୍ରାହକଙ୍କୁ କୌଣସି ଡିମେଟ ସର୍ଭିସ ଦେଉଥିବା ବ୍ୟାଙ୍କରେ ନିଜର ଖାତା ଖୋଲିବାକୁ ପଡ଼େ । ଆଜିକାଲି ଅନେକ ବ୍ୟାଙ୍କ ଯଥା:- ଆଇସିଆଇସିଆଇ, ଏଚଡିଏଫସୀ, ଭାରତୀୟ ଷ୍ଟେଟ ବ୍ୟାଙ୍କ ଇତ୍ୟାଦି ଡିମେଟ ସର୍ଭିସ୍ ଦିଅନ୍ତି । ଏହି ପ୍ରକାରର ଖାତାର ବାର୍ଷିକ ଫିସ ୫୦୦-୮୦୦ ଟଙ୍କା ପର୍ଯ୍ୟନ୍ତ ହୋଇଥାଏ ।

ଶେୟାର ବଜାର କୌଣସି ବି ବିକଶିତ ଦେଶର ଅର୍ଥବ୍ୟବସ୍ଥାର ଏକ ମହତ୍ତ୍ୱପୂର୍ଣ୍ଣ ଦିଗ ଅଟେ । ଯେପରି କୌଣସି ଦେଶ, ଗାଁ ବା ଶହରର ବିକାଶ ପାଇଁ ଶେୟାର ବଜାର ଜରୁରୀ ଅଟେ । ଉଦ୍ୟୋଗ- ବ୍ୟାପାର ଚଳାଇବା ପାଇଁ କ୍ୟାପିଟାଲର ଆବଶ୍ୟକତା ଅଛି । ଏହା ଶେୟାର ବଜାରରେ ମିଳେ । ଶେୟାର ବଜାର ମାଧ୍ୟମରେ ସମସ୍ତ ସାଧାରଣ ବ୍ୟକ୍ତି ବଡ଼ରୁ ବଡ଼ ଉଦ୍ୟୋଗରେ ନିଜର ଭାଗୀଦାରି କରି ପାରିବେ । ଏହି ପରି ଭାଗିଦାରୀ ଦ୍ୱାରା ସେ ବଡ଼ ଉଦ୍ୟୋଗରେ ହେଉଥିବା ଲାଭରେ ନିୟମିତ ଭାଗୀଦାର ହୋଇ ପାରିବେ । ମାନି ନିଆଯାଉ, ଯଦି କୌଣସି ବି ନାଗରିକଙ୍କୁ ଏପରି ଲାଗେ ଯେ ଭବିଷ୍ୟତରେ ରିଲାଏନ୍ସ ବା ଇନ୍‌ଫୋସିସ୍ ସମସ୍ତ ଲାଭ କମାଇବ, ତେବେ ସେହି କମ୍ପାନୀମାନଙ୍କର ଶେୟାର କିଣି ଏହି ଲାଭର ଭାଗିଦାର ହୋଇ ହେବ ଓ ଏପରି କରିବା ପାଇଁ ଯେଉଁ ବ୍ୟବସ୍ଥା ଦରକାର ତାହା ଶେୟାର ବଜାର ପ୍ରଦାନ କରେ । ଗୋଟିଏ ଭଲ ଶେୟାର ବଜାର ଏହି କଥାର ଯତ୍ନ ନିଏ ଯେ, କୌଣସି ବି ନିବେଶକଙ୍କୁ ସଦା ସର୍ବଦା ସୁଯୋଗ ମିଳୁ ।

ବମ୍ବେ ଷ୍ଟକ ଏକ୍ସଚେଞ୍ଜ ଓ ନ୍ୟାସ୍‌ନାଲ ଷ୍ଟକ ଏକ୍ସଚେଞ୍ଜ ଛଡ଼ା ସାରା ଦେଶରେ ୨ଟି କ୍ଷେତ୍ରୀୟ ଷ୍ଟକ ଏକ୍ସଚେଞ୍ଜ ଅଛି ।

ଆଜି ସାରା ଦୁନିଆରେ ନିବେଶକ ଯେକୌଣସି ଦେଶର ଷ୍ଟକ ମାର୍କେଟରେ ପାଇସା ଲଗାଇ ପାରିବେ, କିନ୍ତୁ ଜଣେ ସଫଳ ନିବେଶକର କିଛି ଆଧାର ସଦୃଶ କଥାର ସୂଚନା ପାଇବା ଆବଶ୍ୟକ ।

❑❑❑

୨- ଶେୟାର ବଜାର କିପରି କାର୍ଯ୍ୟ କରେ ?

> ତୁମର କାର୍ଯ୍ୟ ହେଉଛି ନିଜ ଦୁନିଆକୁ ଖୋଜିବା ଓ ପୁନଶ୍ଚ ନିମଜ୍ଜିତ ହୃଦୟର ସହିତ ନିଜକୁ ସେଥିରେ ନିମଜ୍ଜିତ ରଖିବା ।   - **ବୁଦ୍ଧ**

ଗୋଟିଏ ଲୋକବାଣୀ ଶୁଣିଥିବେ "ଯାହାର କାମ ତାକୁ ଶୋଭାପାଏ" ଏହି ଲୋକବାଣୀ ଅନୁଭବର କଥା । କିନ୍ତୁ ଜଣେ ଜାଗରୁକ ନିବେଶକଙ୍କୁ କୌଣସି ମେସିନର ସୂଚନା ମିଳିଗଲେ ସେ ନିଜେ ମଧ୍ୟ ସେହି କଳାରେ ସିଦ୍ଧହସ୍ତ ହୋଇ ପାରନ୍ତି । ଏହି କଥା ଷ୍ଟକ ମାର୍କେଟ ବିଷୟରେ ବି କୁହାଯାଇ ପରିବ ।

ଶେୟାର ବଜାର କଣ ଅଟେ ଓ କିପରି କାର୍ଯ୍ୟ କରେ, ଶେୟାର କିପରି କିଣାଯାଏ ? ଯେବେବି ଆମେ କୌଣସି ବଜାରର କଳ୍ପନା କରୁ ସେତେବେଳେ ଆମର ମସ୍ତିଷ୍କରେ କୌଣସି ଏପରି ଜାଗାର ଛବି ଦେଖାଯାଏ ଯେଉଁଠାରେ ବହୁତ ଦୋକାନ ଥିବ ବା ବହୁତ ଜିନିଷ ଥିବ ସେଠାକୁ ଯାଇ ଆପଣ କିଣା କିଣି କରି ପାରିବେ, କିନ୍ତୁ ଶେୟାର ବଜାର ଏପରି ବଜାର ନୁହେଁ । ଶେୟାର ବଜାରର କିଣିବା ଓ ବିକିବା କାର୍ଯ୍ୟ ସମ୍ପୂର୍ଣ୍ଣ ରୂପେ କମ୍ପ୍ୟୁଟର ଦ୍ୱାରା ଅଟୋମେଟିକ ପ୍ରକ୍ରିୟାରେ ହେଉଛି । କୌଣସି ବି ଶେୟାର କିଣିବା ବା ବିକିବା ବ୍ୟକ୍ତି ନିଜ ବ୍ରୋକର ମାଧ୍ୟମରେ ଏକ୍ସଚେଞ୍ଜରେ ନିଜର ଅର୍ଡର ଦିଏ ଓ କ୍ଷଣକ ସମୟରେ ପେଣ୍ଡିଙ୍ଗ ଅର୍ଡର ଅନୁସାରେ ଅଟୋମେଟିକାଲୀ ସଉଦା ମିଳିଯାଏ ।

ଶେୟାର ବଜାରରେ କାର୍ଯ୍ୟର କିଛି ଘଣ୍ଟା ପରେ ବ୍ରୋକର ନିଜର ଗ୍ରାହକଙ୍କ ପାଇଁ ସେମାନଙ୍କ ଦ୍ୱାରା, ଦିଆଯାଇଥିବା ଅର୍ଡର ଟର୍ମିନାଲରେ ପକାଇ ଦିଅନ୍ତି ଏହା ବଦଳରେ ବ୍ରୋକରକୁ ବ୍ରୋକରେଜ ବା ଦଲାଲୀ ଫିସ୍ ମିଳେ । ଶେୟାର ବଜାରର ତିନୋଟି କଡ଼ି

ଅଛି । ଷ୍ଟକ ଏକ୍ସଚେଞ୍ଜ, ବ୍ରୋକର ଓ ନିବେଶକ । ବ୍ରୋକର ଷ୍ଟକ ଏକ୍ସଚେଞ୍ଜର ସଦସ୍ୟ ଅଟନ୍ତି ଓ କେବଳ ସେ ହିଁ ଷ୍ଟକ ଏକ୍ସଚେଞ୍ଜରେ ଟ୍ରେଡିଙ୍ଗ କରି ପାରିବେ । ଗ୍ରାହକ ସିଧା ଯାଇ ଶେୟାର କିଣାବିକା କରି ପାରିବେ ନାହିଁ । ସେମାନେ କେବଳ ବ୍ରୋକର ମାଧ୍ୟମରେ ଯାଇ ପାରିବେ । ଏପରି ନୁହେଁ ଯେ ଶେୟାର ବଜାରରେ ନିବେଶ କରିବା ପାଇଁ ମୋଟା ଅଙ୍କର ଟଙ୍କା ଆବଶ୍ୟକତା ଅଛି । ଏବେ ପଢ଼ନ୍ତୁ ଶେୟାର ବଜାରରେ ଅତି କମ୍‌ରେ କେତେ ନିବେଶ କରି ପାରିବେ ।

ଦେଶର ପ୍ରାୟ ସମସ୍ତ ବଡ଼ ବ୍ୟାଙ୍କ ବା ସେମାନଙ୍କର ସବ୍‌ସିଡ଼ିରେ ଚାଲୁଥିବା କମ୍ପାନୀ ଓ ଅନ୍ୟ ବଡ଼ ବିତ୍ତୀୟ କମ୍ପାନୀ ଏହି ଏକ୍ସଚେଞ୍ଜମାନଙ୍କରେ ବ୍ରୋକର ହିସାବରେ କାମ କରନ୍ତି । ଗ୍ରାହକ ଏହି ବ୍ରୋକର କମ୍ପାନୀ ପାଖକୁ ନିଜ ଡିମେଟ ଆକାଉଣ୍ଟର ସୂଚନା ପ୍ରଦାନ କରି ନିଜର ଖାତା ବ୍ରୋକର ପାଖରେ ଖୋଲାଇ ପାରିବେ । ଏହିପରି ଗ୍ରାହକଙ୍କର ଡିମେଟ ଆକାଉଣ୍ଟ ବ୍ରୋକରଙ୍କର ଆକାଉଣ୍ଟ ସହିତ ଯୋଡ଼ି ହୋଇଯାଏ ଓ କିଣା ବିକା କରା ଯାଉଥିବା ଶେୟାର ଗ୍ରାହକର ଡିମେଟ ଆକାଉଣ୍ଟରୁ ଟ୍ରାନ୍ସଫର ହୋଇଯାଏ । ଏହିପରି ଗ୍ରାହକ ନିଜର ବ୍ୟାଙ୍କ ଖାତା ମଧ୍ୟ ବ୍ରୋକରର ଖାତା ସହିତ ଜୋଡ଼ି ପାରିବେ ଯାହା ଦ୍ୱାରା କିଣା ବିକା ହେଉଥିବା ଶେୟାରର ଧନରାଶି ଗ୍ରାହକଙ୍କ ଖାତାରେ ଟ୍ରାନ୍ସଫର ହୋଇ ପାରିବ ।

ଗ୍ରାହକ ଦ୍ୱାରା କିଣା ଯାଇଥିବା ଶେୟାର ଇଲେକ୍ଟ୍ରୋନିକ୍ସ ରୂପେ ତାଙ୍କ ଡିମେଟ ଆକାଉଣ୍ଟରେ ପଡ଼ି ରୁହେ । ଯେତେବେଳେ କୌଣସି ଡିବିଡେଣ୍ଡରେ ଘୋଷଣା ହୁଏ ସେତେବେଳେ ଆକାଉଣ୍ଟ ସହିତ ଜଡ଼ିତ ବ୍ୟାଙ୍କ ଖାତାରେ ଡିବିଡେଣ୍ଡର ରାଶି ପହଞ୍ଚିଯାଏ । ଏହିପରି ଯଦି କମ୍ପାନୀ ବୋନସ୍ ଶେୟାରର ଘୋଷଣା କରେ ତେବେ ବୋନସ୍ ଶେୟାର ମଧ୍ୟ ଶେୟାରହୋଲ୍ଡର ଡିମେଟ ଆକାଉଣ୍ଟରେ ପହଞ୍ଚିଯାଏ । ଗ୍ରାହକ ଯେତେବେଳେ ଆକାଉଣ୍ଟରେ ଶେୟାର ବିକନ୍ତି ସେତେବେଳେ ସେହି ଡିମେଟ ଶେୟାର ଟ୍ରାନ୍ସଫର ହୋଇଯାଏ ।

ଶେୟାରରେ କାରବାର କରିବା ପାଇଁ ଜଣେ ନିବେଶକଙ୍କ ପାଖରେ ଡିମେଟ ଆକାଉଣ୍ଟ, ବ୍ରୋକର ପାଖରେ ଟ୍ରେଡିଂ ଆକାଉଣ୍ଟ ଓ ତା ସହିତ ସମ୍ବନ୍ଧିତ ଗୋଟିଏ ବ୍ୟାଙ୍କ ଖାତା ଥିବା ଜରୁରୀ ଅଟେ । କେତେକ ବ୍ୟାଙ୍କ ଏଥିପାଇଁ ଥ୍ରୀ ଇନ ୱାନ୍ ଖାତା ଖୋଲିବାର ସୁବିଧା ମଧ୍ୟ ଦିଅନ୍ତି । ଅଧିକାଂଶ ବ୍ରୋକର ହାଉସ ଅନଲାଇନ ଶେୟାର ଟ୍ରେଡିଙ୍ଗର

ସୁବିଧା ମଧ୍ୟ ପ୍ରଦାନ କରନ୍ତି । ଏହା ଛଡ଼ା ଆପଣ ସାଧାରଣ ଫୋନ ଦ୍ୱାରା ମଧ୍ୟ ନିଜ ଅର୍ଡର ଦେଇ ପାରିବେ ।

ଯଦି ଆପଣ ଶେୟାର ବଜାରରେ ନିବେଶ କରିବାକୁ ଚାହାନ୍ତି ତେବେ ଶେୟାର ବଜାର କଣ ଅଟେ ଓ ଶେୟାର ବଜାର କିପରି କାର୍ଯ୍ୟ କରେ, ଏହା ଆପଣଙ୍କ ପାଇଁ ବୁଝିବା ବହୁତ ଆବଶ୍ୟକ ଅଟେ ।

ଦୁନିଆରେ ମହତ୍ତ୍ୱପୂର୍ଣ୍ଣ ପରିବର୍ତ୍ତନ ଆଣୁଥିବା ମୁଖ୍ୟକାରକମାନଙ୍କ ମଧ୍ୟରେ ଗୋଟିଏ ଟେକନୀକ ପକ୍ଷ ମଧ୍ୟ ଥାଏ । ଯେମିତି ଟେକନିକରେ ପରିବର୍ତ୍ତନ ହେଲା ସେମିତି ସାମାଜିକ, ଆର୍ଥିକ ସମ୍ବନ୍ଧ ମଧ୍ୟ ବଦଳିଲା । ସେଥିପାଇଁ ଶେୟାର ବଜାରରେ ହେଉଥିବା କାର୍ଯ୍ୟଶୈଳୀ ଜଣେ ସଫଳ ନିବେଶକଙ୍କ ପାଇଁ ମହତ୍ତ୍ୱପୂର୍ଣ୍ଣ ଭୂମିକା ଲିଭାଇଥାଏ ।

❑❑❑

୩- ଷ୍ଟକ ମାର୍କେଟରେ କିପରି ନିବେଶ କରିବେ ?

> ସଫଳତା ବହୁତ ଦିନ ପର୍ଯ୍ୟନ୍ତ ଟେକ ରୁହେ ଯେତେବେଳେ କି ଅନ୍ୟ ଲୋକମାନେ ପଡ଼ିଆ ଛାଡ଼ି ଚାଲି ଯାଆନ୍ତି । - **ଅଜ୍ଞାତ**

ଏହି ପୁସ୍ତକ ଆପଣ ସମସ୍ତଙ୍କ ପାଇଁ ପ୍ରଯୁଜ୍ୟ, ଯିଏ ଷ୍ଟକ ମାର୍କେଟରେ ନିବେଶ କରିବାକୁ ଚାହାନ୍ତି, କିନ୍ତୁ ନିବେଶ ପୂର୍ବରୁ ସର୍ବଦା ଏହି ପ୍ରଶ୍ନରେ ଅଡୁଆରେ ପଡ଼ିଯାନ୍ତି ଯେ ଶେଷରେ ଷ୍ଟକ ମାର୍କେଟରେ କିପରି ନିବେଶର ଆରମ୍ଭ କରିବେ ? ଏହି ପୁସ୍ତକଟି ପଢ଼ି ଭଲଭାବେ ବୁଝି ପାରିବେ ଯେ ଷ୍ଟକ ମାର୍କେଟରେ କିପର ପ୍ରବେଶ କରାଯାଏ ।

ଷ୍ଟକ ମାର୍କେଟରେ ପ୍ରବେଶ କରିବା ପାଇଁ ଆପଣଙ୍କୁ ଷ୍ଟକ ମାର୍କେଟରେ ଲିଷ୍ଟେଡ଼ କମ୍ପାନୀର ଷ୍ଟକ କିଣିବାକୁ ପଡ଼େ ଓ କୌଣସି ବି ଷ୍ଟକ କିଣିବା ବା ବିକିବା ପାଇଁ ଆପଣ ଡାଇରେକ୍ଟ ଷ୍ଟକ ମାର୍କେଟକୁ ଯାଇ ପାରିବେ ନାହିଁ ।

ଆପଣ କୌଣସି ବି ଶେୟାର କିଣିବା ବା ବିକିବା ପାଇଁ ଜଣେ ଷ୍ଟକ ବ୍ରୋକରଙ୍କର ଆବଶ୍ୟକତା ଅଛି । ଷ୍ଟକ ବ୍ରୋକରଙ୍କ ମାଧ୍ୟମରେ ଆପଣ ଷ୍ଟକ ମାର୍କେଟରେ କୌଣସି ବି ଶେୟାର କିଣି ପାରିବେ ବା ବିକି ପାରିବେ । ଷ୍ଟକ ବ୍ରୋକର ସେହି ମହତ୍ତ୍ୱପୂର୍ଣ୍ଣ ଭୂମିକା ଗ୍ରହଣ କରନ୍ତି ଯିଏ ଇନ୍‌ଭେଷ୍ଟରକୁ ଷ୍ଟକ ମାର୍କେଟ ପର୍ଯ୍ୟନ୍ତ ପହଞ୍ଚାନ୍ତି ।

ଏବେ ଆପଣ ବୁଝି ସାରିଲେଣି ଯେ ଆପଣଙ୍କୁ ଷ୍ଟକ ମାର୍କେଟରେ ନିବେଶ ପାଇଁ ଜଣେ ଷ୍ଟକ ବ୍ରୋକରଙ୍କର ଆବଶ୍ୟକତା ଅଛି । ଏପରି ଅବସ୍ଥାରେ ଯେତେବେଳେ ବି ଆପଣ କୌଣସି ଷ୍ଟକ ବ୍ରୋକର ପାଖକୁ ଯାନ୍ତି, ସେତେବେଳେ ଷ୍ଟକ ବ୍ରୋକର ପାଖରେ ଆକାଉଣ୍ଟ ଖୋଲିବା ପୂର୍ବରୁ କେତେକ ପଏଣ୍ଟ ଉପରେ ଧ୍ୟାନ ଦିଅନ୍ତୁ ।

- ଆପଣ ନିଜେ ନିଜର ରଣନୀତି ପ୍ରସ୍ତୁତ କରନ୍ତୁ ।

- ଷ୍ଟକ ମାର୍କେଟର ଆଧାର ସଦୃଶ କଥାକୁ ଶିଖନ୍ତୁ ।
- ଆପଣ ଆପଣଙ୍କ ଷ୍ଟକ ମାର୍କେଟରେ ଇନଭେଷ୍ଟମେଣ୍ଟର ରିସ୍କ ଉଠାଇବାର କ୍ଷମତାକୁ ବୁଝନ୍ତୁ ।
- ଆପଣ ଜଣେ ଏପରି ଷ୍ଟକ ବ୍ରୋକର ବାଛନ୍ତୁ, ଯିଏ କମ ଫିସରେ ଭଲ ସେବା ପ୍ରଦାନ କରିବେ ।
- ଆପଣ ଷ୍ଟକ ମାର୍କେଟରେ ପ୍ରବେଶ କରିବାର ଲକ୍ଷକୁ ମଧ୍ଯ ବୁଝନ୍ତୁ ।
- ଆପଣ ସେହି କମ୍ପାନୀର ଷ୍ଟକ କିଣନ୍ତୁ, ଯାହାର ବିଜିନେସ ଆପଣ ବୁଝି ପାରନ୍ତି ।
- ଷ୍ଟକ ମାର୍କେଟକୁ ଗୋଟିଏ ବିଜିନେସ ପରି ଭାବନ୍ତୁ ।
- ଆପଣ ଷ୍ଟକର ବାସ୍ତବିକ ମୂଲ୍ୟର ଆଧାର ସଦୃଶ କଥାକୁ ନିଶ୍ଚୟ ବୁଝନ୍ତୁ ।
- ଷ୍ଟକ ମାର୍କେଟରେ ନିବେଶ କରିବା ସମୟରେ ଭାବନା ଉପରେ ନିୟନ୍ତ୍ରଣ ରଖନ୍ତୁ ।
- ଷ୍ଟକ ଲସକୁ ବୁଝନ୍ତୁ ଓ ତାର ପାଳନ କରନ୍ତୁ ।
- ମନୀ ମ୍ୟାନେଜମେଣ୍ଟ ଓ ରିସ୍କ ଓ ରିଓ୍ଵାର୍ଡକୁ ବିଷୟରେ ବୁଝନ୍ତୁ ଓ ତା'ର ଉନ୍ନତ ବ୍ୟବହାର କରନ୍ତୁ ।
- ଆପଣ ଯେଉଁ ଷ୍ଟକରେ ନିବେଶ କରିଛନ୍ତି, ତା ଉପରେ ରେଗୁଲାର ନଜର ରଖନ୍ତୁ ।

ଶେୟାର ବଜାରରେ ସଫଳତା ପାଇବା ହେଉଛି ଆପଣ ସଫଳ ହେବାର ସୂତ୍ର । ଏହା ଜଣେ ନିବେଶକଙ୍କର ସୂଚନା, ଶିକ୍ଷା ଓ ତାଙ୍କର ବିବେକ ଉପରେ ମଧ୍ଯ ନିର୍ଭର କରେ । ଯଦି ନିବେଶକଙ୍କୁ ଏସବୁ ସୂଚନା ମିଳିଯିବ ତେବେ ସେ ବହୁତ ଦୂର ପର୍ଯ୍ୟନ୍ତ ସଫଳ ହୋଇ ପାରିବେ ।

❑❑❑

୪- ଶେୟାର ବଜାରର ସୂକ୍ଷ୍ମତା

> ଯେଉଁଠାରେ ଅଛ ସେହିଠାରୁ ଆରମ୍ଭ କର । ତାର ପ୍ରୟୋଗ କର ଯାହା ତୁମ ପାଖରେ ଅଛି । ସେସବୁ କର ଯାହା ତୁମେ କରି ପାରିବେ ।
>
> **- ଆର୍ଥର ଐଶ ।**

ଶେୟାର ବଜାର ବିଷୟରେ କୁହାଯାଏ ଯେ ଏ ବିଷୟରେ ଆପଣ ଯେତେ ଜାଣନ୍ତି, ତା ଠାରୁ ଅଧିକ ଆପଣ ଜାଣନ୍ତି ନାହିଁ । ଜଣେ ସଫଳ ନିବେଶକ ପାଇଁ ସେ ସମସ୍ତ କଥା ଜାଣିବା ଜରୁରୀ ଅଟେ । ପୂର୍ବ ଅଧ୍ୟାୟରେ ଆପଣ କିଛି ସାଧାରଣ ସୂଚନା ପ୍ରାପ୍ତକଲେ । ଏହି ଅଧ୍ୟାୟରେ ଆପଣଙ୍କୁ ଏପରି କିଛି ସୂଚନା ଦିଆଯାଇଛି ଯାହା ଜଣେ ନିବଶେକଙ୍କ ପାଇଁ ବହୁତ ଜରୁରୀ ଅଟେ ।

ଏବେ ମୁଁ ଇକ୍ୱିଟୀ ମାର୍କେଟ ବିଷୟରେ କହୁଛି । ଇକ୍ୱିଟୀରେ କିପରି ନିବେଶ କରାଯାଇ ପାରିବ ଓ ଏହା ଦ୍ୱାରା କଣ ଲାଭ ହୋଇ ପାରିବ ?

ସର୍ବ ପ୍ରଥମେ ଆସନ୍ତୁ ବୁଝିବା ଇକ୍ୱିଟୀ ମାର୍କେଟ କଣ ? ଇକ୍ୱିଟୀ ମାର୍କେଟ ବା ଶେୟାର ବଜାର ହେଉଛି ସେହି ସ୍ଥାନ ଯେଉଁଠାରେ କମ୍ପାନୀ ଓ ଇନଭେଷ୍ଟର ମିଳନ୍ତି । କମ୍ପାନୀମାନେ ପୁଞ୍ଜି ଏକତ୍ରିତ କରିବା ପାଇଁ ଶେୟାର ବଜାରରେ ନିଜକୁ ଲିଷ୍ଟେଡ କରାନ୍ତି । ଲିଷ୍ଟିଙ୍ଗ ପରେ ନିବେଶକ କମ୍ପାନୀର ଶେୟାର କିଣା ବିକା କରନ୍ତି । କମ୍ପାନୀମାନଙ୍କର ଭଲ କାରବାର ହେବା ଦ୍ୱାରା ଦାମ ବଢ଼େ । ଫଳ ସ୍ୱରୂପ କମ ପଇସାରେ ମନପସନ୍ଦ କାରବାର କରି ପାରିବେ ଓ ଭଲ କମ୍ପାନୀର ଶେୟାରରେ ନିବେଶ କରି ପାରିବେ । ଶେୟାର ବଜାରରେ ଅଧିକ ରିସ୍କ ଓ ଅଧିକ ଲାଭ ଥାଏ ।

ଶେୟାର ବଜାରରେ ଥିବା କମ୍‌ଜୋର୍ ବଜାରରେ ଦୀର୍ଘ ଦିନର ନିବେଶ କରନ୍ତୁ । କମ୍ପାନୀମାନଙ୍କର ଲାଭ ବଢ଼ିବା ଦ୍ୱାରା ଶେୟାରର ମୂଲ୍ୟ ବଢ଼େ । ବ୍ୟାଙ୍କ, ଡିମେଟ ଓ ଟ୍ରେଡିଙ୍ଗ ଆକାଉଣ୍ଟ ଏହି ତିନୋଟି ଆକାଉଣ୍ଟର ଆବଶ୍ୟକତା ଶେୟାର ବଜାରରେ

ଟ୍ରେଡିଙ୍ଗ ପାଇଁ ଦରକାର । ଶେୟାର ଡିମେଟ ଆକାଉଣ୍ଟରେ ଜମାହୁଏ ଓ ଟ୍ରେଡିଙ୍ଗ ଆକାଉଣ୍ଟ ମାଧ୍ୟମରେ ଶେୟାର କିଣା ବିକା ହୁଏ, ଯାହା ପରେ ଟଙ୍କା ଦେବା ନେବା ପାଇଁ ବ୍ୟାଙ୍କ ଆକାଉଣ୍ଟର ବ୍ୟବହାର କରାଯାଏ ।

ଟ୍ରେଡିଙ୍ଗ ଆକାଉଣ୍ଟ ବ୍ରୋକର ପାଖରେ ଖୋଲାଯାଏ ଓ ସମସ୍ତ ଆକାଉଣ୍ଟମାନଙ୍କର ପରସ୍ପର ସହିତ ଲିଙ୍କ ରୁହେ । ଶେୟାର ବଜାର ଜୁଆ ବଜାର ନୁହେଁ । ତେଣୁ ନିବେଶକ ଏହାକୁ ନେଇ କୌଣସି ଭୂଲ ବୁଝାବଣା ରଖିବା ଉଚିତ୍ ନୁହେଁ । ଶେୟାର ବଜାରରେ ଟ୍ରେଡିଙ୍ଗ ଓ ନିବେଶ ମଧ୍ୟରେ ପାର୍ଥକ୍ୟକୁ ବୁଝି ସାରିବା ପରେ ସମସ୍ତ ଜମା ରାଶିକୁ ଶେୟାର ବଜାରରେ ନିବେଶ କରନ୍ତୁନାହିଁ । ଆସେଟର ସଠିକ୍ ବଣ୍ଟନ କରନ୍ତୁ । ଫାଇନେନ୍ସିଆଲ ଲକ୍ଷ୍ୟ ମୁତାବକ ନିବେଶ କରନ୍ତୁ ।

ଶେୟାର ବଜାର ପାଇଁ ସବୁଠାରୁ ବଡ଼ କଥା ହେଉଛି ଯେ ଏଥିରେ ପରିବର୍ତ୍ତନ ମାସରେ ବା ବର୍ଷରେ ଆସେନାହିଁ । ଏହା ପ୍ରତି କ୍ଷଣରେ ବଦଳି ଚାଲେ । ଏହାକୁ ବୁଝି ପାରୁଥିବା ନିବେଶକ ଯଦି ଚାରି ଆଡ଼କୁ ଦେଖେ, ନିଜ ବିବେକର ବ୍ୟବହାର କରେ, ତେବେ ତାର କେବେହେଲେ ହାନି ହେବ ନାହିଁ । କିନ୍ତୁ ନୂଆ ନିବେଶକ ବିନା ଅନୁଭବରେ କେବେ କେବେ ବିପଦ ଉଠାଇ ନିଅନ୍ତି । ସେଥିପାଇଁ ନିବେଶକ ନୂଆ ବା ପୁରୁଣା ହୁଅନ୍ତୁ, ତାଙ୍କ ପାଖରେ ସମସ୍ତ ସୂଚନା ରହିବା ଆବଶ୍ୟକ ।

❑❑❑

୫- ଯଥାର୍ଥ ବାଦୀ ନିବେଶର ଭାବନା ପ୍ରସ୍ତୁତ କରନ୍ତୁ

> ସଫଳ ଲୋକ ଓ ବାକି ସମସ୍ତ ଲୋକଙ୍କ ମଧ୍ୟରେ ଅନ୍ତର, ବଳର ନୁହେଁ, ଜ୍ଞାନର ନୁହେଁ, ବରଂ ଇଚ୍ଛାର ସ୍ୱଚ୍ଛତା ଅଟେ । - ଲୋମ୍ବାର୍ଡ଼ି

ଗୋଟିଏ ଲୋକବାଣୀ ବୋଧହୁଏ ଆପଣ ଶୁଣିଥିବେ, ଯେତେବେଳେ ମଣିଷ ନିଜର ସବୁଠାରୁ କମ୍‌ଜୋର ପକ୍ଷକୁ ମଜଭୁତ୍ କରି ନିଏ ସେତେବେଳେ ତା ସାମ୍ନାରେ ସଫଳତାର ସମସ୍ତ ରାସ୍ତା ଖୋଲିଯାଏ । ଅନ୍ୟ ପକ୍ଷରେ ଯଦି ମଣିଷ ନିଜ ଶକ୍ତିର ଅହଂକାର ନେଇ ଦୁନିଆ ପ୍ରଦର୍ଶନ କରେ, ତେବେ ତାର ଅସଫଳତାର ସମୟ ଆରମ୍ଭ ହୋଇଯାଏ । ଏହି ଲୋକବାଣୀ ଓ ଶେୟାର ବଜାର ଉପରେ ଲାଗୁ ହୁଏନାହିଁ, କିନ୍ତୁ ଜୀବନରେ ସମସ୍ତ ଦୃଷ୍ଟିକୋଣ ଉପରେ ଏହା କଷଟି ପଥର ପରି କାମ କରେ । ଏହି କାହାଣୀ ମାଧ୍ୟମରେ ମୁଁ ଆମର ପାଠକମାନଙ୍କୁ ଶେୟାର ବଜାରରେ ସଫଳତା ପ୍ରାପ୍ତ କରିବାର ସୂତ୍ର ବତାଉଛି ।

ବଜାରରେ ଦୀର୍ଘ ସମୟ ପର୍ଯ୍ୟନ୍ତ ସଫଳ ନିବେଶକ ହେବା ପାଇଁ ମୁଁ ଆପଣଙ୍କୁ ଯେଉଁ ସୂତ୍ର ଦେଉଅଛି ତା ସାହାଯ୍ୟରେ ଆପଣଙ୍କୁ ବଜାର ଓ ଶେୟାର ଉଭୟ ବିଷୟରେ ଜ୍ଞାନ ପ୍ରାପ୍ତ ହେବ ।

ସମୟ ବାରମ୍ବାର କଷ୍ଟ ଦେଇଛି, ହେଲେ ନିବେଶକ ନିବେଶ କରି ଚାଲିଛନ୍ତି ଓ ଷ୍ଟକକୁ ବାରମ୍ବାର ବିକି ଚାଲିଛନ୍ତି ଏବଂ ଲାଭ ପାଇଛନ୍ତି । କିନ୍ତୁ ଯଦି ଦୀର୍ଘ ସମୟ ପର୍ଯ୍ୟନ୍ତ ସେମାନେ ନିଜର ଷ୍ଟକକୁ ରୋକି ରଖନ୍ତି ତେବେ ଏହା ଦ୍ୱାରା ଷ୍ଟକର ମୂଲ୍ୟ କମିବାର ସମ୍ଭାବନା ଥାଏ । କିନ୍ତୁ ନିବେଶକ ଏହା ଜାଣେନାହିଁ ଯେ କମ୍‌ଜୋର ଷ୍ଟକ

ସହିତ କେତେବେଳ କଣ କରିବା ଦରକାର ? ଏହି କାରଣରୁ ନିବେଶକ ଅସୁବିଧାରେ ପଡ଼ି ପାରନ୍ତି ।

ସବୁଠାରୁ ଉପଯୁକ୍ତ ପ୍ରଣାଳୀ ହେଉଛି ଯେ ଉଚ୍ଚ ଇକ୍ୱିଟୀର ଷ୍ଟକକୁ ହୋଲ୍ଡ କରିବା ଉଚିତ୍ । ଯେତେବେଳେ କି ଖରାପ ଷ୍ଟକକୁ ବିକିଦେବା ଉଚିତ୍ । କିନ୍ତୁ ଏହା କାର୍ଯ୍ୟକାରୀ କରିବା ବହୁତ କଠିନ । ଏଠାରେ ଏହି କଥାର କୌଣସି ଗ୍ୟାରେଣ୍ଟି ନାହିଁ ଯେ ଗୋଟିଏ ଷ୍ଟକ ଦୀର୍ଘ ଦିନର ମୂଲ୍ୟ ହ୍ରସ ପରେ ପୁନର୍ବାର ମୂଲ୍ୟ ବୃଦ୍ଧି ହେବ । ତେଣୁ ମହତ୍ତ୍ୱପୂର୍ଣ୍ଣ ହେଉଛି ଭଲ ଶେୟାରକୁ କମ ଭାବନ୍ତୁ ନାହିଁ । ଠିକ୍ ସେହିପରି ଖରାପ ପ୍ରଦର୍ଶନ କରୁଥିବା ଶେୟାର ପ୍ରତି ମଧ୍ୟ ସମ୍ବେଦନଶୀଳ ରୁହନ୍ତୁ ।

ନିଜର ହାର ସ୍ୱୀକାର କରିବା ବହୁତ କଠିନ ଅଟେ, କାରଣ ଏହା ଭୂଲକୁ ସୂଚାଇଦିଏ । କିନ୍ତୁ ଯେତେବେଳେ ଆପଣଙ୍କୁ ଅନୁଭବ ହୋଇଯାଏ ଯେ ଶେୟାର ଆପଣଙ୍କ ବିଶ୍ୱାସ ଅନୁଯାୟୀ ପ୍ରଦର୍ଶନ କରି ପାରୁ ନାହିଁ ସେତେବେଳେ ଆପଣ ନିଷ୍ଠାବାନ ହୋଇଯିବା ଉଚିତ୍ । ନିଜର ଅହଙ୍କାରକୁ ଭାଙ୍ଗିବା ପାଇଁ ଡରନ୍ତୁନାହିଁ ଓ ଅଧିକ କ୍ଷତିରୁ ବାହାରକୁ ବାହାରି ଆସିଲେ ଅଧିକ ଭଲ ହେବ ।

ଦୁଇଟି ମାମଲାରେ, ନିଜର ରିସର୍ଚ୍ଚକୁ ଆଧାର କରି ପ୍ରସ୍ତୁତ କରା ଯାଇଥିବା ମେରିଟ୍ ଲିଷ୍ଟରେ ଥିବା କମ୍ପାନୀ ବିଷୟରେ ଭାବିବା ଉଚିତ୍ । ପ୍ରତ୍ୟେକ ପରିସ୍ଥିତିରେ ଆପଣଙ୍କୁ ସ୍ଥିର କରିବାକୁ ହେବ ଯେ ବର୍ତ୍ତମାନର ମୂଲ୍ୟ ଭବିଷ୍ୟତର ଆକଳନ ଅନୁସାରେ କାର୍ଯ୍ୟ କରିବ ନା ନାହିଁ । ମନେରଖନ୍ତୁ ଯେ ଆପଣ ନିଜର ଡରକୁ ରିଟର୍ଣ୍ଣ ଉପରେ ପ୍ରାଧାନ୍ୟ ବିସ୍ତାର କରିବାକୁ ଦିଅନ୍ତୁ ନାହିଁ ଓ ନିଜର କ୍ଷତି ବଢ଼ାନ୍ତୁ ନାହିଁ ।

❑❑❑

୬- ବିଜେତା ପରି ଭାବନ୍ତୁ

> ସଫଳତା ହେଉଛି ଯେ ଯେତେବେଳେ ଆପଣ ତଳେ ପଡ଼ିଯାନ୍ତି ସେତେବେଳେ ଆପଣ ଯେତେ ଉପରକୁ ଡେଇଁ ପାରନ୍ତି । **- ଜର୍ଜଏସ ପେଟନ**

କେହି ଜଣେ କହିଛନ୍ତି ଯେ ବିଜେତା କୌଣସି ନୂଆ କାମ କରନ୍ତି ନାହିଁ, କିନ୍ତୁ ସେ ନିଜ କାମକୁ ସର୍ବଦା ନୂଆ ପ୍ରଣାଳୀରେ କରନ୍ତି । ଶେୟାର ବଜାରରେ ସଫଳତା ପାଇବା ପାଇଁ ନିଜର ଇଚ୍ଛା ଯେତେ ଜୋର୍‌ରେ ନିବେଶକଙ୍କୁ ଆକର୍ଷଣ କରେ, ସେ ସେତେ ଜୋର୍‌ରେ ବିପଦ ମଧ୍ୟ ଉଠାନ୍ତି । ସେଥିପାଇଁ ଜଣେ ସଫଳ ନିବେଶକ ହେବା ପାଇଁ ନିରାଶାର କୌଣସି ସ୍ଥାନ ନାହିଁ । ସେ ଯେପର୍ଯ୍ୟନ୍ତ ଜଣେ ବିଜେତା ରୂପେ ନିଜକୁ ପ୍ରସ୍ତୁତ କରି ଚାଲିବେ, ସଫଳତା ତାଙ୍କର ପାଦ ସ୍ପର୍ଶ କରିବ ।

ପୀଟର ଲିଂଚ ଟେନବୈଗର୍ସ (ଏପରି ନିବେଶ ଯାହା ଦଶଗୁଣ ଅଧିକ ବୃଦ୍ଧି ହେବ)ର କଥା ହେବା ପାଇଁ ପ୍ରସିଦ୍ଧ ଥିଲେ । ତାଙ୍କର ସଫଳତା ପଛରେ ସିଦ୍ଧାନ୍ତ ଥିଲା ଯେ ପୋର୍ଟଫୋଲିଓରେ ବହୁତ କମ୍ ଏପରି ଷ୍ଟକ ରଖନ୍ତୁ ଜାହା ବଡ଼ ରିଟର୍ଣ୍ଣ ଦେବ । ଯଦି ଷ୍ଟକ ଅଚାନକ କେତେ ଗୁଣ ବଢ଼ିଯିବ ଓ ଯଦି ଆପଣଙ୍କ ପାଖରେ ଏହାକୁ ବିକିବା ପାଇଁ ନିଜର କୌଣସ ପଲିସୀ ଅଛି, ତେବେ ମନେ ରଖନ୍ତୁ ଅତି କମ୍‌ରେ ଏହା ତିନି ଗୁଣା ହେବ, ଏହା ନହଲେ ଆପଣ ବିଜେତା ହୋଇ ପାରିବେ ନାହିଁ । ନିବେଶର ଇତିହାସରେ ଏପରି କେହି ନାହିଁ ଯିଏ ନିଜର ଧନକୁ ତିନି ଗୁଣା କରିବା ପରେ ବିକିବାର ସିଦ୍ଧାନ୍ତ ସହିତ ଏକମତ ନହେବେ । ଗୋଟିଏ ଶେୟାର ନିଜର କଠୋର ବ୍ୟକ୍ତିଗତ ନିୟମ କାରଣରୁ ଭଲ ପ୍ରଦର୍ଶନ କରୁଥିବା ବେଳେ ଆପଣ ତାକୁ କମ ଭାବନ୍ତୁନାହିଁ । ଯଦି ଆପଣଙ୍କର ନିଜର ନିବେଶ ଉପରେ ଭଲ ଜାଣିବାର କ୍ଷମତା ନାହିଁ ତେବେ ଆପଣ ନିଜର ବ୍ୟକ୍ତିଗତ ନିୟମକୁ ଆହୁରି ସୀମିତ କରି ପାରନ୍ତି ।

ସେହି ସମୟରେ ଲାଭର ସୁରକ୍ଷା ପାଇଁ ନିଜର ମାନସିକ ସନ୍ତୁଳନକୁ ମଧ୍ୟ ବଜାୟ ରଖିବା ଉଚିତ୍ । (ଯଦି ଷ୍ଟକ ହଠାତ୍ ବହୁତ ଖରାପ ଟେକନିକ ସ୍ତର ଠାରୁ ମଧ୍ୟ ତଳକୁ ଖସିଯାଏ ଓ କିଛି ସମୟ ପାଇଁ ତଳ ସ୍ତରରେ ରୁହେ, ତେବେ କିଛି ଲୋକ ଏହାକୁ ବାହାରକୁ କାଢ଼ି ଦେବା କଥା ଭାବନ୍ତି ।)

ଏହା ମଧ୍ୟ ମନେ ରହିବା ଉଚିତ୍ ଯେ ଗୋଟିଏ ସଂକ୍ଷିପ୍ତ ବୃଦ୍ଧି ପରେ କଷ୍ଟରେ ୧ ବା ୨ ପ୍ରତିଶତ ଶେୟାର ମଲ୍ଟିବେଗର୍ସ ହୋଇ ପାରନ୍ତି ଓ ବାକିସବୁ ତଳେ ରହିଯାନ୍ତି । (କେତେ ଶେୟାର ତ କିଣା ମୂଲ୍ୟ ଠାରୁ ତଳକୁ ଖସିଯାନ୍ତି) । ସେଥିପାଇଁ ନିବେଶ ପୂର୍ବରୁ ପର୍ଯ୍ୟାପ୍ତ ଅଧ୍ୟୟନ ଓ ରିସର୍ଚ୍ଚ ବହୁତ ଜରୁରୀ ଅଟେ । ସାଧାରଣ ଭାବେ ଗୋଟେ ବର୍ଷ ମଧ୍ୟରେ କେତେକ ଶେୟାରରେ ନବେଶ କରାଯିବା ଉଚିତ୍ ଓ ପ୍ରତି ଥର ନିବେଶର ଚେଷ୍ଟାରୁ ବଞ୍ଚିବା ଉଚିତ୍ ।

ମୁଁ ଥରେ ନୁହେଁ ବାରମ୍ବାର କହିଛି ଯେ ଖବର ଓ ବୁଝିବା ସେତେବେଳେ କାର୍ଯ୍ୟରେ ଆସି ପାରିବ, ଯେତେବେଳେ ଜଣେ ନିବେଶକ ନିଜର ବିବେକର ଠିକ୍ ବ୍ୟବହାର କରି ପାରିବେ । ଯିଏ ବିବେକକୁ ଠିକ୍ ଭାବେ, ବ୍ୟବାହାର କରିଛି ସେ ସଫଳ ନିବେଶକ ରୂପେ ନିଜର ପରିଚୟ ସୃଷ୍ଟି କରିବାରେ ସଫଳ ହୋଇଛି ।

❑❑❑

୭- ସୂଚନା ପଛରେ ଗୋଡ଼ାନ୍ତୁ ନାହିଁ

> ପ୍ରତ୍ୟେକ ଦୁଇ ମିନିଟର ପ୍ରସିଦ୍ଧି ପଛରେ ଆଠ ଘଣ୍ଟାର କଠିନ ପରିଶ୍ରମ ଥାଏ ।
>
> **- ଜେସିକା ସେଭ୍ୱିବ୍**

ଯଦି ଆପଣଙ୍କୁ ଠିକ୍ ଓ ସନ୍ତୁଳିତ ସୂଚନା ଦରକାର, ବିଶେଶ କରି ଶେୟାର ବିଷୟରେ, ତେବେ କୌଣସି ବି ସୂଚନା ଉପରେ ଆଖି ବନ୍ଦ କରି ଭରସା କରନ୍ତୁ ନାହିଁ । କମ୍ପାନୀମାନଙ୍କ ବିଷୟରେ ୬୦ ପ୍ରତିଶତ ସୂଚନା ପର୍ଯ୍ୟନ୍ତ ତୃଟିଯୁକ୍ତ ଥାଏ । ଏହାର ସ୍ପଷ୍ଟୀକରଣ କେତେକ ଅଧ୍ୟୟନ ଦ୍ୱାରା ହୋଇଛି ।

ଯଦି ଆପଣଙ୍କ ଭାଇ, ସମ୍ପର୍କୀୟ, ପଡ଼ୋଶୀ ବା ଆପଣଙ୍କ ବ୍ରୋକର ଆପଣଙ୍କୁ ଆଭାସ ଦେବେ ତେବେ ଆପଣ ନିୟମ ଦୃଷ୍ଟିରୁ କାର୍ଯ୍ୟକାରୀ କରିବା ଉଚିତ୍ ନୁହେଁ । ଯେତେବେଳେ ଆପଣ କୌଣସି ନିବେଶ କରନ୍ତି, ସେତେବେଳେ ମହତ୍ତ୍ୱପୂର୍ଣ୍ଣ ହେଉଛି ଯେ ଆପଣ ଏପରି କରିବାର ସଠିକ୍ କାରଣ ଜାଣିଛନ୍ତି । ନିଜର କଠିନ ପରିଶ୍ରମ ଦ୍ୱାରା

ଉପାର୍ଜିତ ଧନର ନିବେଶ କରିବା ପୂର୍ବରୁ ଆପଣ ସ୍ୱୟଂ କୌଣସି କମ୍ପାନୀ ବିଷୟରେ ରିସର୍ଚ୍ଚ ଓ ବିଶ୍ଳେଷଣ କରନ୍ତୁ ।

କାହା ଦ୍ୱାରା ମିଳୁଥିବା ଛୋଟ ଛୋଟ ସୂଚନା ଉପରେ ଭରସା କରି ନିବେଶ କରିବା ବିପଦପୂର୍ଣ୍ଣ ଅଟେ, ଏହା ଏକ ପ୍ରକାରର ଜୁଆ ଅଟେ । ସ୍ୱଭାବତଃ ଏହି ଟିପ୍ସ ଭାଗ୍ୟ ଭଲ ଥିଲେ ଠିକ୍ ପ୍ରମାଣିତ ହୁଏ, କିନ୍ତୁ କେତେକ ସମୟରେ ଏହି ଟିପ୍ସ ବହୁତ ଦୁଃଖଦାୟକ ହୋଇଥାଏ । ଏହି ଟିପ୍ସ ଦୀର୍ଘ ସମୟ ମଧ୍ୟରେ ସଫଳତା ପାଇଁ ଆପଣଙ୍କୁ ବୁଝି ପାରୁଥିବା ନିବେଶକ ହେବାକୁ ଦେବନାହିଁ ।

ସେହିପରି ଆପଣ ଦେଖିଥିବେ ଅତି କମ୍‌ରେ ଭାରତରେ ନମାଗି ମଧ୍ୟ ପରାମର୍ଶ ଓ ଚିକିତ୍ସା ଉପଚାର ସମସ୍ତଙ୍କ ଦ୍ୱାରା ଦିଆଯାଏ । ସେଥିପାଇଁ ସମସ୍ତଙ୍କ କଥା ଶୁଣନ୍ତୁ, ନିଜର ମନ ଯାହା କହୁଛି କରନ୍ତୁ, କିନ୍ତୁ ସମୟେ ସମୟେ ବିଶ୍ୱାସ କରିବା ଉଚିତ୍ ।

❑❑❑

୮- ଅସୁବିଧାରେ ଘାବରାନ୍ତୁ ନାହିଁ

> କେତେବେଳେ ଚେଷ୍ଟା କଲେ। କେତେବେଳେ ଫେଲ ହେଲେ। କିଛି ଯାଏ ଆସେ ନାହିଁ, ପୁନର୍ବାର ଚେଷ୍ଟା କରନ୍ତୁ। ପୁନର୍ବାର ଫେଲ ହୁଅନ୍ତୁ ଓ ଭଲ ଭାବରେ ଫେଲ ହୁଅନ୍ତୁ। - **ସେମୁଏଲ ବକେଟ**

ସଫଳତା ପାଇବା ଏତେ କଷ୍ଟକର ନୁହେଁ ଓ ଏତେ ସହଜ ମଧ୍ୟ ନୁହେଁ, ଯେତିକି ଆମେ ଭାବୁ। ପ୍ରତ୍ୟେକ ବ୍ୟକ୍ତିର ପ୍ରଥମ ଇଚ୍ଛା ଥାଏ ଯେ ସେ ଶୀଘ୍ର ସଫଳ ହୋଇଯାଉ ଯାହା ଫଳରେ କି ତାର ଜୀବନ ଭଲରେ କଟିବ। କିନ୍ତୁ ଅନେକ ଥର ଆମେ ଯେପରି ଭାବୁ ସେପରି ହୁଏ ନାହିଁ ଓ ପରିଣାମ ବହୁତ ଖରାପ ମଧ୍ୟ ହୋଇଯାଏ। ଶାସ୍ତ୍ର ଓ ଅନ୍ୟ ପୁସ୍ତକାମାନଙ୍କରେ ସଫଳ ହେବାର ସମସ୍ତ ରହସ୍ୟ ବିଷୟରେ କୁହାଯାଇଛି, ଯାହାକୁ ଠିକ୍ ଭାବେ ଅନୁକରଣ କରି ମଧ୍ୟ ମଣିଷ ଜଲ୍‌ଦି ସଫଳ ହୋଇ ପାରିବ, ଧ୍ୟାନ ନ ଦେଇ ଆମେ ଇଆଡ଼େ ସିଆଡ଼େ ଅଧିକ ସମୟ ନଷ୍ଟ କରୁ ଓ ପରିଣାମ ସ୍ୱରୂପ ଅସଫଳ ହେଉ।

ଦୀର୍ଘ ସମୟ ଧରି ନିବେଶକ ହୋଇଥିବାରୁ, ଯେତେବେଳେ ଆପଣଙ୍କ ଶେୟାର ଅନ୍ୟ ଶେୟାର ସମୟ ସୀମା ମଧ୍ୟରେ ଭାରୀ ହ୍ରାସ ଓ ବୃଦ୍ଧି ମଧ୍ୟ ଦେଇ ଗତି କରେ ସେତେବେଳେ ଆପଣ ଆତଙ୍କିତ ହେବା ଉଚିତ୍ ନୁହେଁ। ଯେତେବେଳେ ଆପଣ ଆପଣଙ୍କର ନିବେଶର ଗତିବିଧି ଉପରେ ନଜର ରଖନ୍ତି, ସେତେବେଳେ ଆପଣଙ୍କୁ ସର୍ବଦା ଗୋଟିଏ ବଡ଼ ଛବି ଦେଖିବା ଦରକାର। ମନେ ରଖନ୍ତୁ ଯେ ଅଳ୍ପ ସମୟରେ ଅପରି ହାର୍ଯ୍ୟେ ଅସ୍ଥିରତା ପାଇଁ ମିଜାଜ ଘାବରେଇ ଯିବା ତୁଳନାରେ ଆପଣ ନିଜର ନିବେଶକୁ ଉତ୍ତମ ଭାବି ବିଶ୍ୱାସ ଜନ୍ମାନ୍ତୁ। ଏହା ସହିତ କିଛି ପ୍ରତିଶତ ଅନ୍ତରକୁ ଅଧିକ ମହତ୍ତ୍ୱ ଦିଅନ୍ତୁନାହିଁ, ମାର୍କେଟ ବିଶୃଙ୍ଖଳା ବିରୁଦ୍ଧରେ ଗୋଟିଏ ସୀମା ନିର୍ଦ୍ଧାରଣ କରିବା ଦ୍ୱାରା ଆପଣ ଏହି ଅସୁବିଧାରୁ ରକ୍ଷା ପାଇ ପାରିବେ। ଦିନକୁ ଦିନ ନୁହେଁ, ବରଂ ମିନିଟ୍‌କୁ ମିନିଟ ହେଉଥିବା ପରିବର୍ତ୍ତନ ଆକ୍ଟିଭ ଟ୍ରେଡରକୁ ଲାଭ ଉପାର୍ଜନର ଅନୁମତି

କିନ୍ତୁ ଦୀର୍ଘ ସମୟ ଧାରୀ ନିବେଶକମାନଙ୍କୁ ଏହି ଲାଭ ଅଲଗା ମାର୍କେଟ ହଲଚଲ ଦ୍ୱାରା ପ୍ରାପ୍ତ ହୁଏ । ଏପରି କେତେକ ବର୍ଷ ଦେଖା ଦେଇଛି । ସେଥିପାଇଁ ନିଜକୁ ଶିକ୍ଷିତ କରି ଚାଲନ୍ତୁ । ଆଜି ମୁଁ ଆପଣଙ୍କୁ କିଛି ଏପରି କଥା କହିବି ଯାହା ଆପଣ ଜୀବନରେ କେବେହେଲେ ଇଗ୍ନୋର କରିବା ଉଚିତ୍ ନୁହେଁ ।

- ଯେଉଁ କାର୍ଯ୍ୟରେ ଆପଣ ସବୁଠାରୁ ଭଲ ଅଟନ୍ତି ଓ ଯେଉଁଥିରେ ଆପଣ ଏକ୍ସପର୍ଟ ଅଟନ୍ତି, ସେହି କାର୍ଯ୍ୟ ଆପଣ କରନ୍ତୁ ଓ ତାକୁ ନିଜର ଲକ୍ଷ ବନାନ୍ତୁ । ସଫଳତା ଆପଣଙ୍କୁ ନିଜର ଲକ୍ଷ ବନାଇ ନେବ ।

- କେତେକ ଲୋକ କୌଣସି କାର୍ଯ୍ୟକୁ କରିବା ପାଇଁ ଆରମ୍ଭ ତ କରନ୍ତି, କିନ୍ତୁ ପରେ ପରିଶ୍ରମ ନ କରିବା ଯୋଗୁଁ ଅସଫଳ ହୋଇଯାନ୍ତି, ସେଥିପାଇଁ ଯଦି ଆପଣ ମଧ୍ୟ ଏପରି କିଛି କରନ୍ତି ତେବେ ନିଜକୁ ନିଶ୍ଚୟ ସୁଧାରି ନିଅନ୍ତୁ, କାରଣ ସଫଳ ହେବା ପାଇଁ ପରିଶ୍ରମର ବହୁତ ଆବଶ୍ୟକତା ଅଛି ।

- ନୂଆ ବିଚାର ଓ ନୂଆ ଯୋଜନା ପ୍ରସ୍ତୁତ କରିବାରେ କେବେ ହେଲେ ବ୍ୟସ୍ତ ହୁଅନ୍ତୁ ନାହିଁ, ବରଂ ପ୍ରତ୍ୟେକ ଯୋଜନାକୁ ପୂରା କରିବା ପାଇଁ ଚେଷ୍ଟା ରନ୍ତୁ ଓ ତା ଉପରେ ଉତ୍ତମ କାର୍ଯ୍ୟ କରି ଚାଲନ୍ତୁ ।

- ସର୍ବଦା ନିଜ ଅନ୍ତରାତ୍ମାର ସ୍ୱର ଶୁଣନ୍ତୁ ଓ ତାକୁ ମାନନ୍ତୁ । ଅନ୍ୟ ଲୋକ ପଥଭ୍ରଷ୍ଟ କରିବା ପାଇଁ ଠିଆ ହୋଇଥାନ୍ତି, ତେଣୁ ଅନ୍ୟର କଥା କାହିଁକି ଶୁଣିବା ।

ଯଦି ଆପଣ ବି ଏହି କଥାକୁ ଅଭ୍ୟାସରେ ଆଣିବେ ତେବେ ବିଶ୍ୱାସ କରନ୍ତୁ ଆପଣ ନିଶ୍ଚୟ ସଫଳ ହେବେ ।

❑❑❑

୯- ମୂଲ୍ୟ ଓ ଆୟର ଅନୁପାତ

ଯାହା ଆମକୁ କଠିନ ପରୀକ୍ଷା ପରି ଲାଗେ ତାହା ସର୍ବଦା ଲୁଚି ରହିଥିବା ଅର୍ଶିବାଦ ହୋଇଥାଏ । - **ଅସ୍କର ଓ୍ୱାଇଲ୍ଡ**

ଶେୟାର ବଜାରରେ ମୂଲ୍ୟ ଆୟ ଅନୁପାତର କମ ମହତ୍ତ୍ୱପୂର୍ଣ୍ଣ ନୁହେଁ, କିନ୍ତୁ ଜଣେ ନିବେଶକଙ୍କୁ ଏହା ଉପରେ ସତର୍କ ରୂପେ ଧ୍ୟାନ ଦେବାର ଆବଶ୍ୟକତା ଅଛି ।

ପୀ/ଇ ଅନୁପାତ ଶେୟାର ପ୍ରତି ଶେୟାର ଆୟ (ଇପୀଏସ) ପାଇଁ ପ୍ରତି ଶେୟାର ବଜାରର ଅନୁପାତ ଅଟେ । ସର୍ବାଧିକ ବ୍ୟବହାର ଓ ସ୍ୱୀକୃତ ମୂଲ୍ୟାଙ୍କନ ମୈଟ୍ରିକ୍ସ ମଧ୍ୟରୁ ଗୋଟିଏ, ପୀ/ଇ ଅନୁପାତ ନିବେଶକମାନଙ୍କୁ ଗୋଟିଏ କମ୍ପାନୀର ବର୍ତ୍ତମାନ ପ୍ରତି ଶେୟାରର ମୂଲ୍ୟ ତୁଳନାରେ ପ୍ରତି ଶେୟାର କମାଏ । ଶେଷରେ, ଏହା ମୈଟ୍ରିକ ନିବେଶକମାନଙ୍କୁ ସାହାଯ୍ୟ କରିବା ପାଇଁ ଆଦର୍ଶ ଅଟେ ଯାହା କମ୍ପାନୀର ଆୟ ପାଇଁ ଅର୍ଥ ପ୍ରଦାନ କରିବା ପାଇଁ ବଜାରକୁ ପ୍ରସ୍ତୁତ କରେ ଓ ଏହିପରି କମ୍ପାନୀର ଭବିଷ୍ୟତର ସମ୍ଭାବନାଗୁଡ଼ିକ ଉପରେ ବଜାରର ସମସ୍ତ ସହମତ ପ୍ରଦାନ କରେ । ଉଚ୍ଚ ପୀ/ଇ ଅନୁପାତ ମୂଲ୍ୟ ସାଧାରଣ ଭାବେ ସଙ୍କେତ ଦିଏ ଯେ ବଜାରରେ ଶେୟାରର ମୂଲ୍ୟ ଜାରି ରଖିବାର ବିଶ୍ୱାସ ଅଛି ।

ଉଚ୍ଚ ପୀ/ଇ ସର୍ବଦା ସକରାତ୍ମକ ହୋଇ ନଥାଏ, ଯଦିଓ ଉଚ୍ଚ ଅନୁପାତ ଅତ୍ୟଧିକ ଆଶାବାଦୀ ଅନୁମାନ ଓ ଶେୟାରର ଏହି ସମୟର ପରିଣାମର ସ୍ୱରୁପ ହୋଇପାରେ । ତା ସହିତ, ରୋଜଗାରର ସଂଖ୍ୟାତ୍ମକ ତଥ୍ୟ ପ୍ରଦାନ କରିବାରେ କାରସାଦି କରିବା ସହଜ ଅଟେ, କାରଣ ଏହି ଅନୁପାତ ପଛ ବସ୍ତୁର ଧ୍ୟାନ ରଖେ । ଏହିପରି, କମ୍ପାନୀର ଅଧିକ ପୂର୍ଣ୍ଣ ଓ ଷ୍ଟକ ଆକଳନ ପ୍ରାପ୍ତି କରିବା ପାଇଁ ଇବୀ ଇବୀଆଇଟୀଡୀଏ ପରି ମୈଟ୍ରିକ୍ସ ସହିତ ସଂଯୁକ୍ତ ହୋଇ ଏହି ମୈଟ୍ରିକ୍ସର ଉପଯୋଗ କରିବା ପାଇଁ ସର୍ବଦା ପରାମର୍ଶ ଦିଆଯାଏ ।

ନିବେଶକ ସର୍ବଦା ମୂଲ୍ୟ ଆୟ ଅନୁପାତ (ପୀ/ଇ ଅନୁପାତ) କୁ ବହୁତ ଅଧିକ ମହତ୍ତ୍ୱ ଦିଅନ୍ତି । କାରଣ ଏହା କେତେକ ବିକଳ୍ପମାନଙ୍କ ମଧ୍ୟରେ ଏକୁଟିଆ ମହତ୍ତ୍ୱପୂର୍ଣ୍ଣ ଉପକରଣ ଅଟେ । ଏକୁଟିଆ ଏହି ଅନୁପାତ ସାହାଯ୍ୟରେ ଶେୟାର କିଣିବା ଓ ବିକିବାର ନିର୍ଣ୍ଣୟ ଭୟଙ୍କର ହୋଇ ପାରେ ଓ ଏହା ଉପରେ ଆଧାରିତ ନିର୍ଣ୍ଣୟ ସର୍ବଦା ଠିକ୍ ହୁଏ ନାହିଁ । ପୀ/ଇ ଅନୁପାତ ସଂଦର୍ଭରେ ବ୍ୟାଖ୍ୟା ମଧ୍ୟ ହେବା ଉଚିତ୍ ଓ ଏହାର ଉପଯୋଗ ଅନ୍ୟ ବିଶ୍ଳେଷଣାତ୍ମକ ପ୍ରକ୍ରିୟା ସହିତ ସଂଯୋଜନା ରୂପେ ପ୍ରୟୋଗ କରାଯିବା ଉଚିତ୍ । ସେଥିପାଇଁ କମ ପୀ/ଇ ଅନୁପାତର କେବେହେଲେ ଅର୍ଥ ନୁହେଁ ଯେ ଶେୟାର କମ୍‌ଜୋର ଅଟେ ଓ ଉଚ୍ଚ ପୀ/ଇ ଅନୁପାତର ଏହା ମଧ୍ୟ ଅର୍ଥ ନୁହେଁ ଯେ କମ୍ପାନୀ ବହୁତ ଓଭରଭ୍ୟାଲ୍ୟୁଡ ଅଟେ ।

ମୂଲ୍ୟ ଆୟ ଅନୁପାତ ମଧ୍ୟ ଶେୟାର ବଜାରରେ ଗୋଟିଏ ଚମକଦାର ଓ କେବେ କେବେ ଅଧିକ ଭଲ ବିକଳ୍ପ ରୂପେ ଦେଖିବାକୁ ମିଳେ । ସେଥିପାଇଁ ଜଣେ ସଫଳ ନିବେଶକ ନିଜର ବିବେକ ଦ୍ୱାରା ପରିଚାଳିତ ହେବା ଉଚିତ୍ ।

❑❑❑

୧୦- ଶସ୍ତା ଷ୍ଟକ ଦେଖି ଲୋଭ କରନ୍ତୁ ନାହିଁ

ଆପଣଙ୍କ ଆଟିଚ୍ୟୁଡ ଆପଣଙ୍କ ଅଲଟିଚ୍ୟୁଡ ନିର୍ଣ୍ଣୟ କରେ ।

- ଜିଗ ଜିଗଲର

ଗୋଟିଏ ଲୋକବାଣୀ ସମସ୍ତ ସଫଳ ନିବେଶକଙ୍କୁ ସର୍ବଦା ଧ୍ୟାନରେ ରଖିବା ଉଚିତ୍, "ଶସ୍ତା କାନ୍ଦିବେ ବାରମ୍ବାର, ମହଙ୍ଗା କାନ୍ଦିବେ ଏକ ବାର" । କିନ୍ତୁ ଶେୟାର ବଜାରରେ ମଧ୍ୟ ଏହି ଲୋକବାଣୀ କେବେ-କେବେ ନିବେଶକଙ୍କର କାର୍ଯ୍ୟରେ ଆସେ, କାରଣ ସର୍ବଦା ଏପରି ଦେଖାଯାଇଛି ଯେ ଶସ୍ତା ଶେୟାର ପଛରେ ପଡ଼ି ନିବେଶକ ନିଜର ପଇସା ଡୁବାଇ ପକାନ୍ତି ।

କେବେ-କେବେ ଭାରତୀୟ ଶେୟାର ବଜାର ନୂଆ ଉଚ୍ଚତା ଉପରେ ପହଞ୍ଚିଯାଏ । ସେନ୍‌ସେକ୍ସ ନୂଆ ହାଇ ସ୍କୋର ପ୍ରସ୍ତୁତ କରିନିଏ । ମାର୍କେଟ ଏକ୍ସପର୍ଟମାନଙ୍କର କହିବା କଥା ହେଉଛି ଯେ ବଜାରରେ କେବେ-କେବେ ୨୦୦ରୁ ୩୦୦ ଅଙ୍କର ଦୃତ ଗତି ଆସିଯାଇ ପାରେ । ଏପରି ଅବସ୍ଥାରେ ନିବେଶକମାନଙ୍କୁ ବଛା ବଛା ଶେୟାରରେ ନିବେଶ କରିବାକୁ ପରାମର୍ଶ ଦିଆଯାଏ । କେହି ଏହା ମଧ୍ୟ କୁହନ୍ତି ଯେ ଏହି ସମୟ ମଧ୍ୟରେ ଛୋଟ ଅଙ୍କର ଅର୍ଥ ନିବେଶ କରିବା ଠିକ୍ ଉପାୟ ଅଟେ । ଏପରି ଅବସ୍ଥାରେ ଏକ୍ସପର୍ଟସ ଓ ବ୍ରୋକରେଜ ହାଉସ ବଛା ବଛା ୧୦୦ ଟଙ୍କାରୁ କମ ମୂଲ୍ୟରେ ଶସ୍ତା ଷ୍ଟକରେ ନିବେଶର ପରାମର୍ଶ ଦିଅନ୍ତି । ଯେଉଁଥିରେ ଆଗକୁ ବର୍ଷରେ ୫୦ ପ୍ରତିଶତ ରିଟର୍ଣ୍ଣ ମିଳିବାର ସମ୍ଭାବନା ଥାଏ ବୋଲି ଦର୍ଶାଯାଏ ।

ମାର୍କେଟ ଏକ୍ସପର୍ଟମାନେ ମାନନ୍ତି ଯେ ନିବେଶକମାନେ ନିଜର ଅର୍ଥ ଗୋଟିଏ ଷ୍ଟକରେ ନଲଗାଇ ଅନେକ ଷ୍ଟକରେ ଲଗାଇବା ଉଚିତ୍ । ଏହାର ଅର୍ଥ ହେଉଛି ଯେ

ନିବେଶକ ଛୋଟ ଅଙ୍କର ଅଧିକ ବଲ ଷ୍ଟକରେ ନିବେଶ କରନ୍ତୁ । ୧୦୦ ଟଙ୍କାରୁ କମ୍ ମୂଲ୍ୟର ଏହି ସମସ୍ତ ଷ୍ଟକରେ ନିବେଶକ ବହୁତ ଅଳ୍ପ ଅର୍ଥ ସହିତ ନିବେଶ କରି ପାରିବେ ଓ କେତେକ ଷ୍ଟକରେ ଗୋଟିଏ ଅଧିକ ଭଲ ପୋର୍ଟଫୋଲିଓ ପ୍ରସ୍ତୁତ କରି ପାରିବେ । ଏଥିରେ ବିପଦ କମ ରହିବ, ତା ସହିତ ଷ୍ଟକରେ ଗ୍ରୋଥର ଲାଭ ମଧ୍ୟ ମିଳିବ ।

କିନ୍ତୁ ଏଠାରେ ଗୋଟିଏ ସାମାନ୍ୟ ଭୂଲ ଧାରଣା ଦେଖାଦିଏ ଯେ ଶସ୍ତା ଷ୍ଟକ କିଣିବା ଦ୍ୱାରା କମ୍ କ୍ଷତି ହୁଏ । କିନ୍ତୁ ଯେତେବେଳେ ଆପଣ ଗୋଟିଏ ଷ୍ଟକ ପାଞ୍ଚ ଟଙ୍କାରେ କିଣନ୍ତି ଓ ତାହାର ମୂଲ୍ୟ ଖସି ଶୂନ୍ୟ ହୋଇଯାଏ, ଏହାର ବିପରୀତ ଯଦି ଆପଣ ଗୋଟିଏ ଷ୍ଟକ ୭୫ ଟଙ୍କାରେ କିଣନ୍ତି ଓ ତା ସହିତ ମଧ୍ୟ ଏହିପରି ହୁଏ ତେବେ ଆପଣ ଆପଣଙ୍କ ପ୍ରାରମ୍ଭିକ ନିବେଶ ୧୦୦ ପ୍ରତିଶତ ପର୍ଯ୍ୟନ୍ତ ହରାଇ ବସନ୍ତି । ଗୋଟିଏ ଖରାପ ଏ ୫ କମ୍ପାନୀ ଗୋଟିଏ ଖରାପ ଏ ୭୫ କମ୍ପାନୀ ତୁଳନାରେ ଅଧିକ ବିପଦପୂର୍ଣ୍ଣ ହୋଇ ପାରେ । ବାସ୍ତବରେ ଅଧିକ ନିୟମରେ ବନ୍ଧା ଉଚ୍ଚ ଶେୟାର ମୂଲ୍ୟର ଗୋଟିଏ କମ୍ପାନୀର ତୁଳନାରେ ଶସ୍ତା ଷ୍ଟକର କମ୍ପାନୀ ଅଧିକ ବିପଦପୂର୍ଣ୍ଣ ହେବାର ସମ୍ଭାବନା ଅଧିକ ଥାଏ । ଜଣେ ନିବେଶକଙ୍କୁ ଏପରି ସମୟରେ ନିଜ ଅନୁଭବ ଓ ବିବେକ ବ୍ୟବହାର କରିବା ଉଚିତ୍ ।

❑❑❑

୧୧- ନିଜର ରଣନୀତି ଉପରେ ଅଟଳ ରୁହନ୍ତୁ

ଯଦି ଆପଣ ଆପଣଙ୍କର ସମୟର ମୂଲ୍ୟ ବୁଝନ୍ତିନାହିଁ, ତେବେ ଅନ୍ୟ ଲୋକମାନେ ମଧ୍ୟ ବୁଝନ୍ତିନାହିଁ । ନିଜ ସମୟ ଓ ପ୍ରତିଭାକୁ ନଷ୍ଟ ହେବାକୁ ଦିଅନ୍ତୁ ନାହିଁ । ଯାହା ଆପଣ ଜାଣନ୍ତି, ତାର ପ୍ରଶଂସା କରିବା ଶିଖନ୍ତୁ ଓ ତା ପାଇଁ ଚାର୍ଜ କରିବା ଆରମ୍ଭ କରି ଦିଅନ୍ତୁ । **- କିମ ଗେଷ୍ଟ**

କୌଣସି ଲକ୍ଷ୍ୟ ପ୍ରାପ୍ତି ପାଇଁ ପ୍ରସ୍ତୁତ କରା ଯାଇଥିବା "କାର୍ଯ୍ୟଯୋଜନା"କୁ ସାମାନ୍ୟ ଅର୍ଥରେ ରଣନୀତି କୁହାଯାଏ । "ରଣନୀତିକ ପ୍ରବନ୍ଧ"ର ଅଭିଳାଷ ମୁଖ୍ୟ ରୂପରେ ଦୁଇଟି କାର୍ଯ୍ୟ ଦ୍ୱାରା ହୋଇଥାଏ । ଗୋଟିଏ କାର୍ଯ୍ୟ ଯୋଜନାର ନିର୍ଦ୍ଧାରଣ ଓ ଅନ୍ୟଟି କମ୍ପାନୀ ସାଧନର ପ୍ରୟୋଗ କରି କାର୍ଯ୍ୟଯୋଜନାକୁ ଲାଗୁ କରିବା । ଯାହା ଫଳରେ କି କମ୍ପାନୀର ବିକାଶ, ଲାଭଦାୟିକତା, ବିସ୍ତାର ତଥା କମ୍ପାନୀର ସଫଳତାପୂର୍ବକ ଉନ୍ନତିକୁ ସୁନିଶ୍ଚିତ କରାଯାଇ ପାରେ । ରଣନୀତିକ ପ୍ରବନ୍ଧ ଗୋଟିଏ ଏପରି ପ୍ରକ୍ରିୟା ଅଟେ, ଯାହାର "ନିୟୋଜନ" ଉଚ୍ଚ ପ୍ରବନ୍ଧ ଦ୍ୱାରା କରାଯାଏ, ଯେଉଁଥିରେ "ସଂଗଠନ ଉଦ୍ଦେଶ୍ୟ ଏବଂ ଲକ୍ଷ୍ୟକୁ" ନିର୍ଦ୍ଧାରିତ କରାଯାଏ ଯାହା ଫଳରେ କି ସେମାନେ ଦୀର୍ଘକାଳୀନ ଲକ୍ଷ୍ୟ ଏବଂ ଉଦ୍ଦେଶ୍ୟକୁ ପ୍ରାପ୍ତ କରିବାରେ ସହାୟକ ହୋଇ ପାରିବେ ଏବଂ ଅଳ୍ପ ସମୟରେ ସେମାନଙ୍କ ପାଇଁ ଅନୁକୂଳ ଅବସର ପ୍ରଦାନ କରି ପାରିବେ ।

ଅଲଗା ଅଲଗା ଲୋକ ଶେୟାର କିଣିବା ଓ ନିଜ ନିବେଶ ଲକ୍ଷ୍ୟକୁ ପୂରା କରିବା ପାଇଁ ଅଲଗା ଅଲଗା ପ୍ରଣାଳୀ ବ୍ୟବହାର କରନ୍ତି । ସଫଳ ହେବାପାଇଁ ଏଠାରେ ଅନେକ ରାସ୍ତା ଅଛି ଓ କୌଣସି ବି ରଣନୀତି କୌଣସି ଅନ୍ୟ ଠାରୁ ଅଧିକ ଭଲ ହୋଇ ନଥାଏ । ବରଂ ଯଦି ଆପଣ ନିଜର କୌଣସି ପ୍ରଣାଳୀରେ ଟିକିସ୍ତା କରନ୍ତି ତାହେଲେ ତା ଉପରେ

ଅଟଳ ରୁହନ୍ତୁ । ଲଗାତର ରଣନୀତିକୁ ବଦଳାଇ ଚାଲିବା ଆପଣଙ୍କୁ ପ୍ରଭାବଶାଳୀ ମାର୍କେଟ ଟାଇମର କରିଦିଏ ଓ ଅଧିକାଂଶ ନିବେଶକଙ୍କୁ ନିଶ୍ଚିତ ରୂପେ ଏଥିରୁ ବଞ୍ଚିତ ରହିବା ଉଚିତ୍ ।

ସେଥିପାଇଁ ରଣନୀତି ମହତ୍ତ୍ୱପୂର୍ଣ୍ଣ ଅଟେ, କାରଣ ଏହି ଲକ୍ଷ୍ୟକୁ ପ୍ରାପ୍ତ କରିବା ପାଇଁ ଉପଲବ୍ଧ ସାଧନ ସାଧାରଣ ଭାବେ ସୀମିତ ହୁଅନ୍ତି । ରଣନୀତିରେ ସାଧାରଣ ଭାବେ ଲକ୍ଷ୍ୟକୁ ନିର୍ଦ୍ଧାରିତ କରିବା, ଲକ୍ଷ୍ୟକୁ ପ୍ରାପ୍ତ କରିବା ପାଇଁ କାର୍ଯ୍ୟର ନିର୍ଦ୍ଧାରଣ କରିବା ଓ କାର୍ଯ୍ୟ ଜାରି କରିବା ପାଇଁ ସାଧନକୁ ଏକତ୍ରିତ କରିବା ମିଳିତ ଅଛି । ଗୋଟିଏ ରଣନୀତି କୁହେ ଯେ ସାଧନ (ସଂସାଧନ) ଦ୍ୱାରା ଶେଷ ଲକ୍ଷ୍ୟ କିପରି ପ୍ରାପ୍ତ କରାଯାଇ ପାରିବ । ରଣନୀତିର ଉଦ୍ଦେଶ୍ୟ ବା ଗତିବିଧିର ପ୍ରଣାଳୀ ରୂପେ ନଜର ଆସି ପାରେ, କାରଣ ସଂଗଠନ ନିଜ ପର୍ଯ୍ୟାବରଣର ଅନୁକୂଳ ଅଟେ ବା ସମତୁଲ ରଖେ । ଏଥିରେ ରଣନୀତିକ ଯୋଜନା ଓ ସାମରିକ ଭାବନା ପରି ଗତିବିଧି ମିଳିତ ଥାଏ ।

❑❑❑

୧୨- ଭବିଷ୍ୟତ ଉପରେ ଧ୍ୟାନ ଦିଅନ୍ତୁ

> ସଫଳ ଯୋଦ୍ଧା ସାଧାସିଧା ବ୍ୟକ୍ତି ଅଟନ୍ତି ଯାହା ପାଖରେ ଲେଜର ପରି ଫୋକସ ଥାଏ । - **ବୃଶ ଲୀ**

ବେପାରର ଭବିଷ୍ୟତ ବେପାର ଆରମ୍ଭ କରିବା ବ୍ୟକ୍ତି ଉପରେ ନିର୍ଭର କରେ ଓ ସେହି ବେପାର ଉପରେ ନିର୍ଭର କରେ, ଯାହା ଆରମ୍ଭ କରାଯାଇଛି । କୁହାଯାଏ ଯେ, ବେପାରୀ ଯେମିତି ହୋଇଥାଏ, ତାର ବେପାର ମଧ୍ୟ ସେହିପରି ହୁଏ । ବେପାର କରିବା ପାଇଁ ଜଣେ ବେପାରୀର କ୍ଷମତା ସହିତ ତା ଦ୍ୱାରା ଆରମ୍ଭ କରାଯାଇଥିବା ବେପାର, ପଇସା, ସ୍ଥାନ ଏସବୁ ମଧ୍ୟ ନିର୍ଦ୍ଧାରିତ ହୁଏ । କାରଣ କୌଣସି ବେପାର କେବଳ ଆରମ୍ଭ କରିବା ଜରୁରୀ ନୁହେଁ ତାକୁ ଚଳାଇବା ମଧ୍ୟ ଜରୁରୀ ଅଟେ ।

ନିବେଶର ସମୟ ସବୁଠାରୁ କଠିନ ବିଭାଗ ହେଉଛି ଯେ ଆମେ ନିର୍ଣ୍ଣୟ ନେବା ସମୟରେ ଘଟିଥିବା ଘଟଣା ଓ ସୂଚନା ଉପରେ ଧ୍ୟାନ କେନ୍ଦ୍ରିତ କରୁ । ଏଠାରେ ଧ୍ୟାନ ରଖିବା କଥା ହେଉଛି ଯେ ଆମକୁ ପୁରୁଣା ଡାଟାର ଉପଯୋଗ ଆଗକୁ ହେବାକୁ ଥିବା ଘଟଣାର ଅନୁମାନ ଲଗାଇବାରେ ସାହାଯ୍ୟ କରେ, ଭବିଷ୍ୟତରେ କଣ ହେବ ଏହା ଆମ ପାଇଁ ଅତ୍ୟନ୍ତ ଗୁରୁତ୍ୱପୂର୍ଣ୍ଣ । ଯଦି ଆମେ କ୍ଷମତାର କଥା ହେବା ତେବେ ବି ବେପାରର ଭବିଷ୍ୟତ ଆମର ନିଜ କ୍ଷମତା ଉପରେ ଆଧାରିତ ହୋଇଥାଏ, କାରଣ ସେହି ବେପାର ଆମେ କରୁ, ନିଜ ମସ୍ତିଷ୍କ ଓ ନିଜର ବୋଧଗମ୍ୟତା ଉପରେ କରୁ, ଆମ ବେପାରର profit ଓ loss ଦୁଇଟି ଯାକ ଆମକୁ ହିଁ ଦେଖିବାକୁ ପଡ଼େ ।

କିନ୍ତୁ ଯଦି ଆପଣ ନିଜ ଆରମ୍ଭ ସମୟରୁ ଦେଖିବେ, ଜଣାଯିବ ଯେ ଆମର ସଫଳତାର କ୍ଷମତାର ହକଦାର ଆମର ମାତା-ପିତା ଆମର ଭଲ ସହଯୋଗୀ, ଆମର ଭଲ ମିତ୍ର ଓ କେଉଁଠି ନା କେଉଁଠି ଆମର ବିରୋଧୀ ପକ୍ଷ ଅଟନ୍ତି, କାରଣ ଏହି ଲୋକ ଆମକୁ ସର୍ବଦା କିଛି ନା କିଛି ଶିଖାଇ ଦିଅନ୍ତି ।

ମଣିଷର ସଫଳ ହେବା ଓ ତାର ଭଲ ବେପାର କରିବା ତାର ପରିଶ୍ରମ ଉପରେ ନିର୍ଦ୍ଧାରିତ ଅଟେ । ଯେତେବେଳେ ବି ମଣିଷ କୌଣସି ବେପାର ଆରମ୍ଭ କରେ, ସେତେବେଳେ ସେ ଅଧିକ ଆତ୍ମବିଶ୍ୱାସୀ ହୋଇ ନଥାଏ । ବେପାର ଆରମ୍ଭ କରିବା ସମୟରେ ମଣିଷର ମନରେ କେତେକ ବିଚାର ଆସେ ଓ ଏହା ସ୍ୱାଭାବିକ ମଧ୍ୟ ଅଟେ । ଆମ ବେପାରର ସଫଳତା ଆମର କ୍ଷମତା ଉପରେ ନିର୍ଭର କରେ । ଆମର କାମ କରିବାର ପ୍ରଗାଢ଼ ଇଚ୍ଛା ଭବିଷ୍ୟତକୁ ସଫଳ କରାଇବାର ଆବେଗ ହିଁ ଆମର କାର୍ଯ୍ୟକୁ ଓ ଆମକୁ ସଫଳ କରାଇଥାଏ ।

❑❑❑

୧୩- ବଡ଼ ଆଦର୍ଶ ଉପରେ ଭାବନ୍ତୁ

ଏପରି ବଞ୍ଚ ଯେପରି କି ତୁମେ କାଲି ମରିଯିବ । ଏପରି ଶିଖ ଯେପରି କି ତୁମେ ସବୁଦିନ ପାଇଁ ଜୀବିତ ରହିବ । - **ମହାତ୍ମା ଗାନ୍ଧୀ**

ଗୋଟିଏ ପୁରୁଣା ଲୋକବାଣୀ ଅଛି: "ସବୁଠାରୁ ଶକ୍ତିଶାଳୀ ମାଛ ହେଉଛି ସିଏ ଯିଏ ବିପରୀତ ଦିଗରେ ପହଁରେ ।"

ସମ୍ପୂର୍ଣ୍ଣ ରୂପେ ବନ୍ଦ ହୋଇଯାଇଛି ପରି ଲାଗେ । କିନ୍ତ ବାସ୍ତବରେ ଏହି ଅସ୍ୱୀକୃତି ଆପଣଙ୍କୁ କେତେକଙ୍କ ବିରୁଦ୍ଧରେ ଧକ୍କା ଦେଇଦିଏ । ଅସ୍ୱୀକୃତି ଗୋଟିଏ ମଜଭୂତ୍ ଅବସର ଅଟେ, ଯେତେବେଳେ ଏପରି ଲାଗେ ଯେ ସବୁକିଛି ତୁମ ବିପକ୍ଷରେ କାମ କରୁଛି । ଜଣେ ନିବେଶକ ରୂପରେ ଆପଣ ବାଞ୍ଛନୀୟ ଓ ସମ୍ଭବତଃ ଅପ୍ରତ୍ୟାଶିତ ଭାବେ କାର୍ଯ୍ୟର ସମ୍ମୁଖୀନ ହେବାକୁ ବାଧ ହୁଅନ୍ତି । ଏହପରି ଆପଣଙ୍କୁ ନମନଶୀଳତା ସହିତ ଅସ୍ୱୀକୃତି ଉପହାର ପ୍ରଦାନ କରେ ଓ ନମନଶୀଳତା ହେଉଛି ବିକ୍ରୀ ପେଶାଗତ ଦୀର୍ଘ ସମୟ ଓ ଶୀର୍ଷକୁ ଯିବା ପାଇଁ ଦୃଢ଼ ସଂଙ୍କଳ୍ପ ବଳ ।

ଅଳ୍ପ କାଳିକ ଲାଭ ସେହି ନିବେଶକମାନଙ୍କୁ ଆକର୍ଷିତ କରିପାରେ ଯାହା ବଜାରରେ ନୂଆ ଅଟେ । କିନ୍ତୁ କୌଣସି ବି ନିବେଶକ ଦୀର୍ଘ-ସମୟ ପାଇଁ ନିବେଶକୁ ବାଛିବା ଦରକାର ଓ ସଙ୍ଗେ ସଙ୍ଗେ ନିର୍ବନ୍ଧ ଓ ସଙ୍ଗେ ସଙ୍ଗେ ବିଭାଘର ପରି ରଣନୀତିକୁ ମସ୍ତିଷ୍କରୁ ବାହାର କରିଦେବା ଉଚିତ୍ । ଏହାର ଅର୍ଥ ବିଲକୁଲ ଏଇଆ ନୁହେଁ ଯେ ଅଳ୍ପ ସମୟ ମଧ୍ୟରେ ଆକ୍ଟିଭଲି ଟ୍ରେଡିଙ୍ଗ ମାଧ୍ୟମରେ ଲାଭ କମାଯାଇ ପାରିବ ନାହିଁ । କିନ୍ତୁ ଏଠାରେ ଆମେ ପ୍ରଥମରୁ ହିଁ କଥା ସ୍ପଷ୍ଟ କରିଦେଇଛୁ ଯେ ବଜାରରୁ ଲାଭ କମାଇବା ପାଇଁ ନିବେଶ ଓ ଟ୍ରେଡିଙ୍ଗ ଉଭୟ ରାସ୍ତା ଅଛି । ଟ୍ରେଡିଙ୍ଗରେ ଅଲଗା ପ୍ରକାରର ବିପଦ ଅଛି । ଯେଉଁଥିରେ ନିବେଶକଙ୍କୁ ଶେୟାର କିଣିବା ଓ ରଖିବା ପାଇଁ କୌଣସି ଅନୁଭବର

ଆବଶ୍ୟକତା ହୁଏନାହିଁ । କିନ୍ତୁ ଆକ୍ଟିଭ ଟ୍ରେଡିଙ୍ଗ ପାଇଁ କେତେକ ଖାସ୍ କୌଶଳର ଆବଶ୍ୟକତା ଅଛି । କେହି ଜଣକର ନିବେଶ ଷ୍ଟାଇଲ ଅନ୍ୟଜଣଙ୍କ ଠାରୁ ଅଧିକ ଭଲ ଏହା ଜରୁରୀ ନୁହେଁ । ଦୁଇଜଣଙ୍କର ନିଜର ପକ୍ଷ-ବିପକ୍ଷ ଅଛି । ଉପଯୁକ୍ତ ସମୟ, ବିତ୍ତୀୟ ସାଧନ, ଶିକ୍ଷା ଓ ଇଚ୍ଛାର ଅଭାବରେ ଏହି ଆକ୍ଟିଭ ଟ୍ରେଡିଙ୍ଗ କାହା ପାଇଁ ଭୂଲ ମଧ୍ୟ ହୋଇପାରେ । ସେଥିପାଇଁ ନିଜେ ନିଜକୁ ଭ୍ରମିତ ହେବାକୁ ଦିଅନ୍ତୁ ନାହିଁ । ପ୍ରଥମେ ଏହା ସ୍ଥିର କରିନିଅନ୍ତୁ ଯେ ଆପଣ ଜଣେ ଟ୍ରେଡର ହେବାକୁ ଚାହାନ୍ତି ବା ଜଣେ ନିବେଶକ ଓ ଏହାପରେ ନିବେଶର ସମୟ ସୀମା ସ୍ଥିର କରନ୍ତୁ । ପ୍ରଥମେ ଗୋଟିଏ ଜିନିଷ ସ୍ଥିର କରନ୍ତୁ ଓ ତା ପରେ ଉପଯୁକ୍ତ ନିର୍ଣ୍ଣୟ ନିଅନ୍ତୁ ।

କୌଣସି ବି ନିବେଶକ ସଫଳ ହେବାର ସର୍ବ ପ୍ରଥମ ସୂତ୍ର ହେଉଛି ଯେ ସେ ବଡ଼ ହେବା ପାଇଁ ଭାବନ୍ତୁ ଯାହା ଫଳରେ କି ଅଧିକରୁ ଅଧିକ ସଫଳତା ପ୍ରାପ୍ତ ହୋଇ ପାରିବ ।

❑❑❑

୧୪- ଖୋଲା ମସ୍ତିଷ୍କରେ କାର୍ଯ୍ୟ କରନ୍ତୁ

କୌଣସି ବି ଜିନିଷ ଠାରୁ ବଡ଼ ପ୍ରସ୍ତୁତି, ସଫଳତାର ଚାବିକାଠି ଅଟେ ।
- ଗ୍ରେହାମ ବେଲ

ଆମର ଆଙ୍ଗୁଳିଗୁଡ଼ିକ କିପରି ହଲେ, ଆମେ କିପରି ଭାବୁ, ସ୍ୱପ୍ନ କାହିଁକି ଆସେ, ଆମ ଶରୀରକୁ କିଏ ଚଳାଏ ? ଯେତେବେଳେ ଏହି କଥା ଉପରେ ବିଚାର କରାଯାଏ ସେତେବେଳେ ଗୋଟିଏ ଉତ୍ତର ସାମ୍ନାକୁ ଆସେ, "ମସ୍ତିଷ୍କ" ଜୀବନର ଉନ୍ନତିର ମାର୍ଗ ଶରୀର ଓ ହୃଦୟ ମଧ୍ୟ ଦେଇ ସେତେ ପରିମାଣରେ ଗତି କରେନାହିଁ ଯେତେ ମସ୍ତିଷ୍କ ଦେଇ ଗତିକରେ । ଆମର ହୃଦୟ ଆମର ବଞ୍ଚିବା କାମରେ ଆସେ । ଜୀବନକୁ ରସପୂର୍ଣ୍ଣ କରିବାର କାର୍ଯ୍ୟ ଆମର ହୃଦୟ କରେ, କିନ୍ତୁ ଯେତେବେଳେ ଜୀବନରେ ଆଗକୁ ବଢ଼ିବାର କଥା ଆସେ, ସେତେବେଳେ ଆମେ ସମସ୍ତଙ୍କୁ ନିଜ ମସ୍ତିଷ୍କର ସହିତ ନେବାକୁ ପଡ଼େ ।

ଆପଣ ନିଜ ଆଖ ପାଖରେ ସାମାନ୍ୟରୁ ସାମାନ୍ୟ ବ୍ୟକ୍ତିଙ୍କୁ ଦେଖନ୍ତୁ, ଯାହା ଉପରେ ଆପଣଙ୍କର ଦୟା ହୁଏ । ଆପଣ ସେହି ବ୍ୟକ୍ତିଙ୍କୁ ଦେଖନ୍ତୁ, ଯାହା ବିଷୟରେ ଆପଣଙ୍କୁ ଲାଗେ ଯେ ସେ ଏହି କାର୍ଯ୍ୟ ନକରି ଅନ୍ୟ କୌଣସି ଭଲ କାର୍ଯ୍ୟ କରିବା ଉଚିତ୍ । ଆପଣ ତାଙ୍କୁ ବିଗତ ଦଶ ବର୍ଷ ହେବ ଏହି କାର୍ଯ୍ୟ କରିବାର ଦେଖୁଛନ୍ତି ଓ ବିଶ୍ୱାସ କରନ୍ତୁ ଯେ ଆସନ୍ତା ଦଶ ବର୍ଷ ପାଇଁ ମଧ୍ୟ ସେ ସେହିପରି କାର୍ଯ୍ୟ କରି ଚାଲିବେ । କେତେ ବଡ଼ କମ୍ପାନୀମାନଙ୍କର ଘରୋଇ ନାମ ଅଛି, କିନ୍ତୁ କେତେ ଭଲ ନିବେଶର ଘରୋଇ ନାମ ନାହିଁ । ହଜାର ହଜାର ଛୋଟ କମ୍ପାନୀମାନଙ୍କ ପାଖରେ ଭବିଷ୍ୟତର ବଡ଼ ବ୍ଲୁ ଚିପ କମ୍ପାନୀ ହେବାର କ୍ଷମତା ଥାଏ । ଆପଣଙ୍କୁ ଏଠାରେ ଏହି ପରାମର୍ଶ ଦିଆ ଯାଉନାହିଁ

ଯେ ଆପଣଙ୍କୁ ଆପଣଙ୍କ ସମସ୍ତ ପୋର୍ଟଫୋଲିଓରେ ସ୍ମଲ କ୍ୟାପ ଷ୍ଟକକୁ ମିଳିତ କରିବା ଉଚିତ୍ । ବରଂ ଏହା ବୁଝନ୍ତୁ ଯେ ଏଠାରେ କେତେକ ଭଲ କମ୍ପାନୀ ଅଛନ୍ତି ଯେଉଁମାନେ ସେନ୍‌ସେକ୍ସ ବା ନିଫ୍ଟୀରୁ ବାହାରେ ଥାନ୍ତି, ଏହିପରି କମ୍ ଜଣାଶୁଣା କମ୍ପାନୀର ଅପେକ୍ଷା କରାଯାଏ ଓ ଠିକ୍ ଏହିପରି ଆପଣ ମଧ୍ୟ କିଛି ବଡ଼ ଲାଭ ପ୍ରଦାନ କରୁଥିବା କମ୍ପାନୀମାନଙ୍କୁ ଉପେକ୍ଷା କରି ପାରିବେ ।

ମୋର କହିବାର ଅର୍ଥ କେବଳ ଏଇଆ ଯେ ବିତିଯାଇଥିବା ସମୟ ଆପଣଙ୍କୁ ଉନ୍ନତି ଦେଇ ପାରବନାହିଁ । ମୋର କହିବାର ଅର୍ଥର ହେଉଛି ଯେ କେବଳ କରା ଯାଇଥିବା କାର୍ଯ୍ୟ ଆପଣଙ୍କୁ ଉନ୍ନତି ଦେଇ ପାରିବ ନାହିଁ । ଆପଣଙ୍କର ଉନ୍ନତି ସେତେବେଳେ ହେବ, ଯେତେବେଳେ ଆପଣ ନିଜର ମୂଲ୍ୟକୁ ବଢ଼ାଇବେ ଓ ଆପଣଙ୍କର ଏହି ମୂଲ୍ୟ ସେତିକିବେଳେ ବଢ଼ିବ, ଯେତେବେଳେ ଆପଣ ଆପଣଙ୍କ ମସ୍ତିଷ୍କକୁ ଖୋଲା ରଖି ସେଥିରେ ନୂଆ ନୂଆ କଥାକୁ ପ୍ରବେଶ କରିବାକୁ ଅନୁମତି ଦେବେ ।

❑❑❑

୧୫- ଚିନ୍ତା ତ୍ୟାଗ କରନ୍ତୁ

> ସଫଳତା ପର୍ଯ୍ୟନ୍ତ ଆସିବାକୁ ଥିବା ମାର୍ଗ ସର୍ବଦା ଅଣ୍ଡର କନଷ୍ଟ୍ରକ୍ଶନ ଥାଏ ।
> **- ଲିଲୀ ଟମଲିନ**

କେହି ଜଣେ ମହାନ ଲେଖକ କହିଛନ୍ତି ଯେ "ଚିନ୍ତା ଦ୍ୱାରା ତ କାର୍ଯ୍ୟ ବିଗିଡ଼ିଯାଏ ।" ଯାହା ଚିନ୍ତା ଥାଏ ତାହା କାର୍ଯ୍ୟକୁ ଶତ ପ୍ରତିଶତ ପରିବର୍ତ୍ତେ ସତୁରୀ ପ୍ରତିଶତ କରିଦିଏ । ଚିନ୍ତା କାର୍ଯ୍ୟରେ ବାଧା ଉତ୍ପନ୍ନ କରେ । ଯଦି ଚିନ୍ତା ନଥିବ, ବହୁତ ସୁନ୍ଦର ପରିଣାମ ଆସିବ ।

ଯେପରି କି 'ଆମେ ମରିବାର ଅଛି' ଏପରି ସମସ୍ତେ ଜାଣନ୍ତି । କିନ୍ତୁ ଯେତେବେଳେ ମୃତ୍ୟୁ ମନେପଡ଼େ, ସେତେବେଳେ ଲୋକମାନେ କଣ କରନ୍ତି ? ମନେ ପଡୁଛି ସେତେବେଳେ କଣ କରନ୍ତି ? ତାକୁ ଧକ୍‌କା ମାରି ଦିଅନ୍ତି । ମୋର ଯଦି କିଛି ହୋଇଯିବ, ଏପରି ଭାବି ଧକ୍‌କା ମାରି ଦିଅନ୍ତି । ସେହିପରି ଯେତେବେଳେ ଭିତରେ ଚିନ୍ତା ହେବାକୁ ଲାଗେ, ସେତେବେଳେ ଧକ୍‌କା ମାରିଦେବା କଥା କି ନାହିଁ !

ଚିନ୍ତା ଦ୍ୱାରା ସର୍ବଦା ସବୁକିଛି ବିଗିଡ଼ିଯାଏ । ଚିନ୍ତା ଦ୍ୱାରା ଯଦି ମଟର ଚଳାଇବେ ତେବେ ଧକ୍‌କା ହେବ । ଚିନ୍ତାକରି ବେପାର କଲେ ତାହା ଓଲଟି ଯିବ । ସଂସାରରେ ଚିନ୍ତା ଦ୍ୱାରା ସବୁକିଛି ବିଗିଡ଼ି ଯାଇଛି ।

ଚିନ୍ତା କରିବା ପରି ସଂସାର ହିଁ ନାହିଁ । ଏହି ସଂସାରରେ ଚିନ୍ତା କରିବା, ମସ୍ତବଡ଼ ବୋକାମୀ ଅଟେ । ସଂସାର ଚିନ୍ତା କରିବା ପାଇଁ ହିଁ ହୋଇନାହିଁ । ଏହା ଇଟସେଲ୍‌ଫ କ୍ରିଏସନ୍ ଅଟେ । ଭଗବାନ ଏହି କ୍ରିଏସନ କରିନାହାନ୍ତି । ସେଥିପାଇଁ ଚିନ୍ତା କରିବା ପାଇଁ ଏହି କ୍ରିଏଶନ୍ ହୋଇନାହିଁ । କେବଳ ମଣିଷ ଚିନ୍ତା କରେ, ଅନ୍ୟ କୌଣସି ପ୍ରାଣୀ ଚିନ୍ତା କରେନାହିଁ । ଅନ୍ୟ ଚଉରାଅସି ଲକ୍ଷ ଯୋନୀ ଅଛି, କିନ୍ତୁ କେହି ଚିନ୍ତା କରନ୍ତିନାହିଁ । ଏହି

ମଣିଷ ନାମକ ଜୀବ ଆବଶ୍ୟକ ଠାରୁ ଅଧିକ ବୁଦ୍ଧିମାନ ଅଟନ୍ତି ସେଇମାନେ ହିଁ ସାରା ଦିନ ଚିନ୍ତାରେ ଜଳି ଚାଲନ୍ତି ।

ଆପଣ କର ବିଷୟରେ ଚିନ୍ତିତ ଅଟନ୍ତି, କିନ୍ତୁ ଏହାର ଚିନ୍ତା କରନ୍ତୁନାହିଁ । କରକୁ ସର୍ବାଗ୍ରେ, ରଖିବା ଏକ ଭୟଙ୍କର ରଣନୀତି ଅଟେ, ଏହା ନିବେଶକକୁ ଗରୀବ ଓ ପଥଭ୍ରଷ୍ଟ କରିବାର କାରଣ ହୋଇପାରେ । ହଁ, କର ନିଶ୍ଚୟ ମହତ୍ତ୍ୱପୂର୍ଣ୍ଣ ଅଟେ, କିନ୍ତୁ ଏହା ଚିନ୍ତାର ଦ୍ୱିତୀୟ ବିଷୟ ଅଟେ । ନିବେଶର ପ୍ରାଥମିକ ଲକ୍ଷ୍ୟ ବିକାଶ ଓ ଧନର ରକ୍ଷା ଅଟେ । ଆପଣଙ୍କୁ ଆପଣଙ୍କ ଦ୍ୱାରା ପରିଶୋଧ କରା ଯାଉଥିବା କରକୁ କମ୍ କରିବା ଓ କର ପଛରେ ଥିବା ରିଟର୍ଣ୍ଣକୁ ବଢ଼ାଇବା ପାଇଁ ସର୍ବଦା ପ୍ରୟାସ କରିବା ଉଚିତ୍ । କିନ୍ତୁ ଏହି ସ୍ଥିତି ବହୁତ କମ୍ ଥାଏ ଓ ଆପଣ ଯେତେବେଳେ ନିବେଶର ନିର୍ଣ୍ଣୟ ନିଅନ୍ତି ସେତେବେଳେ କର ମାମଲାକୁ ସବୁଠାର ଉପରେ ରଖିବେ । କିଛି କର ବଞ୍ଚାଇବା ଚେଷ୍ଟାରେ ଆପଣ ଶେୟାରକୁ ହୋଲ୍ଡ କରି ରଖନ୍ତି (ନିମ୍ନ କର ଦରର ଲାଭ ଉଠାଇବା ପାଇଁ ଏହାର ପରିଣାମ ସ୍ୱରୂପ ଆପଣଙ୍କ ଲାଭ କମ୍ ହୋଇଯାଏ ।)

ସେଥିପାଇଁ ହେ ବନ୍ଧୁମାନେ ଭାବିବାରେ କ୍ଷତି ନାହିଁ, କିନ୍ତୁ ଯେତେବେଳେ ଭାବିବା ଆବଶ୍ୟକତା ଠାରୁ ଆଗକୁ ବଢ଼େ, ସେତେବେଳେ ଚିନ୍ତା ଆରମ୍ଭ ହୋଇଯାଏ । ଯେତେବେଳେ ଏପରି ହେବାକୁ ଲାଗିବ ସେତେବେଳେ ଭାବିବା ବନ୍ଦ କରିଦିଅନ୍ତୁ । ଜଣେ ସଫଳ ନିବେଶକ ଏସବୁ ଅବସ୍ଥାରୁ ବାହାରକୁ ଆସି ହିଁ ସଫଳତାର ସିଡ଼ି ଚଢ଼େ ।

❑❑❑

୧୬- ନିବେଶର ଆବେଗ

ପ୍ରତ୍ୟେକ ମହାନ ପ୍ରଶ୍ନ ଜଣେ ସ୍ୱପ୍ନକର୍ତ୍ତାଙ୍କ ସହିତ ଆରମ୍ଭ ହୁଏ । ସର୍ବଦା ମନେ ରଖ, ତୁମ ଭିତରେ ସେହି ଶକ୍ତି, ସେହି ଧୈର୍ଯ୍ୟ ଓ ସେହି ଆବେଗ ଅଛି ଯାହା ତୁମ ନିଶାକୁ ଛୁଇଁ ପାରିବ, ଦୁନିଆକୁ ବଦଳାଇ ପାରିବ ।

- ହେରିୟଟ ଟବମେନ

କୌଣସି ବି କ୍ଷେତ୍ରରେ, ଜଣେ ମହାନ ଫୁଟବଲ ଖେଳାଳୀ ହୁଅନ୍ତୁ ବା ମହାନ କଳାକାର, ମହାନ ଅଭିନେତା ବା ମହାନ କଳାକାର, ମୁଁ ମାନେ ଯେ ସଫଳତାର ଅଶୀ ପ୍ରତିଶତ ଯୋଗଦାନ ତାଙ୍କର ଚେଷ୍ଟାର ଓ କୋଡ଼ିଏ ପ୍ରତିଶତ ଯୋଗଦାନ ତାଙ୍କର ପ୍ରତିଭାର ଥାଏ । ଦୁନିଆରେ ଏପରି ବହୁତ କମ୍ ଲୋକ ଅଛନ୍ତି, ଯେଉଁମାନଙ୍କ ପାଖରେ ବିଶୁଦ୍ଧ ରୂପେ ଅସାଧାରଣ ପ୍ରତିଭା ଥାଏ, ବାକି ସବୁ ଲୋକ ଘଣ୍ଟା ଘଣ୍ଟା ପରିଶ୍ରମ କରନ୍ତି । ବିଶ୍ୱ ସ୍ତରୀୟ ଖେଳାଳୀ ହେବା ପାଇଁ କୌଣସି ଫୁଟବଲ ଖେଳାଳୀଙ୍କୁ ହଜାର ଘଣ୍ଟାର ଅଭ୍ୟାସ କରିବାକୁ ପଡ଼େ । ବିଶ୍ୱ କପରେ ଗୋଟେ ଗୋଲ ମାରିବା ପାଇଁ ଖେଳାଳୀକୁ ପ୍ରତ୍ୟେକ ଦିନ ବର୍ଷ ବର୍ଷ ଧରି ଲଗାତାର ଭାବେ ଅତି କମ୍‌ରେ ଚାରିରୁ ଛଅ ଘଣ୍ଟା ପର୍ଯ୍ୟନ୍ତ ବଲକୁ ମାରିବାର ଅଭ୍ୟାସ କରିବାକୁ ପଡ଼େ ।

କଣ ଆପଣ ନିଜ ପସନ୍ଦର ନିବେଶକ ଯେପରି କି ବରେନ ବୁଫେଟ, ଚାର୍ଲି ମୁଁଗେର ବା ପୀଟର ଲିଂଚ ଅଦିଙ୍କ ପରି ହେବାକୁ ଚାହାନ୍ତି । କଣ ଆପଣ କେବେ ଭାବିଛନ୍ତି ଯେ ଏହି ମହାନ ନିବେଶକମାନଙ୍କ ମଧ୍ୟରେ ଏପରି କଣ ବିଶେଷତା ଅଛି ଯାହା ଏମାନଙ୍କୁ ଅନ୍ୟମାନଙ୍କ ଠାରୁ ଅଲଗା କରିଦିଏ ।

ଏମାନଙ୍କ ଚର୍ଚ୍ଚା କରିବା ମାତ୍ରେ ହିଁ ସର୍ବ ପ୍ରଥମେ ଆମ ମସ୍ତିଷ୍କକୁ ଆସେ ଯେ ଏମାନେ ସମସ୍ତେ ଷ୍ଟକ ଖୋଜିବାରେ ସିଦ୍ଧହସ୍ତ ଅଟନ୍ତି ଓ ଏମାନେ ବିଗତ ବର୍ଷମାନଙ୍କରେ ବହୁତ ଅର୍ଥ ଉପାର୍ଜନ କରିଛନ୍ତି ।

ନିବେଶ ଦୀର୍ଘ ଦିନ ପର୍ଯ୍ୟନ୍ତ ଖେଳା ଯାଉଥିବା ଗୋଟିଏ ଖେଳ ଅଟେ ଓ ଏଥିପାଇଁ କଠିନ ପରିଶ୍ରମ ଓ ଆବେଗର ଆବଶ୍ୟକତା ଅଛି । ସାମାନ୍ୟ ନିବେଶକ ସର୍ବଦା ଅଳ୍ପ ସମୟ ପାଇଁ ଚିନ୍ତା କରନ୍ତି । ଅନ୍ୟ ପକ୍ଷେ ସଫଳ ନିବେଶକ ସର୍ବଦା ଦୀର୍ଘ ସମୟ ପାଇଁ ଭାବନ୍ତି ଓ ଧୈର୍ଯ୍ୟ ପୂର୍ବକ ଅପେକ୍ଷା କରନ୍ତି, ଯେପର୍ଯ୍ୟନ୍ତ ଏହା ନିଜ ଲକ୍ଷ ପର୍ଯ୍ୟନ୍ତ ପହଞ୍ଚି ନଯାଏ । ଦୀର୍ଘ ସମୟ ପର୍ଯ୍ୟନ୍ତ ବଜାୟ ରଖିବା ଦ୍ୱାରା ଏହାକୁ compunding ର ମଧ୍ୟ ଅତ୍ୟଧିକ ଲାଭ ହୋଇଥାଏ ।

କେହି ଜଣେ ଠିକ୍ କହିଛନ୍ତି, "ଯଦି ଆପଣଙ୍କୁ ଗୋଟିଏ ଖେଳ ଖେଳିବାର ଅଛି ତେବେ ଏପରି ଖେଳ ବାଛନ୍ତୁ ଯାହାକୁ ଆପଣ ଜୀବନ ସାରା ଖେଳି ପାରିବେ ଓ ନିବେଶ ଏହିପରି ଗୋଟିଏ ଖେଳ ଅଟେ ।"

ମଣିଷ ଜୀବନରେ ସୁଯୋଗ ଆସେ ବା ନାହିଁ, ଏହି ଦୁନିଆରେ ବହୁତ ସାରା ତଥ୍ୟ ଉପରେ ନିର୍ଭର କରେ । ଯଦି ଆପଣଙ୍କୁ ଏପରି ସୁଯୋଗ ଆସେ ଆପଣ ଏଥିପାଇଁ ପ୍ରସ୍ତୁତ ଅଛନ୍ତି ତ ? ସଫଳତା ଓ ଅସଫଳତା ମଧ୍ୟରେ ଏଇଆ ଫରକ ଅଟେ । ଯଦି ଆପଣ ସଫଳ ହେବାକୁ ଚାହାନ୍ତି ତେବେ ଆପଣଙ୍କ ଭିତରେ ଆବେଗ ଓ ଚେଷ୍ଟା କରିବା ଇଚ୍ଛା ଥିବା ଉଚିତ୍ । ଯଦି କୌଣସି ବ୍ୟକ୍ତି ପାଖରେ ଜୀବନକୁ ନେଇ ଆବେଗ ଆବଶ୍ୟକ, ତେବେ ତା ପାଖରେ କେବେହେଲେ ଖାଲି ସମୟ ରହିବନାହିଁ । ସଫଳତା କୌଣସି ଗୋଟିଏ ଖାସ୍ ଫଳାଫଳ ପର୍ଯ୍ୟନ୍ତ, ପହଞ୍ଚାଇବାରେ ନୁହେଁ, ବରଂ ବାସ୍ତବରେ ଆପଣଙ୍କ ପାଇଁ, ଯେଉଁ କଥାର ମାନେ ଅଛି, ସେହି ଦିଗରେ ଲଗାତର ଓ ଖୁସିର ସହିତ କରା ଯାଇଥିବା ଚେଷ୍ଟାରେ ହିଁ ଅଛି ।

❑❑❑

୧୭- ଧୈର୍ଯ୍ୟବାନ ନିବେଶକ

ମୁଁ ଦେଖେ ଯେ ମୁଁ ଯେତେ ଅଧିକ ପରିଶ୍ରମ କରୁଛି, ସେତେ ଅଧିକ ମୋର ଭାଗ୍ୟ ମୋ ସାଥିରେ ରହୁଛି । - **ଥମାସ ଜେଫରସନ**

କଠିନ ପରିସ୍ଥିତିରେ ବ୍ୟକ୍ତିର ସହନଶୀଳତାର ଅବସ୍ଥାକୁ ଧୈର୍ଯ୍ୟ କୁହାଯାଏ । ଯାହା ତାର ବ୍ୟବହାରକୁ କ୍ରୋଧ ବା ବିରକ୍ତି ପରି ନକାରାତ୍ମକ ବିଶ୍ୱାସକୁ ବଞ୍ଚାଇ ରଖେ । ଦୀର୍ଘକାଳୀନ ସମସ୍ୟାମାନଙ୍କ ଦ୍ୱାରା ଘେରି ରହିଥିବା କାରଣରୁ ବ୍ୟକ୍ତି ଯେଉଁ ଚାପର ବଶବର୍ତ୍ତୀ ହୁଏ ତାକୁ ସହନ କରି ପାରିବାର କ୍ଷମତା ବି ଧୈର୍ଯ୍ୟର ଗୋଟିଏ ଉଦାହରଣ ଅଟେ । ବସ୍ତୁତଃ ଧୈର୍ଯ୍ୟ ନକାରାତ୍ମକର ପୂର୍ବରୁ ସହନଶୀଳତାର ଗୋଟିଏ ସ୍ତର ଅଟେ । ଏହା ବ୍ୟକ୍ତିର ଚାରିତ୍ରିକ ଦୃଢ଼ତାର ପରିଚାୟକ ମଧ୍ୟ ଅଟେ ।

ଧୈର୍ଯ୍ୟ ସଫଳ ନିବେଶକମାନଙ୍କର ଏକ ବହୁତ ମହତ୍ତ୍ୱପୂର୍ଣ୍ଣ ବିଶେଷତା ଅଟେ । ଏମାନେ ଯେତେବେଳେ ବି କୌଣସି କମ୍ପାନୀରେ ନିବେଶ ବିଷୟରେ ଭାବନ୍ତି ସେତେବେଳେ ଏମାନଙ୍କର ଲକ୍ଷ୍ୟ ତୁରନ୍ତ ପଇସା କମାଇବା ନୁହେଁ, ବରଂ ଦୀର୍ଘ ସମୟ ପାଇଁ ଭାବନ୍ତି । ଏମାନଙ୍କର କିଛି ନିବେଶ କେତେ ବର୍ଷ ପର୍ଯ୍ୟନ୍ତ ଟିକେ ବି ହେଲେ ଚଳେନାହିଁ, ପରନ୍ତୁ ଏହି ସମୟ ବ୍ୟସ୍ତ ହେବାର ନୁହେଁ, ବରଂ ଧୈର୍ଯ୍ୟ ରଖିବାର ଅଟେ, ଯଦି ଆପଣଙ୍କୁ ନିଜ ନିବେଶ ଉପରେ ପୂରା ଭରସା ଅଛି ।

ଚାର୍ଲି ମୁଙ୍ଗେଂର କହିଛନ୍ତ ଯେ ଆପଣଙ୍କର ଏହି ଅଧିରତା, ଆପଣଙ୍କୁ ଏଥିରୁ କିଛି ଶିଖିବାର ସୁଯୋଗ ମଧ୍ୟ ଦିଏ ଯାହା ବୋଧହୁଏ ଆପଣଙ୍କ ପାଇଁ ଠିକ୍ ହୋଇ ନଥିବ, କିନ୍ତୁ ଆପଣଙ୍କ ଭିତରେ ଏଗୁଡ଼ିକୁ ବଦଳାଇବାର ଶକ୍ତି ଥିବ । ଏହି ସମସ୍ତ ପରିସ୍ଥିତିମାନଙ୍କରେ ଆକଳନ କରନ୍ତୁ, ଆପଣ ନିଜେ ବୁଝିଯିବେ ଯେ ଏହିପରି ଅଧିର ହେବା ଆପଣଙ୍କ ପାଇଁ କେତେ ସାହାଯ୍ୟକାରୀ ହୋଇଛି । ଏପରି ସର୍ବଦା ହୁଏନାହିଁ, କିନ୍ତୁ ଯେତେବେଳେ ବି ଏପରି କିଛି ହୁଏ, ସେତେବେଳେ ଏହାର ଆକଳନ କରି

ଆପଣଙ୍କୁ ଏହି ସମସ୍ୟାର ମୂଳକୁ ହଟାଇବାକୁ ପଡ଼ିବ ବା ପୁଣି ଏହି କାରଣରୁ ଚାପଗ୍ରସ୍ତ ହୋଇଯିବାକୁ ହେବ, ନିର୍ଦ୍ଧାରଣ କରିବାରେ ସାହାଯ୍ୟ କରେ ।

ସମସ୍ତେ ଠେକୁଆ ଓ କଇଁଚର ଦୌଡ଼ିବାର କାହାଣୀ ଶୁଣିଥିବେ । ତା ମୂଳରେ ଗୋଟିଏ କଥା ଅଛି, ଯାହା ଜଣେ ନିବେଶକଙ୍କ ଭିତରେ ରହିବା ଆବଶ୍ୟକ । କଇଁଚ ଦୌଡ଼ିବାରେ କାହିଁକି ଜିତିଲା ? ଏଥିପାଇଁ ନୁହେଁ ଯେ ତାହା ଦୌଡ଼ରେ ପରିଶ୍ରମ କରିଛି, ବରଂ ନିଜର ଧୈର୍ଯ୍ୟକୁ ସେ କେବେ ହେଲେ କମ୍ ହେବାକୁ ଦେଲାନାହିଁ । ଧୈର୍ଯ୍ୟ ଜଣେ ସଫଳ ନିବେଶକଙ୍କର ଅନ୍ତର୍ନିହିତ ଗୁଣ ଅଟେ ।

❑❑❑

୧୮- ଭାବନାତ୍ମକ ଆତ୍ମନିୟନ୍ତ୍ରଣ

ଯଦି ଆପଣ ନିଜ ନିଜର ଲାଇଫ ପ୍ଲାନ ଡିଜାଇନ କରନ୍ତିନାହିଁ ତେବେ ସମ୍ଭବ ଅଟେ ଯେ ଆପଣ କୌଣସି ଅନ୍ୟ ବ୍ୟକ୍ତିର ପ୍ଲାନର ଅଧିନସ୍ଥ ହୋଇଯିବେ ଓ ଅନୁମାନ କରନ୍ତୁ ସେ ଆପଣଙ୍କ ପାଇଁ କଣ ପ୍ଲାନ କରିଛି ? ଅଧିକ କିଛି ନୁହେଁ ।

- ଜିମ ରୌନ

କଣ କେବେ କେବେ ଆପଣଙ୍କୁ ନିଜ ଭାବନାମାନଙ୍କ ଉପରେ କା଼ବୁ ପାଇବା କଠିନ ଲାଗେ ? କଣ ଆପଣ ଟିକେ ଟିକେ କଥାରେ ଖରାପ ଭାବି ନିଅନ୍ତି, ତାତି ଉଠନ୍ତି ବା ନିରାଶ ହୋଇଯାନ୍ତି ? କଣ ଜୀବନର ଚିନ୍ତାସବୁ ଆପଣଙ୍କ ଉପରେ ଏପରି ପ୍ରଭାବ ବିସ୍ତାର କରିଥାନ୍ତି ଯେ ଆପଣ ପୁରାପୁରି ନିରୁପାୟ ଅନୁଭବ କରନ୍ତି ? ଏପରି ଅବସ୍ଥାରେ ଆବଶ୍ୟକ ହେଉଛି ଭାବନାମାନଙ୍କୁ କାବୁ କରିବା ।

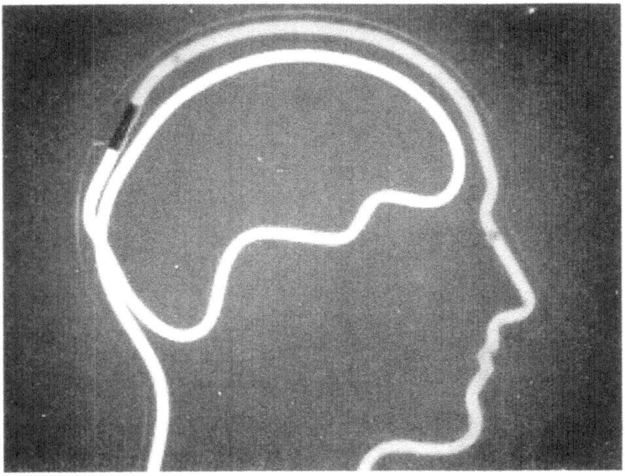

ଶେୟାର ବଜାରରେ ଭାବନାଗୁଡ଼ିକ ଗୁରୁତ୍ୱପୂର୍ଣ୍ଣ ଭୂମିକା ଲିଭାନ୍ତି । ବଜାର ଅଧିକତର ଦୁଇଟି ଭାବନାତ୍ମକ କାରକ ଡର ଓ ଲୋଭ ଦ୍ୱାରା ପ୍ରେରିତ ହୋଇଥାଏ । ସାଧାରଣ ନିବେଶକ ସର୍ବଦା ଏହି ଭାବନାଗୁଡ଼ିକର ଆଧାର ଉପରେ ନିବେଶ କରନ୍ତି, ସେଠାରେ ବଡ଼ ନିବେଶକମାନଙ୍କର ଭାବନା ଉପରେ ଭଲ ନିୟନ୍ତ୍ରଣ ରୁହେ ।

ଆପଣ ବଜାରର ପଣ୍ଡିତ ତଥା ବିତ୍ତୀୟ ପରାମର୍ଶଦାତାଙ୍କର କଥା ଶୁଣିକରି ନୁହେଁ, ବରଂ ସ୍ୱୟଂ ବିଶ୍ଳେଷଣ କରି ନିବେଶ କରନ୍ତି ।

ପ୍ରକୃତ ଜୀବନରେ ଭାବନାମାନଙ୍କ ଉପରେ କାବୁ ପାଇବା ଏତେ ସହଜ ନୁହେଁ, କିନ୍ତୁ ମନର ଭାବନାର ଅଭିବ୍ୟକ୍ତି ପାଇଁ ଠିକ୍ ସ୍ଥାନ ଓ ପରିବେଷ୍ଟନୀ ମଧ୍ୟ ଆବଶ୍ୟକ ଅଛି । କେବେ କେବେ ଆମେ ନିଜର ଭାବନାଗୁଡ଼ିକ ଉପରେ ନିୟନ୍ତ୍ରଣ ରଖି ପାର ନାହିଁ, ଯାହା ଦ୍ୱାରା ନିଜ ପାଇଁ ଅସୁବିଧା ମଧ୍ୟ ଠିଆ ହୋଇଯାଏ । ଭାବନାଗୁଡ଼ିକ ଉପରେ କାବୁ ପାଇବା ନିଜେ ନିଜ ମଧ୍ୟରେ ଏକ କଳା ଅଟେ । ଠିକ୍ ସ୍ଥାନରେ ନିଜର ଭାବନାଗୁଡ଼ିକ ବ୍ୟକ୍ତ କରିବା ଦ୍ୱାରା ଆପଣଙ୍କ ଭାବନାଗୁଡ଼ିକୁ ପ୍ରଶଂସା ମଧ୍ୟ କରାଯାଏ ।

❑❑❑

୧୯- ନିଜର ଲକ୍ଷ୍ୟରୁ ବିଚ୍ୟୁତ ହୁଅନ୍ତୁ ନାହିଁ

ନିଜର ଲକ୍ଷ୍ୟରୁ ବିଚ୍ୟୁତ ହୁଅନ୍ତୁ ନାହିଁ ହାରିବାର ଡରକୁ ଜିତିବାର ରୋମାଂଚ ଦ୍ୱାରା ବଡ଼ ହେବାକୁ ଦିଅନ୍ତୁ ନାହିଁ । - **ରବର୍ଟ କିୟୋସାକୀ**

ନିଜ ଲକ୍ଷ୍ୟକୁ ପ୍ରାପ୍ତି କରିବା ପାଇଁ ପ୍ରତ୍ୟେକ ପ୍ରାଣୀକୁ ନିଜ ଲକ୍ଷ୍ୟ ଉପରେ ଧ୍ୟାନ କେନ୍ଦ୍ରିଭୂତ କରିବାକୁ ପଡ଼େ । ଧ୍ୟାନ ଚେତନ ମନର ଗୋଟିଏ ପ୍ରକ୍ରିୟା ଅଟେ, ଯେଉଁଥିରେ ବ୍ୟକ୍ତି ନିଜର ଚେତନା ବାହ୍ୟ ଜଗତର କୌଣସି ବଛା ଯାଇଥିବା ଅବକାଶ ଅଥବା ସ୍ଥଳ ବିଶେଷ ଉପରେ କେନ୍ଦ୍ରିଭୂତ କରେ । ଏହା ଇଂରାଜୀ 'ଆଟେନଶନ'ର ପର୍ଯାୟ ରୂପେ ପ୍ରଚଳିତ ଅଟେ । ହିନ୍ଦୀରେ ଏହା ସହିତ 'ଦେବା', 'ହଟାଇବା', 'ରଖିବା' ଆଦି ସକର୍ମକ କ୍ରିୟାମାନଙ୍କର ପ୍ରୟୋଗ ଏଥିରେ ବ୍ୟକ୍ତିଗତ ପ୍ରଯତ୍ନର ଅନିର୍ବାର୍ଯ୍ୟତା ସିଦ୍ଧ କରେ । ଧ୍ୟାନ ଦ୍ୱାରା ବଛା ଯାଇଥିବା ବିଷୟରେ ସ୍ୱଷ୍ଟତା ଓ ବୋଧଗମ୍ୟତା ସହିତ ମାନସିକ ପୃଷ୍ଠଭୂମି ପ୍ରସ୍ତୁତ ହୁଏ ।

ଧ୍ୟାନର ଲକ୍ଷ୍ୟ ଏକାଗ୍ରତା ଓ ମନର ଶାନ୍ତି ପ୍ରାପ୍ତ କରିବା ଅଟେ । ଏହାର ଉଦ୍ଦେଶ୍ୟ ଆତ୍ମ ଚେତନା ଓ ଆନ୍ତରିକ ଶକ୍ତିକୁ ଗୋଟିଏ ଉଚ୍ଚ ସ୍ତର ପର୍ଯ୍ୟନ୍ତ ନେଇଯିବା । ଏହା ଜାଣି ଆପଣ ଆଶ୍ଚର୍ଯ୍ୟ ହେବେ ଯେ ଧ୍ୟାନ ଆପଣ ଯେକୌଣସି ଜାଗାରେ ଓ ଯେକୌଣସି ସମୟରେ କରି ପାରବେ । ଏହା ଦ୍ୱାରା ନିଜେ ଜାଣି ପାରିବେ ନାହିଁ ଯେ ନିଜ ଆଖପାଖରେ କଣ ହେଉଛି । ଏହା ଦ୍ୱାରା ଧ୍ୟାନର ମୂଳ କଥା ସହିତ ପରିଚୟ ହେବା ସହିତ ଜ୍ଞାନ ଓ ସୁଖ ଆଡ଼କୁ ଯାତ୍ରା ଆରମ୍ଭ ହୁଏ ।

କୌଣସି ବି କ୍ଷେତ୍ରରେ ଫୋକସ୍‌ର ଉପସ୍ଥିତି ମହତ୍ତ୍ୱପୂର୍ଣ୍ଣ ଅଟେ । ତାହା ବିତ୍ତୀୟ ବଜାର ହେଉ ବା ନିଜ ଜୀବନ । ସଫଳ ନିବେଶକ ସିଏ ଅଟେ ଯିଏ ଇଆଡୁ ସିଆଡୁ

କଥା ଶୁଣିବା ଦ୍ୱାରା ବିଚଳିତ ନହୋଇ ଫୋକସ୍‌ର ସହିତ ନିଜର ବିଶ୍ଳେଷଣ ଉପରେ ଧ୍ୟାନ ଦିଅନ୍ତି ଓ ତା ଉପରେ ନିଜର ଭରସା ଧୈର୍ଯ୍ୟ ବଜାୟ ରଖନ୍ତି ।

କେବେହେଲ ଡର ସହିତ ଲାଗି ରୁହନ୍ତୁନାହିଁ । ଡର ସ୍ଥାନରେ ଯାହା ଆପଣଙ୍କୁ ଦୃଶ୍ୟ ହୁଏ ତା ଉପରେ ଧ୍ୟାନ କେନ୍ଦ୍ରିତ କରନ୍ତୁ ଓ ନିଜର କାର୍ଯ୍ୟ ପୂରା କରନ୍ତୁ ଓ ତା ପରେ ଆଗକୁ ପାଦ ବଢ଼ାନ୍ତୁ । ସକରାତ୍ମକ ବିଚାର ସର୍ବଦା ମନରେ ରଖନ୍ତୁ ଓ ଭଲ ପରିଣାମ ପାଇଁ ପ୍ରତିଶ୍ରୁତିବଦ୍ଧ ରୁହନ୍ତୁ ।

ଆପଣ ବଗୁଲୀ ବିଷୟରେ ଶୁଣିଥିବେ । ସେ ତାର ଶିକାର(ମାଛ) କୁ ଧରିବା ପାଇଁ ଘଣ୍ଟା ଘଣ୍ଟା ଧରି ଗୋଟେ ଗୋଡ଼ରେ ଠିଆ ହୋଇ ନିଜର ଲକ୍ଷ୍ୟ ପ୍ରାପ୍ତିର ଧ୍ୟାନ ଓ ଭଜନରେ ଲାଗିରୁହେ । ଏହି ଧ୍ୟାନ ଦ୍ୱାରା ତାର ଲକ୍ଷ୍ୟ ପ୍ରାପ୍ତ ସହଜ ହୁଏ । ଜଣେ ସଫଳ ନିବେଶକ ପାଖରେ ଏହି ଗୁଣ ତାଙ୍କୁ ଶତ ପ୍ରତିଶତ ସଫଳ କରାଏ ।

❑❑❑

୨୦- ବିପଦରେ ସଫଳତା

> ସଫଳତା ଛୋଟ ଛୋଟ ପ୍ରଯତ୍ନମାନଙ୍କର ଯୋଗ ଅଟେ, ଯାହା ଦିନ-ରାତି ଦୋହରାଯାଏ । - **ରବର୍ଟ କୋଲିୟର**

କେହି ଜଣେ ଠିକ୍ କହିଛନ୍ତି, ଯେଉଁଠାରେ ବିପଦ ନଥାଏ ସେଠାରେ ଅତି କମ୍‌ରେ ବେପାର ଓ ନିବେଶ ହୋଇ ପାରିବ ନାହିଁ । ଯେତେ ବଡ଼ ବିପଦ ସେତେ ଅଧିକ ଲାଭ ।

ବିପଦ କୌଣସି ମୂଲ୍ୟର ଜିନିଷ ପାଇବା ବା ହରେଇବାର ସମ୍ଭାବନାକୁ କୁହାଯାଏ । ବିପଦର କାର୍ଯ୍ୟ ଓ ପ୍ରକ୍ରିୟା ମଧ୍ୟରେ ଅନିଶ୍ଚିତତାର ତତ୍ତ୍ୱ ଉପସ୍ଥିତ ଥାଏ । ବିପଦ ଏକ ବିସ୍ତୃତ ଧାରଣା ଅଟେ ଜାହାର ବିଭିନ୍ନ ପରିସ୍ଥିତିମାନଙ୍କରେ ବିଭିନ୍ନ ପ୍ରକାରର ବିଶ୍ଳେଷଣ ଓ ବ୍ୟବସ୍ଥା କରାଯାଏ ।

ଜୀବନରେ ପ୍ରତ୍ୟେକ ଜିନିଷରେ ବିପଦ ଥାଏ । ସଫଳ ନିବେଶକ ଏହା ଜାଣନ୍ତି ଯେ ବିପଦ ମଧ୍ୟରେ ସଫଳତା ଓ ବିଫଳତାର ସମ୍ଭାବନା ୫୦-୫୦ ପ୍ରତିଶତ ଥାଏ ।

ବିତ୍ତୀୟ ନିବେଶରେ ବିପଦର ଅଧିକ ମହତ୍ତ୍ୱ ଥାଏ । ନିବେଶର ପରିଭାଷା ହେଉଛି ଭବିଷ୍ୟତର ଧନ ପାଇଁ ବର୍ତ୍ତମାନ ଧନର ତ୍ୟାଗ । ଏପରି ଅବସ୍ଥାରେ ଧନ ଫେରସ୍ତ ମିଳିବ ବା ନାହିଁ, ଏହା ଗୋଟିଏ ବିପଦ ଅଟେ । ନିବେଶ ଦୁଇ ପ୍ରକାରର ଅଟେ । ବିପଦ ରହିତ, ଯେଉଁଥିରେ ଭବିଷ୍ୟତ ପ୍ରାପ୍ତିର ସମ୍ଭାବନା ଅଛି, ଯେପରିକି ସରକାରୀ ସୁରକ୍ଷା ଓ ବିପଦ ସହିତ ଯେତେ ଭବିଷ୍ୟତ ଧନ ପ୍ରାପ୍ତିର ସଂଚୟ ଥାଇ ପାରେ, ଯେପରିକି ଶେୟାର ଆଦି । ବିତ୍ତ ବଜାରର ମନ୍ତ୍ର ହେଉଛି ଅଧିକ ଲାଭ । ବୀମା କ୍ଷେତ୍ର ସମ୍ପୂର୍ଣ୍ଣ ବିପଦ ଉପରେ ଆଧାରିତ ଅଟେ । ବିପଦକୁ କମ୍ ରଖି ଲାଭ ଅଧିକରୁ ଅଧିକ କରିବାର ପ୍ରୟୋଗ ହିଁ ବିତ୍ତ ବ୍ୟବସାୟୀର ଆଧାର ଅଟେ ।

ପୋର୍ଟଫୋଲିଓ ବିବିଧୀକରଣର ମାଧ୍ୟମ ଦ୍ୱାରା ମାର୍କେଟର ବିପଦକୁ କମ୍ କରାଯାଇ ପାରିବ । ଯଦିଓ, ଜଣେ ନିବେଶକ ବ୍ୟବସ୍ଥିତ ବିପଦରୁ ନିଜକୁ ବଞ୍ଚାଇ ପାରିବେ ।

GST ଏକ ମୂଲ୍ୟବାନ ସମ୍ପତ୍ତିରେ ବିପଦକୁ କମ କରିବା ପାଇଁ ବ୍ୟବହାର କରାଯାଇଥିବା ଏକ ଅଫସେଟିଙ୍ଗ ନିବେଶ ଅଟେ । ଉଦାହରଣ ସ୍ୱରୂପ, ଧରି ନିଅନ୍ତୁ ଯେ ନିବେଶକ ଏକ ବିଶ୍ୱସ୍ତରୀୟ ଅପସାରଣରେ ଆଶଙ୍କିତ ଅଟନ୍ତି ଯିଏ ସଫଳ ଘରୋଇ ଉତ୍ପାଦ ବିକାଶରେ କମ୍‌ଜୋର କାରଣରୁ ଆସନ୍ତା ଛଅ ମାସରେ ଅର୍ଥ ବ୍ୟବସ୍ଥାକୁ ପ୍ରଭାବିତ କରେ । ନିବେଶକଙ୍କର ଦୀର୍ଘ ସମୟ ହେବ କେତେକ ଷ୍ଟକ ଅଛି ଓ ବଜାରରୁ ଏହାର ବିକଳ୍ପ କିଣିବା ଦ୍ୱାରା ବିପଦକୁ କିଛି କମ କରିହେବ ।

ବିପଦ ବ୍ୟକ୍ତି ଓ ତାର ସମୟ କାଳ ଉପରେ ମଧ୍ୟ ନିର୍ଭର କରେ । ସେଥିପାଇଁ ପ୍ରତ୍ୟେକ ନିବେଶକ ବିପଦ ଉଠାଇବା ପୂର୍ବରୁ ପୂରା ପ୍ରସ୍ତୁତ ରହିବା ଆବଶ୍ୟକ ଅଟେ ।

❑❑❑

୨୧- ନିବେଶକ ଓ ଅନୁଶାସନ

> ବହୁତ ବଡ଼ ସଫଳତା ସବୁଠାରୁ ବଡ଼ ପ୍ରତିଶୋଧ ଅଟେ ।
>
> - ଫ୍ରାଙ୍କ ସିନାତ୍ରା

ସେଲ୍ଫ ଡିସିପ୍ଲିନ ଏପରି ଏକ ଜିନିଷ ଅଟେ, ଯାହା ଦ୍ୱାରା ମଣିଷ ଜୀବନରେ ବଡ଼ ସମସ୍ୟା ଓ ଅସୁବିଧାକୁ ଦୂର କରି ପାରିବ ଅଥବା ଯଦି ଜୀବନରେ ମଣିଷକୁ କୌଣସି ସଫଳତା ପ୍ରାପ୍ତ କରିବାର ଅଛି ବା ଜୀବନର ଲକ୍ଷ୍ୟ ପ୍ରାପ୍ତ କରିବାର ଅଛି ତେବେ ସେଲ୍ଫ ଡିସିପ୍ଲିନ ବିନା ଏହି କାର୍ଯ୍ୟ ଟିକେ କଷ୍ଟକର ଅଟେ ।

ଅନୁଶାସନ ଓ ଧୈର୍ଯ୍ୟ କୌଣସି ବି ନିବେଶକ ପାଇଁ ମହତ୍ତ୍ୱପୂର୍ଣ୍ଣ ବିଶେଷତା ଅଟେ । ଆମେ ଯେତେବେଳେ କୌଣସି ବି ନିବେଶକଙ୍କର ଅନୁଭବ ବିଷୟରେ କଥା ହେଉ, ସେତେବେଳେ ତାଙ୍କ ଦ୍ୱାରା ହୋଇଥିବା ଭୁଲ, ପ୍ରାପ୍ତ ହୋଇଥିବା ଅନୁଭବ ଓ କରାଯାଇଥିବା ପରିକ୍ଷଣ ସହିତ ଆମର ସମ୍ପର୍କ ଥାଏ । ଜଣେ ନିବେଶକ ନିଜ ଜୀବନରେ କେବେହେଲେ ସଫଳ ହୋଇ ପାରିବେ ନାହିଁ ଯଦି ସେ ନିଜ ଜୀବନରେ କୌଣସି ଭୁଲ କରିନାହାଁନ୍ତି ।

ଯେତେବେଳେ ଆପଣ ନିଜେ ନିଜକୁ ଅନୁଶାସିତ କରିବାକୁ ଆରମ୍ଭ କରି ଦିଅନ୍ତି ସେତେବେଳେ ଆପଣଙ୍କ ସାମ୍ନାରେ ବହୁତ ଚ୍ୟାଲେଞ୍ଜ ଦେଖାଦିଏ, କିନ୍ତୁ ଆପଣଙ୍କୁ ଏହି ଚ୍ୟାଲେଞ୍ଜକୁ ସ୍ୱୀକାର କରିବାକୁ ପଡ଼ିବ ଓ ଏହାର ସମ୍ମୁଖୀନ ହେବାକୁ ପଡ଼ିବ ଏବଂ ଏହାର ପିଛା ଛାଡ଼ି ପଳାୟନ କରିବାକୁ ହେବ ନାହିଁ, ଏହାର ସମାଧାନ ଖୋଜି ବାହାର କରିବାକୁ ପଡ଼ିବ ।

କାରଣ ଯଦି ଆପଣ ଏହାର ପିଛା କରିବା ବନ୍ଦ କରିଦେଲେ ଓ ଏହାର କୌଣସି ସାମଧାନ ଖୋଜିଲେ ନାହଁ ତେବେ ଏହା ଆପଣଙ୍କୁ ଆଜି ନୁହେଁ ତ କାଲି ପୁଣି ଅସୁବିଧରେ ପକାଇବ ଓ ଆପଣଙ୍କୁ ଅନୁଶାସିତ ହୋଇ ରହିବାକୁ ଦେବନାହିଁ । ସେଥିପାଇଁ ସେଲ୍ଫ ଡିସିପ୍ଲିନରେ ରହିବା ସବୁଠାରୁ ଉତ୍ତମ ଉପାୟ ଅଟେ । ଚ୍ୟାଲେଞ୍ଜକୁ ସ୍ୱୀକାର କରନ୍ତୁ ଓ ତାର ସମାଧାନ ଖୋଜନ୍ତୁ ।

❑❑❑

୨୨- ନିଜର ଭୁଲଗୁଡ଼ିକରୁ ଶିଖନ୍ତୁ

ଭାବିବା ଚିନ୍ତିବାରେ ସମୟ ଦିଅନ୍ତୁ କିନ୍ତୁ ଯେତେବେଳେ ପଦକ୍ଷେପ ନେବାର ସମୟ ଆସେ ସେତେବେଳେ ଭାବିବା ବନ୍ଦ କରି ଦିଅନ୍ତୁ ଓ କାର୍ଯ୍ୟ ଆରମ୍ଭ କରନ୍ତୁ ।

- ନେପୋଲିୟନ ବୋନାପାର୍ଟ

ଅନ୍ୟମାନଙ୍କର ଗୁଣଗୁଡ଼ିକରୁ ଶିଖନ୍ତୁ ଓ ନିଜ ଭୁଲରୁ ଶିଖନ୍ତୁ । ଏପରି କେହି ନାହିଁ, ଯାହା ଦ୍ୱାରା ଭୁଲ ହୋଇନାହିଁ । ଯଦି ହୋଇନାହିଁ ତେବେ ଆପଣ କିଛି ନୂଆ କରିବାକୁ ଚେଷ୍ଟା କରିନାହାଁନ୍ତି । କେହି ବି ସବଳ ବ୍ୟକ୍ତି ଆରମ୍ଭରୁ ସର୍ବଦା ଠିକ୍ ରହିନାହାଁନ୍ତି । ପ୍ରତ୍ୟେକ ସଫଳ ବ୍ୟକ୍ତିଙ୍କ ଦ୍ୱାରା ଭୁଲ ହୋଇଛି ଓ ସେମାନେ ସେଥିପାଇଁ ସଫଳ ଅଟନ୍ତି କାରଣ ସେମାନେ ନିଜର ଭୁଲରୁ ଶିଖିଛନ୍ତି ।

ଆପଣଙ୍କର ସମସ୍ତ ଅସଫଳ ପ୍ରୟାସ ଆପଣଙ୍କୁ ଗୋଟିଏ ଗୁରୁତ୍ୱପୂର୍ଣ୍ଣ ଅନୁଭବ ଦେଇଯାଏ । ଭୁଲ କରିବା ଦ୍ୱାରା ଆମେ ଉଦାସ ହୋଇଯାଉ, କିନ୍ତୁ ବାସ୍ତବରେ ଯଦି ଆମେ ସେହି ଭୁଲରୁ ଶିଖିନେଉ ତେବେ ଏହା ଆମ ପାଇଁ ଗୋଟିଏ ଉପହାର ହୋଇଯାଏ ।

ବିପଦର ଖେଳରେ ଭୁଲ ରହିବାର ସମ୍ଭାବନା ବହୁତ ଅଧିକ ଥାଏ । ଭୁଲ କରିବା ବିନା ସଫଳ ନିବେଶକ ହେବା ପ୍ରାୟତଃ ଅସମ୍ଭବ ଅଟେ । ନିବେଶକ ନିଜ ଭୁଲ ଦ୍ୱାରା ହତୋତ୍ସାହିତ ନହୋଇ ସେଥିରୁ କିଛି ନୂଆ ଜିନିଷ ଶିଖିବାର ଅବସର ରୂପେ ଗ୍ରହଣ କରନ୍ତି ।

ରିଚାର୍ଡ ବ୍ରେନସନଙ୍କର କହିବା ଅନୁଯାୟୀ, "ଆପଣ ସର୍ବଦା ନିୟମର ପାଳନ କରି ଚାଲିବାରୁ ଶିଖନ୍ତି ନାହିଁ । ଆପଣ ଭୁଲ କରି ଶିଖନ୍ତି ଓ ପଡ଼ିଯିବା ଦ୍ୱାରା ଶିଖନ୍ତି ।"

ଭୁଲଗୁଡ଼ିକରୁ ଶିଖିବା ଏକ ବହୁତ ବଡ଼ ଅନୁଭବ ଅଟେ, ଯଦି ଆପଣ ଥରେ ଭୁଲ କରନ୍ତି ତେବେ ଆପଣ ସଚେତନ ରହି ପାରିବେ ଯେ ଆପଣଙ୍କ ଦ୍ୱାରା ଏହିପରି ଭୁଲ ଦ୍ୱିତୀୟ ଥର ନହେଉ । ଆପଣଙ୍କୁ ଭାବିବାକୁ ମଧ୍ୟ ପ୍ରୋତ୍ସାହନ ମିଳେ । ଆପଣଙ୍କ ଭାବିବାର କାର୍ଯ୍ୟକ୍ଷେତ୍ର ମଧ୍ୟ ବଢ଼ିଯାଏ । ଆପଣ ଭାବି ପାରନ୍ତି ଯେ ଏହି ଭୁଲ କାହିଁକି ହେଲା ଓ ଏବେ କାହିଁକି ହେବନାହିଁ ।

❑❑❑

୭୩- ସର୍ବଦା ସକ୍ରିୟ ଶିକ୍ଷାର୍ଥୀ ହୋଇ ରୁହନ୍ତୁ

ଯାହା ଆପଣ କରିନାହାନ୍ତି ତା ପାଇଁ ଅଧିକ ନିରାଶ ହେବେ, କିନ୍ତୁ ଯାହା ଆପଣ କରିଛନ୍ତି ତା ପାଇଁ ନୁହେଁ । ଏକ୍ସପ୍ଲୋର, ଡ୍ରୀମ, ଡିସକଭର ।

– ମାର୍କଟ୍ୱେନ

ଶିଖିବା ଏକ ବ୍ୟାପକ ଓ ଆଜୀବନ ଚାଲିବାକୁ ଥିବା ମହତ୍ତ୍ୱପୂର୍ଣ୍ଣ ପ୍ରକ୍ରିୟା ଅଟେ । ମନୁଷ୍ୟ ଜନ୍ମ ପରେ ଶିଖିବା ଆରମ୍ଭ କରିଦିଏ ଓ ଜୀବନ ସାରା କିଛି ନା କିଛି ଶିଖିଚାଲେ । ଧିରେ ଧିରେ ନିଜକୁ ବାତାବରଣ ଠାରୁ ବ୍ୟବସ୍ଥିତ କରିବାର ପ୍ରଯତ୍ନ କରେ । ବ୍ୟବସ୍ଥିତ ସମୟରେ ସେ ନିଜର ଅନୁଭବ ଗୁଡ଼ିକ ଦ୍ୱାରା ଅଧିକ ଲାଭ ଉଠାଇବାର ପ୍ରୟାସ କରେ । ଏହି ପ୍ରକ୍ରିୟାକୁ ମନୋବିଜ୍ଞାନରୁ ଶିଖିବା କୁହନ୍ତି । ଯେଉଁ ବ୍ୟକ୍ତି ପାଖରେ ଶିଖିବାର ଯେତେ ଅଧିକ ଶକ୍ତି ଥାଏ, ତା ଜୀବନର ବିକାଶ ସେତେ ଅଧିକ ହୁଏ । ଶିଖିବାର ପ୍ରକ୍ରିୟାରେ ବ୍ୟକ୍ତି ଅନେକ କ୍ରିୟା ଓ ଉପକ୍ରିୟା କରେ । ଅତେବ କୌଣସି ସ୍ଥିତିରୁ ଶିଖିବା ଏକ ସକ୍ରିୟ ପ୍ରତିକ୍ରିୟା ଅଟେ ।

ଉଦାହରଣ ସ୍ୱରୂପ ଛୋଟ ପିଲାଙ୍କ ସାମ୍ନାରେ ଜଳୁଥିବା ଦୀପ ନେଇଯିବା ଦ୍ୱାରା ସେ ଦୀପର ଶିଖା କୁ ଧରିବାକୁ ପ୍ରୟାସ କରେ । ଏହି ପ୍ରୟାସରେ ତାର ହାତ ଜଳିଯାଏ । ସେ ହାତକୁ ପଛକୁ ନେଇ ଆସେ । ପୁନଶ୍ଚ ଯେତେବେଳେ ତା ସାମ୍ନାକୁ ଦୀପ ନିଆଯାଏ ସେତେବେଳେ ସେ ନିଜର ପୂର୍ବ ଅନୁଭବର ଆଧାର ଉପରେ ଶିଖା ଧରିବା ପାଇଁ, ହାତ ବଢ଼ାଏନାହିଁ, ବରଂ ତା ଠାରୁ ଦୂରକୁ ଚାଲିଯାଏ । ଏହି ବିଚାରକୁ ସ୍ଥିତି ପ୍ରତି ପ୍ରତିକ୍ରିୟା କରିବା କୁହନ୍ତି । ଅନ୍ୟ ଶବ୍ଦରେ କହିବାକୁ ଗଲେ ଅନୁଭବର ଆଧାର ଉପରେ ବାଳକର ସ୍ୱାଭାବିକ ବ୍ୟବହାରରେ ପରିବର୍ତ୍ତନ ହୋଇଯାଏ ।

ସଫଳ ନିବେଶକମାନଙ୍କର ବହୁତ ମହତ୍ତ୍ୱପୂର୍ଣ୍ଣ ବିଶେଷତାମାନଙ୍କ ମଧ୍ୟରୁ ଗୋଟିଏ ହେଉଛି ଯେ ସେମାନେ ସକ୍ରିୟ ଶିକ୍ଷାର୍ଥୀ (ପ୍ରୋ ଆକ୍ଟିଭ ଲର୍ଣ୍ଣରସ୍) ଅଟନ୍ତି । ସେମାନେ ଅଧିକରୁ ଅଧିକ ସମୟ ପଢ଼ିବାରେ ଅତିବାହିତ କରନ୍ତି । ଜଣେ ସାମାନ୍ୟ ନିବେଶକ ତୁଳନାରେ ସେମାନେ ବହି, ପତ୍ରିକା, ବାର୍ଷିକ ବିବରଣୀ ଆଦି ପଢ଼ନ୍ତି ଓ ସେମିନାରଗୁଡ଼ିକରେ ଭାଗ ନିଅନ୍ତି । ଜ୍ଞାନ ହାସଲ କରିବା ପାଇଁ ଓ ନିଜର ବ୍ୟକ୍ତିତ୍ୱର ବିକାଶ ପାଇଁ "ଧନୀ ସମୟରେ ନିବେଶ କରେ ଓ ଗରିବ ପଇସାରେ ।"

ସମୟ ଥିବା ଯୋଗୁଁ ଶିଖିବା କାରଣରୁ ବ୍ୟକ୍ତିର ବ୍ୟବହାରରେ ପରିବର୍ତ୍ତନ ଆସେ, ବ୍ୟବହାରରେ ଏହି ପରିବର୍ତ୍ତନ ବାହ୍ୟ ଏବଂ ଆନ୍ତରିକ ଉଭୟ ପ୍ରକାରର ହୋଇ ପାରେ । ଅତେବ ଶିଖିବା ଗୋଟିଏ ପ୍ରକ୍ରିୟା ଅଟେ ଯାହା ଦ୍ୱାରା ଅନୁଭବ ଓ ପ୍ରଶିକ୍ଷଣ ଦ୍ୱାରା ବ୍ୟବହାରରେ, ସ୍ଥାୟୀ ବା ଅସ୍ଥାୟୀ ପରିବର୍ତ୍ତନ ଦେଖାଦିଏ ।

❑❑❑

୨୪- ନିଜର ମୂଲ୍ୟ ବୁଝନ୍ତୁ

> ମନୁଷ୍ୟ ଏମିତି ଜୀବ
> ମନୋବଳ ଯଦି ଦୃଢ଼ ସେ କରିବ
> କିଛି ନୁହେଁ ଅସମ୍ଭବ।
>
> - ଶୁଭେନ୍ଦୁ ଶେଖର ନାୟକ

ଯଦି ମନୁଷ୍ୟକୁ ନିଜ ଉପରେ ଭରସା ଥିବ, ତାର ଇଚ୍ଛାଶକ୍ତି ଦୃଢ଼ ଥିବ, ତେବେ ସେ ନିଜ ରାସ୍ତାରେ ଆସୁଥିବା ସମସ୍ତ ବାଧାକୁ ଦୂର କରିଦେବା ସହିତ ଦୃଢ଼ ବିଶ୍ୱାସ ବଳରେ ସମସ୍ତ ସଫଳତା ପ୍ରାପ୍ତ କରି ପାରିବ ଯାହା ଅନ୍ୟକୁ ମିଳେନାହିଁ। ସଫଳତା ପ୍ରାପ୍ତ କରିବା ପାଇଁ ଆବଶ୍ୟକ ହୁଏ କର୍ମନିଷ୍ଠ ସାଧନା ଓ ନିଷ୍ଠା, ଏହା ବିନା କୌଣସି ବି ସାର୍ଥକ ସୃଜନ ସମ୍ଭବ ନୁହେଁ। କିନ୍ତୁ କୌଣସି କାର୍ଯ୍ୟ ଆରମ୍ଭ କରିବା ପୂର୍ବରୁ ତାର ଦିଗ ନିର୍ଣ୍ଣୟ କରିବା ବହୁତ ଆବଶ୍ୟକ ଅଟେ। ଏହି ଦିଗ ସ୍ଥିର ହୁଏ ବିଚାର ଦ୍ୱାରା। ଧ୍ୟାନ ରହୁ ଯେ ବିଚାରର ନିଜର ଶକ୍ତି ଅଛି। ବିଚାରର ପ୍ରକାଶରେ ହିଁ କର୍ମର ଯାତ୍ରା ଆରମ୍ଭ ହୁଏ ଓ କୌଣସି ସାର୍ଥକ ସ୍ଥଳୀ ପର୍ଯ୍ୟନ୍ତ ପହଞ୍ଚେ।

ନିବେଶକ ଦାମ୍ ଠାରୁ ଅଧିକ ମୂଲ୍ୟରେ ଦିଅନ୍ତି। ଶେୟାର ଦାମ୍ ସର୍ବଦା

ଟ୍ରେଡର୍ସଙ୍କ ଦ୍ୱାରା ଦେଖାଯାଏ । ସଫଳ ନିବେଶକ ସର୍ବଦା ଆନ୍ତରିକ ମୂଲ୍ୟ (ଇଣ୍ଟ୍ରିଂସିକ ଭେଲ୍ୟୁ) ର ଗଣନା କରନ୍ତି ଯାହା ଭବିଷ୍ୟତ ପାଇଁ ଫ୍ରୀ କ୍ୟାସ ଫ୍ଲୋର ବର୍ତ୍ତମାନ ମୂଲ୍ୟ ଅଟେ । ଏହି ଶେୟାର୍ସ, ବଣ୍ଡ୍‌ସ ରିୟଲ ଇଷ୍ଟେଟ ପାଇଁ ଯୁକ୍ତିଯୁକ୍ତ ଅଟେ । ନିବେଶକ ପାଇଁ ଶେୟାରର ଆନ୍ତରିକ ମୂଲ୍ୟ (ଇଣ୍ଟ୍ରିଂସିକ ଭେଲ୍ୟୁ)ର ଗଣନା କରବା ବହୁତ କଠିନ କାର୍ଯ୍ୟ ଅଟେ, କିନ୍ତୁ ଏହା ଆମକୁ କମ୍ପାନୀର ସଠିକ୍ ମୂଲ୍ୟର ଜ୍ଞାନ ଦିଏ ।

ଏହି ମହତ୍ତ୍ୱପୂର୍ଣ୍ଣ ବିଶେଷତାଗୁଡ଼ିକ ଅଧିକ ସଫଳ ନିବେଶକମାନଙ୍କ ଠାରେ ଦେଖିବାକୁ ମିଳେ ଏବଂ ଯଦି ଆପଣ ବି ସେହି ସମୁହରେ ଶାମିଲ ହେବାକୁ ଚାହାଁନ୍ତି ତେବେ ଏହି ବିଶେଷତାଗୁଡ଼ିକୁ ବିକାଶ କରାଇବା ଅତ୍ୟନ୍ତ ଆବଶ୍ୟକ ଅଟେ । ନିଜ ଉପରେ ଭରସା ରଖନ୍ତୁ ଓ ଏହି ସବୁ କଥାର ପାଳନ କରନ୍ତୁ, ଆପଣ ନିଶ୍ଚୟ ସଫଳ ନିବେଶକ ହୋଇଯିବେ ।

❑❑❑

୨୫- ଶେୟାର ବଜାର: ବ୍ୟବସାୟୀ ବା ନିବେଶକ

ଧୈର୍ଯ୍ୟ, ଦୃଢ଼ତା ଓ ପରିଶ୍ରମ ସଫଳତା ପାଇଁ ଏକ ଅପରାଜେୟ ମିଶ୍ରଣ ଅଟେ ।
- ନେପୋଲିୟନ ହିଲ

ଶେୟାର ବଜାରରେ ସାଧାରଣତଃ ଏହି ଧାରଣା ଲାଗି ରହିଥାଏ ଯେ ଆମେ ତ କେବଳ ଏକ ନିବେଶକ ଅଟୁ ଯିଏ ଶେୟାରର ଭାଗ ବିକୁ । ଏହା ଅଧିକ ଆଦର୍ଶଜନକ ସ୍ଥିତି ନୁହେଁ । ଜଣେ ସଫଳ ନିବେଶକ ହେବା ପାଇଁ ବହୁତ ଗୁଣର ଆବଶ୍ୟକତା ଅଛି, ଯାହା ମଧ୍ୟରୁ ବ୍ୟବସାୟୀର ଗୁଣ ମଧ୍ୟ ବହୁତ ମହତ୍ତ୍ୱପୂର୍ଣ୍ଣ ହୋଇଥାଏ ।

ଭଲ କର୍ମଚାରୀ ହେବା ପାଇଁ ନିୟତି ଅନୁସାରେ ନିଷ୍ପତ୍ତି ନେବାର ଗୁଣ ରହିବା ଆବଶ୍ୟକ । ସଠିକ୍ ନିଷ୍ପତ୍ତି ନେବା କାହାକୁ ଶିଖାଯାଇ ପାରିବ ନାହିଁ । କିନ୍ତୁ ଏଥିରୁ ଖବର ମିଳେ ଯେ କୌଣସି ବ୍ୟକ୍ତି କେତେ ବିପଦ ଉଠାଇବାକୁ ଚାହାନ୍ତି । ଯଦି ଆପଣ ସଫଳ ବ୍ୟବସାୟୀମାନଙ୍କର କାର୍ଯ୍ୟ କରିବାର ପ୍ରଣାଳୀକୁ ଧ୍ୟାନର ସହିତ ପାରଖିବେ, ତେବେ ଆପଣ ଜାଣି ପାରିବେ ଯେ ସମୟ ସହିତ ଏହି ବ୍ୟବସାୟୀ ତଥ୍ୟ ଉପରେ କମ ଓ ନିଜ ବିଚାର ଉପରେ ଅଧିକ ଭରସା କରି ଚାଲନ୍ତି । ସଫଳ ବ୍ୟବସାୟୀ ହେବା ପାଇଁ ନିଷ୍ପତ୍ତି ସହିତ ଯୋଡ଼ି ହୋଇଥିବା ବିପଦକୁ ବୁଝି ପାରିବା ଦରକାର । ବ୍ୟବସାୟୀ ମାନଙ୍କର ସଫଳତାର ୮୦ ପ୍ରତିଶତ ଭାଗ ବିପଦର ମୂଲ୍ୟାଙ୍କନରୁ ଆସେ ।

ପ୍ରତ୍ୟେକ ନିବେଶକ ନିଜର ନିବେଶ ରଣନୀତି ପ୍ରସ୍ତୁତ କରିବା ଉଚିତ୍ । ଶେୟାର ବଜାରରେ ନିବେଶ କରିବା ପାଇଁ ଲିଖିତ ନିୟମ ନାହିଁ । ଆପଣଙ୍କ ପାଇଁ ଯାହା ଫଳପ୍ରଦ ନିୟମ ହେବ, ତାକୁ ନିଜର ରଣନୀତି ରୂପେ ମାନିବା ଉଚିତ୍ ।

ଫଣ୍ଡାମେଣ୍ଟାଲ ଓ ଟେକ୍ନିକାଲ ବିଶ୍ଳେଷଣ ମଧ୍ୟରୁ ଗୋଟିଏ ବଛାଯାଇ ପାରିବ ନାହିଁ । ଯଦି କୌଣସି ନିବେଶକଙ୍କର ମନପସନ୍ଦ କମ୍ପାନୀର ତଥ୍ୟ, ଇପୀଏସ ଇତ୍ୟାଦିରେ ଅଛି, ତେବେ ତାହା ଫଣ୍ଡାମେଣ୍ଟାଲ ଦିଗକୁ ବଢ଼ି ପାରିବ । ସେହିପରି, ଯାହାକୁ ଅନୁମାନ ଲଗାଇବାର ଚାଲ ପ୍ରାପ୍ତ ହୁଏ, ସେ ଟେକନିକାଲ ବିଶ୍ଳେଷଣରେ ଆଗ୍ରହ ନେବାକୁ ଲାଗେ । କିନ୍ତୁ ଆବଶ୍ୟକ ହେଉଛି ଯେ ଆପଣ ଯେପରି ଇଚ୍ଛା ସେପରି ପ୍ରଣାଳୀରେ ବ୍ୟାବାହର କରନ୍ତୁ ତାହା ଆପଣଙ୍କ ପାଇଁ ସହଜ ଓ ଲାଭଦାୟକ ହେଉ ।

କିନ୍ତୁ, ଏହା ବହୁତ କଷ୍ଟକର ଅଟେ । ଶେୟାର ବଜାରରେ କାରବାର କରିବା ପାଇଁ ଓ ନିବେଶ କରିବା ପାଇଁ ଅଲଗା-ଅଲଗା ରଣନୀତିର ଆବଶ୍ୟକତା ଅଛି । ଆପଣ ଯାହା ବିଶ୍ୱାସ କରନ୍ତୁ ନା କାହିଁକି, ଶେଷରେ ଶେୟାର ବଜାର ହିଁ ଠିକ୍ ଓ ଭୂଲର ନିର୍ଣ୍ଣୟ କରେ । କିନ୍ତୁ ଏପରି କେତେ ବ୍ୟବସାୟୀ ଅଛନ୍ତି, ଯିଏ କୌଣସି ଶେୟାରର ମୂଲ୍ୟାଙ୍କନର ଆଧାର ଉପରେ ଶେୟାରକୁ ଓଭର ବା ଅଣ୍ଡର ଭ୍ୟାଲୁଡ କୁହନ୍ତି । ମୋ ପାଇଁ ବଜାରର ମୂଲ୍ୟ ଯାହା ଅଛି, ତାହା ଠିକ୍ ଅଛି । ଅଳ୍ପ ସମୟରେ ଲାଭ କମାଇବା ପାଇଁ କମ୍ପାନୀର ଭେଲ୍ୟୁଏଶନ ବିଷୟରେ ଭାବିବା ଠିକ୍ ନୁହେଁ ।

ନିଜର ନିଷ୍ପତ୍ତିକୁ ଭୂଲ ମାନିନେବା ହିଁ ନିଜେ ନିଜ ଭିତରେ ବଡ଼ ପ୍ରତିଯୋଗିତା ଅଟେ । ଶେୟାର ବଜାରରେ ପଇସା କମାଇବା ସହିତ ଅଂହକାର ମଧ୍ୟ ମିଳିତ ଥାଏ, କିନ୍ତୁ ଏହା ମନେ ରଖିବା ଉଚିତ୍ ଯେ ଆମେ ସର୍ବଦା ଠିକ୍ ହୋଇ ପାରିବା ନାହିଁ । ଏପରି ଅବସ୍ଥାରେ ଭୂଲରୁ ଶିଖି ଆଗକୁ ବଢ଼ିଯିବା ଉଚିତ୍ । ଏଭରେଜିଙ୍ଗରେ ବିଶ୍ୱାସ ନାହିଁ । ଯଦି କୌଣସି ଶେୟାର କିଣିବାର ଅଛି ଓ ଶେୟାରର ମୂଲ୍ୟ ହ୍ରାସ ହେବାକୁ ଲାଗେ, ସେତେବେଳେ ମଧ୍ୟ ଏଭରେଜିଙ୍ଗ କରିବା ଉଚିତ୍ ନୁହେଁ ।

ଜଣେ ନିବେଶକକୁ ରଣନୀତି ପ୍ରସ୍ତୁତ କରିନେବା ଉଚିତ୍ । ଆପଣଙ୍କୁ ଖବର ରହବା ଉଚିତ୍ ଯେ କଣ ଆପଣ ଅଳ୍ପ ସମୟ ମଧ୍ୟରେ ଲାଭ କମାଇବାକୁ ଚାହାନ୍ତି ବା ଦୀର୍ଘ ସମୟ ପାଇଁ ଶେୟାର ଧାରଣ କରି ରହିବେ । ଆପଣଙ୍କୁ ବ୍ୟବସାୟ ବା ନିବେଶ କରିବା ସମୟରେ ହୃଦୟରୁ ନୁହେଁ ମସ୍ତିଷ୍କ ଦ୍ୱାରା ନିର୍ଣ୍ଣୟ ନେବା ଉଚିତ୍ । ବିପଦକୁ ବୁଝି ପାରବା ଓ ତାର ମ୍ୟାନେଜମେଣ୍ଟ ବହୁତ ଆବଶ୍ୟକ ଅଟେ । ପ୍ରଥମ ଆବଶ୍ୟକତା ହେଉଛି କାରବାରର ଅବକାଶ । ଆପଣ ଶେୟାର କିଣିବା ସମୟରେ ସ୍ଥିର କରନ୍ତୁ ଯେ ଆପଣ କେତେ ଶେୟାର କିଣିବାରେ ସହଜ ଅନୁଭବ କରୁଛନ୍ତି ।

ଅନ୍ୟଟି ହେଉଛି ଷ୍ଟପ ଲସ । କୌଣସି ବି ଶେୟାରର କିଣା ବିକା କରିବା ସମୟରେ କ୍ଷତି ସହିବାର ସ୍ତର ନିଶ୍ଚୟ ସ୍ଥିର କରିବା ଉଚିତ୍ । ଅଧିକ ଭଲ ହେବ ଆପଣ ପ୍ରଥମେ ବିପଦର ଅନୁମାନ ଲଗାନ୍ତୁ, ପୁଣି ଷ୍ଟପ ଲସ ଓ ଶେଷରେ କେତେ ଶେୟାର କିଣିବାର ଅଛି ବା ବିକିବାର ଅଛି ।

ଆପଣ ଦେଖିଥିବେ ଯେ ଜଣେ ସାଧାରଣ ମଣିଷ ନିଜର ଘର ଚଳାଇବା ପାଇଁ ପୂରା ପ୍ରସ୍ତୁତିର ସହିତ ଲାଗିରୁହେ । ଜଣେ ଛୋଟ ବେପାରୀ ମଧ୍ୟ ନିଜ ପାଇଁ ଦୈନିକ ନୂଆ ଯୋଜନା ପ୍ରସ୍ତୁତ କରେ । ଏହିପରି ଶେୟାର ବଜାରରେ ମଧ୍ୟ କେବଳ ଜଣେ ନିବେଶକ ହିସାବରେ ନୁହେଁ, ବରଂ ଜଣେ ବେପାରୀ ବା ବ୍ୟବସାୟୀ ପରି ନିଜ ଲକ୍ଷ୍ୟ ନିର୍ଦ୍ଧାରିତ କରିବା ଉଚିତ୍ । ସେତେବେଳେ ଯାଇ ଜଣେ ନିବେଶକ ନିଜ ପୁଞ୍ଜି ଦ୍ୱାରା ଲାଭ ଅର୍ଜନ କରି ପାରିବେ ।

❑❑❑

୨୬- ଶେୟାର ବଜାର: ରଣନୀତି

> ଜୀବନ ନିଜକୁ ନିଜେ ଗୋଟିଏ ବଡ଼ ଭାଗ ଦୁଃଖ ନେଇ ଆସିବ । ଖୁସି ସୃଷ୍ଟି କରିବାର ଦାୟିତ୍ୱ ଆପଣଙ୍କର ଅଟେ । **- ମିଲଟନ ଏରିକ୍‌ସନ**

ଦୁନିଆର ଏକ ବଡ଼ ଭାଗ ଗୋଟିଏ ସମୟରେ ଇଂରେଜମାନଙ୍କର ଚାକର ଥିଲେ । ଯେତେବେଳେ ଗୋଟିଏ ଦେଶରେ ସ୍ୱାଧୀନତାର ପତାକା ଉତ୍ତୋଳନ କରାଗଲା ସେତେବେଳେ ଅନ୍ୟ ଦେଶଗୁଡ଼ିକରେ ମଧ୍ୟ ସ୍ୱାଧୀନତାର ବେଗୁଲ ବାଜିଲା, କିନ୍ତୁ ଯେପରି ଗୋଟିଏ ଦେଶ ସ୍ୱାଧୀନତା ପ୍ରାପ୍ତ କଲା ଠିକ୍ ସେହିପରି ଅନ୍ୟ ଦେଶ କରି ପାରିଲେ ନାହିଁ । ସେମାନେ ନିଜ ଦେଶର ପରିସ୍ଥିତିର ଗଭୀର ଅଧ୍ୟୟନ କଲେ ଓ ନିଜ ଦେଶରେ ପୁନର୍ବାର ସ୍ୱାଧୀନତା ପ୍ରାପ୍ତି କଲେ । ଏହି କାହାଣୀରୁ ଆମକୁ କଣ ଶିକ୍ଷା ମିଳିଲା ? ଶେୟାର ବଜାର ପ୍ରତିକ୍ଷଣ ବଦଳୁଛି । ସେଥିପାଇଁ ବହୁତ ପ୍ରକାରର ରଣନୀତିକୁ ଆପଣେଇବାକୁ ପଡ଼େ । ଆଜି ଆମେ ସେଇ ବିଷୟରେ ଆଲୋଚନା କରିବା, ଯାହା ଫଳରେ କି ଆପଣ ଜଣେ ସଫଳ ନିବେଶକ ହିସାବରେ ପ୍ରତିଷ୍ଠା ଲାଭ କରି ପାରିବେ ।

ଶେୟାର ବଜାରରେ ଟ୍ରେଡିଙ୍ଗ ପାଇଁ ବହୁତ ପ୍ରକାରର ରଣନୀତି ଅଛି, କିନ୍ତୁ ଆପଣଙ୍କୁ ଏହା ସ୍ଥିର କରିବାକୁ ପଡ଼ିବ ଯେ କେଉଁ ପ୍ରକାରର ରଣନୀତି ଆପଣଙ୍କ ପାଇଁ ଠିକ୍ କାମ କରିବ । ଟ୍ରେଡିଙ୍ଗରେ କିଛି ବି ଠିକ୍ ବା ଭୂଲ ନୁହେଁ, କିନ୍ତୁ ଆବଶ୍ୟକ ହେଉଛି ଯେ କଥା କେଉଁ ସନ୍ଦର୍ଭରେ ହେଉଛି । ଟ୍ରେଡିଙ୍ଗରେ ସ୍ଥିରତା ଓ ଧୈର୍ଯ୍ୟ ବଜାୟ ରଖିବାର ବହୁତ ଆବଶ୍ୟକତା ଅଛି ।

ସମୟର ସୀମା ବହୁତ ମହତ୍ତ୍ୱପୂର୍ଣ୍ଣ ଭୂମିକା ଗ୍ରହଣ କରେ, ବଜାରରେ ଟ୍ରେଡିଙ୍ଗ କରିବା ପାଇଁ ମାନି ନିଅନ୍ତୁ, ଯଦି ଆପଣ ଦୀର୍ଘ ସମୟର ନିବେଶ ବିଷୟରେ ଭାବୁଛନ୍ତି ତେବେ ଆପଣଙ୍କୁ ଦୀର୍ଘ ସମୟର ଚାର୍ଟରେ ବିଶ୍ଲେଷଣ କରିବାର ଆବଶ୍ୟକତା ଅଛି । ଯେପରିକି ମାସିକ ଚାର୍ଟ । ସେହିଠାରେ ଅନ୍ୟ ଦିଗରେ ଯଦି ଆପଣ ଅଳ୍ପ ସମୟରେ

ଟ୍ରେଡିଙ୍ଗ ବା ନିବେଶ ବିଷୟରେ ଭାବୁଛନ୍ତି ତେବେ ଅଳ୍ପ ସମୟର ଚାର୍ଟର ବିଶ୍ଲେଷଣ କରନ୍ତୁ । ସେଥିପାଇଁ ଟ୍ରେଣ୍ଡକୁ ଚିହ୍ନିବା ପାଇଁ ପ୍ରଥମେ ଆପଣ ନିଜ ଟ୍ରେଡିଙ୍ଗର ଶୈଳୀକୁ ପରଖିବା ଉଚିତ୍ ଯାହା ଫଳରେ କି ଆପଣଙ୍କୁ ଇଣ୍ଟ୍ରାଡେ, ସ୍ୱିଙ୍ଗ ବା ପଞ୍ଜିଶନାଲ ସଉଦା କରିବାକୁ ହେବ ।

କମ୍ ବିପଦ ଥିବା ଏଣ୍ଟ୍ରୀକୁ ଚିହ୍ନନ୍ତୁ ଅନୁକୂଳ ରିସ୍କ ରିୱାର୍ଡର ପରିସ୍ଥିତିକୁ ଦେଖି । ଏହା ଏକ ଅଧିକ ମହତ୍ତ୍ୱପୂର୍ଣ୍ଣ ଦୃଷ୍ଟିକୋଣ ଅଟେ, ବିପଦ ମୁକ୍ତ ହେବାର ବ୍ୟବସ୍ଥା (ରିସ୍କ ମ୍ୟାନେଜମେଣ୍ଟ) ର ଦିଗରେ ଯଦି ଆପଣଙ୍କୁ ବଜାରରେ କାର୍ଯ୍ୟରତ ରହିବାର ଅଛି ତେବେ ରିସ୍କ ରିୱାର୍ଡ ମଧ୍ୟରେ ଭଲ ସନ୍ତୁଳନ ବଜାୟ ରଖିବାକୁ ଆବଶ୍ୟକ ଅଛି, ପୂରା ଅନୁଶାସନ ସହିତ । ଏଥିରୁ ଲାଭ ହେବ ଯେ ଯଦି ଆପଣଙ୍କର କିଛି ଟ୍ରେଡିଙ୍ଗରେ କ୍ଷତି ହୁଏ ତେବେ ଆପଣଙ୍କର ବାକି ଲଭ ହେଉଥିବା ଟ୍ରେଡିଙ୍ଗ ତାକୁ ଉଦ୍ଧାର କରିବାରେ ସକ୍ଷମ ହେବ । ଉଦାହରଣ ସ୍ୱରୂପ ମାନି ନିଅନ୍ତୁ ଆପଣ ଯଦି ୧-୨ ରିସ୍କ ରିୱାର୍ଡ ପ୍ରତିଯୋଗିତାରେ କାମ କରୁଛନ୍ତି, ତେବେ ଆପଣଙ୍କୁ ୪ ଟ୍ରେଡର କ୍ଷତି ହେବ, ତେବେ ବି ଆପଣ ୮ ଟଙ୍କା ରୋଜଗାର କରି ଘରକୁ ଯିବେ ।

ବିଭିନ୍ନ ଇଣ୍ଡିକେଟର ମାଧ୍ୟମରେ ଗୋଟିଏ ଟ୍ରେଡିଙ୍ଗ ମେଥଡୋଲୋଜି ପ୍ରସ୍ତୁତ ହୁଏ ଓ ତାକୁ ବ୍ୟାଙ୍କ ଟେଷ୍ଟ କରେ, କୌଣସି ଏଲଗୋ ବା କେବଳ ନିଜ ଆଖି ସାହାଯ୍ୟରେ ଏକ ଦୀର୍ଘ ସମୟ ପାଇଁ ।

ଶେୟାର ବଜାରରେ କିଛି ହେଲେ ଠିକ୍ ବା ଭୂଲ ହୋଇ ନଥାଏ, ବରଂ ଆପଣଙ୍କୁ ଟ୍ରାଏଲ ଏବଂ ଏରର କରି ଚାଲିବାକୁ ହେବ, ଯାହା ଦ୍ୱାରା ଆପଣ ନୂଆ ଟ୍ରେଡିଙ୍ଗ ମେଥଡୋଲୋଜି ପ୍ରସ୍ତୁତ କରିବେ ଓ ଯାହା ଆପଣଙ୍କ ଷ୍ଟାଇଲକୁ ସୁଟ କରିବ ଏବଂ ତାକୁ ନିଜ ଟ୍ରେଡିଙ୍ଗରେ ବ୍ୟବହାର କରିବାରେ ସଫଳ ହେବେ ।

ଟ୍ରେଡିଙ୍ଗ ସେଟଅପ ପ୍ରସ୍ତୁତ କରିବା ପରେ ତାକୁ ନିଷ୍ଠାର ସହିତ ପାଳନ କରନ୍ତୁ ଓ ୩-୪ ଅସଫଳତା ଯୋଗୁଁ ସାହସ ହରାନ୍ତୁ ନାହିଁ । ଆପଣଙ୍କୁ ନିଜ ଦ୍ୱାରା ପ୍ରସ୍ତୁତ ଟ୍ରେଡିଙ୍ଗ ଉପରେ ଭରସା ରହିବା ଅତ୍ୟାବଶ୍ୟକ ଅଟେ ଓ ହାର ମାନିବା ପରିବର୍ତ୍ତେ ଆପଣ ବିଶ୍ଳେଷଣ କରିବା ଉଚିତ୍ ଯେ ଶେଷରେ କେଉଁଠାରେ ଆପଣଙ୍କର ଭୂଲ ହେଉଛି, ତାକୁ ସୁଧାରିବାର ପ୍ରୟାସ କରନ୍ତୁ ।

ଆପଣଙ୍କ ଟ୍ରେଡ୍ସର ବିଶ୍ଳେଷଣ କରିବା ପାଇଁ, ଟ୍ରେଡିଙ୍ଗ ଜର୍ନାଲ ଏକ ଗୁରୁତ୍ୱପୂର୍ଣ୍ଣ ଭୂମିକା ଗ୍ରହଣ କରେ । ଏହା ଦ୍ୱାରା ଆପଣ ନିଜ ଟ୍ରେଡିଙ୍ଗ ହିଷ୍ଟ୍ରିକୁ ବାହାର କରି ପାରିବେ ଓ ବିଶ୍ଳେଷଣ କରି ପାରିବେ ଯେ ଆପଣ କେଉଁଠାରେ ଭୂଲ କରୁଛନ୍ତି, ଯାହା ଫଳରେ କି ଆସନ୍ତା ଥରକୁ ସେହି ଭୂଲ୍ ପୁନର୍ବାର ହେବନାହିଁ । କେବେହେଲେ ନିଜର ଟ୍ରେଡିଙ୍ଗର ପୁଞ୍ଜିର ୧-୨ ପ୍ରତିଶତରୁ ଅଧିକ ଗୋଟିଏ ଟ୍ରେଡିଙ୍ଗରେ ବିପଦ ଆଣନ୍ତୁ ନାହିଁ । ଯଦି ଆପଣ ବଜାରରେ ତିଷ୍ଠି ରହିବାକୁ ଚାହାନ୍ତି, ତେବେ ୧-୨ ପ୍ରତିଶତ କ୍ଷତିରୁ ଅଧିକ ଗୋଟିଏ ଟ୍ରେଡରେ ହରାନ୍ତୁ ନାହିଁ । ଯଦି ଆପଣଙ୍କ ଟ୍ରେଡିଙ୍ଗ ସେଟ ଅପରେ ସଫଳତାର ଦର ୬୦-୭୦ ପ୍ରତିଶତ ଅଟେ, ତେବେ ବି ଏହା କୌଣସି ବଡ଼ କଥା ନୁହେଁ ଯେ ୮-୯ଲୁଜିଙ୍ଗ ଟ୍ରେଡ ହେବନାହିଁ ।

ଯଦି ଆପଣଙ୍କ ଆକାଉଣ୍ଟ ଅନୁମତି ଦିଏ ତେବେ ଅଧିକ ଲଟ୍ସରେ ଟ୍ରେଡ କରନ୍ତୁ ଯାହା ଫଳରେ କି ଆପଣ ଅଧିକ ଲାଭ ପାଇ ପାରିବେ, ଯଦି ଟ୍ରେଡ ଆପଣଙ୍କ ଅନୁସାରେ ହୋଇଥିବ । ଭଲ ଲାଭ କମାଇବା ପାଇଁ ଆପଣଙ୍କୁ ନିଜର ଷ୍ଟପ ଲସକୁ ଚେଷ୍ଟା କରିବା ଅଧିକ ଆବଶ୍ୟକ ଅଟେ । ଠିକ୍ ଥିଲେ ଅଧିକ ଲାଭ ହେବ ନଚେତ୍ ଭୂଲ ଥିଲେ ଅଧିକ କ୍ଷତି ହେବନାହିଁ ।

ଆପଣ ଇଣ୍ଟ୍ରାଡେ, ସ୍ୱିଙ୍ଗ ବା ପୋଜିସନାଲ ଟ୍ରେଡର ହୁଅନ୍ତୁ, ଟିକେ ଅଧିକ ସମୟ ଫ୍ରେମକୁ, ସାଥିରେ ରଖି ବିଶ୍ଳେଷଣ କରିବା ଦ୍ୱାରା ଅଧିକ ସ୍ୱଷ୍ଟତା ହାସଲ ହୁଏ ।

ଯେପରିକି ଯଦି ଆପଣ ଇଣ୍ଟ୍ରାଡେ ଟ୍ରେଡର ହୋଇଥିବେ ଓ ଆପଣ ୧୫ ମିନିଟର ଟ୍ରେଡରରେ କାମ କରନ୍ତି, ତେବେ ଆପଣ ସାଥିରେ । ଘଣ୍ଟା ବା ୪ଘଣ୍ଟା ହାତରେ ରଖି ବିଶ୍ଲେଷଣ କରି ପାରିବେ । ସେହିପରି, ଯଦି ଆପଣ ସ୍ୱିଙ୍ଗ ଟ୍ରେଡର ହୋଇଥିବେ ତେବେ ଆପଣ ଡେଲି ଓ ୱିକ୍‌ଲି ଚାର୍ଟ ହିସାବରେ କାର୍ଯ୍ୟ କରି ପାରିବେ ।

ବୋଧହୁଏ ବଜାରରେ ଅନୁଶାସନ ଏକ ମହତ୍ତ୍ୱପୂର୍ଣ୍ଣ ଭୂମିକା ଗ୍ରହଣ କରେ ଓ ଏହି କାରଣରୁ ଅଧିକରୁ ଅଧିକ ଟ୍ରେଡର ପଇସା କମାଇବାରେ ସଫଳ ହୁଅନ୍ତି । ଶେୟାର ବଜାରରେ ଲୋକ ଷ୍ଟପ ଲସକୁ ପ୍ରୟୋଗ ନକରି ତାକୁ ମସ୍ତିଷ୍କରେ ରଖନ୍ତି ଓ ଯେମିତି ବିପରୀତ ଚାଲ ଆରମ୍ଭ ହେବାକୁ ଲାଗେ, ସେମାନେ କାଟିବାରେ ସଫଳ ହୋଇ ପାରନ୍ତି ନାହିଁ, ଏହି ଆଶାରେ ରୁହନ୍ତି ଯେ ଯେପରି ତାଙ୍କ ମୂଲ୍ୟ ପର୍ଯ୍ୟନ୍ତ ଆସିବ ତେବେ ତାହା ବାହାରିଯିବ । ଅଧିକ ସମୟ ପର୍ଯ୍ୟନ୍ତ ଲୋକ ଏହା ଦ୍ୱାରା କ୍ଷତି ତଳେ ଦବି ରହିଯାନ୍ତି । ଏପରି ଉପକରଣ ବାଛନ୍ତୁ ଯାହା ବଜାରର ଟ୍ରେଡ ବିନା ଚାଲିବ । ଅଧିକରୁ ଅଧିକ ଶେୟାର ବଜାର ଚାଲ୍ ଅନୁସାରେ ହିଁ କାର୍ଯ୍ୟ କରେ । ଏପରି ଶେୟାର ଇନଭେଷ୍ଟମେଣ୍ଟ କ୍ଲାସ ବାଛନ୍ତୁ ଯାହାର ନିଜର ଉପରି ଚାଲ ଥିବ । ଏହା ଦ୍ୱାରା ଆପଣଙ୍କର ଦ୍ୱାରା କରା ଯାଇଥିବା ବିଶ୍ଲେଷଣ ଭଲ କାର୍ଯ୍ୟ କରେ ଓ ଏହା ବଜାରର ଚାଲ ଦ୍ୱାରା ପ୍ରଭାବିତ ହୁଏନାହିଁ ।

କହିବାକୁ ଗଲେ ରଣନୀତି ମୁଖ୍ୟ ରୂପେ ସୈନ୍ୟଙ୍କ କାମରେ ଆସେ । ଯାହା ନିଜର ଶତ୍ରୁମାନଙ୍କୁ ହରାଇବା ପାଇଁ କାର୍ଯ୍ୟରେ ଆସେ । କିନ୍ତୁ ଏବେ ବଜାର ମଧ୍ୟ ଗୋଟିଏ ଯୁଦ୍ଧ କ୍ଷେତ୍ର ପରି ହୋଇ ଗଲାଣି । ଜଣେ ନିବେଶକ ପାଇଁ ତାଙ୍କର ଶତ୍ରୁ ଓ ବନ୍ଧୁ ଜଣେ ଅଟେ । ତାହା ହେଉଛି ଅଧିକରୁ ଅଧିକ ଲାଭ କମାଇବା ସେଥିପାଇଁ ଯଦି ଜଣେ ନିବେଶକଙ୍କ ପାଖରେ ଭଲ ରଣନୀତି ଥାଏ ତାଙ୍କୁ କେହି ଡରାଇ ପାରିବେ ନାହିଁ ।

❑❑❑

୨୭- କମ ବୟସରେ ହୁଅନ୍ତୁ ବଡ଼ ନିବେଶକ

> ସଫଳ ଏହା ନୁହେଁ ଯେ କିଏ ମୋତେ କରାଇ ଦେବ, ସଫଳ ହେଉଛି କିଏ ମୋତେ ରୋକିବ । - **ଏନ ରେଣ୍ଡ**

କେହି ଜଣେ ଠିକ୍ କହିଛନ୍ତି ଯେ ଯୁବକ ଅବସ୍ଥାରେ ଯିଏ ବିପଦ ଉଠାଇବାର କ୍ଷମତା ଧାରଣ କରନ୍ତି ସେ କୌଣସି ବି ବୟସର ନିବେଶକମାନଙ୍କ ମଧ୍ୟରେ ଗଣା ହୁଅନ୍ତି ନାହିଁ । ଏପରି ମନେ କରାଯାଏ ଯେ ଯେତେ କମ୍ ବୟସରେ ଆପଣ ନିବେଶ କରିବେ ସେତେ ହିଁ ଅଧିକ ଲାଭ ଉଠାଇବାରେ ସକ୍ଷମ ହେବେ । ଅଧିକରୁ ଅଧିକ ଲାଭ କମାଇବା ପାଇଁ କେବଳ ଅନୁଭବର ହିଁ ଆବଶ୍ୟକତା ନାହିଁ, ବରଂ ଏକ ଦୀର୍ଘ ସମୟ ପାଇଁ ତିଷ୍ଠି ରହିବା ମଧ୍ୟ ଦରକାର ।

ଗୋଟିଏ କାହାଣୀ ଅଛି ଯେ ଜଣେ ବ୍ୟକ୍ତି ୧୯୮୦ ମସିହାରେ ଗୋଟିଏ କମ୍ପାନୀରେ ୧୦୦୦ ଟଙ୍କା ନିବେଶ କରିଥିଲେ ଓ ୧୦ଟି ଶେୟାର କିଣିଥିଲେ । ୧୯୮୦ ମସିହାରେ ନିବେଶ କରାଯାଇଥିବା ୧୦ଟି ଶେୟାର ଆଜି ୯,୬୦,୦୦୦ଟି ଶେୟାରରେ ବଦଳି ଯାଇଛି । ଯେତେ ଅଧିକ ସମୟ ସୀମା, ସେତେ ଅଧିକ ଲାଭ କମାଇବାର ସମୟ ନିବେଶକ ପାଖରେ ରୁହେ । କିନ୍ତୁ ଶେୟାର ବଜାରରେ ବିପଦ ଏକ ମୁଖ୍ୟ ଭାଗ ଅଟେ ଓ ଏହି କାରଣରୁ ଭଲ ଭାବେ ବିଶ୍ଳେଷଣ କରି ନିବେଶ କରିବା ଅତ୍ୟନ୍ତ ଆବଶ୍ୟକ ଅଟେ । ବିପଦ ବିନା ଆପଣ ଶେୟାର ବଜାରରେ ପ୍ରବେଶ କରି ପାରିବେ ନାହିଁ ।

ମହାନ ନିବେଶକ ୱାରେନ ବୁଫେଟ ନିଜର ପ୍ରଥମ ନିବେଶ ୧୧ ବର୍ଷ ବୟସରେ କରିଥିଲେ ଓ ତାଙ୍କ ଅନୁସାରେ ସେ କୁହନ୍ତି ଯେ ସେ ବହୁତ ଡେରି କରି ଦେଇଥିଲେ ନିବେଶ କରିବାରେ ।

ଆମେ ସ୍ପଷ୍ଟ ଭାବେ ଦେଖି ପାରିବା ଯେ ଯେତେ ଦୀର୍ଘ ସମୟ ସେତେ ଅଧିକ ଲାଭ ହୁଏ । ଦୀର୍ଘ ସମୟ ମଧ୍ୟରେ ଅନ୍ୟ ନିବେଶ ବର୍ଗଙ୍କ ଅପେକ୍ଷା ଅଧିକ ଭଲ ରିଟର୍ଣ୍ଣ ଦେବାରେ ସକ୍ଷମ ହୋଇଛି ।

ପ୍ରତ୍ୟେକ ନିବେଶକ ନିଜ ପିଲାଙ୍କ ନାମରେ ଗୋଟିଏ ଛୋଟ ରାଶିର ନିବେଶ ଅବଶ୍ୟ କରନ୍ତୁ । ନଚେତ୍ ପ୍ରତ୍ୟେକ ମାସରେ ସେମାନଙ୍କ ନାମରେ ଅଳ୍ପ ଅଳ୍ପ ନିବେଶ କରି ଚାଲନ୍ତୁ, ତାହା ୫୦୦ ଟଙ୍କା ବା ୧୦୦୦ ଟଙ୍କା ହେଉ ନା କାହିଁକି । ଏହା ଦ୍ୱାରା ଆପଣଙ୍କ ଉପରେ ଅଧିକ ବୋଝ ମଧ୍ୟ ହେବ ନାହିଁ । ଏହା ଦ୍ୱାରା ଆପଣଙ୍କ ପିଲାମାନେ ଯେତେବେଳେ ବଡ଼ ହେବେ ସେତେବେଳେ ସେମାନଙ୍କର ଉଚ୍ଚ ଶିକ୍ଷା ପରି ବଡ଼ ଖର୍ଚ୍ଚ ପାଇଁ ଏହା ଯଥେଷ୍ଟ ହେବ । ଏହା ଛଡ଼ା ଯଦି ସେମାନେ ନିଜର କିଛି ଆରମ୍ଭ କରିବାକୁ ଚାହିଁବେ ତେବେ ବି ଏହି ଟଙ୍କା ସେମାନଙ୍କର କାର୍ଯ୍ୟରେ ଆସିବ ।

ଏହା ଯୁବା ପିଢ଼ୀ ପାଇଁ ମଧ୍ୟ ଜରୁରୀ ଅଟେ । ସେମାନେ ଯେତେବେଳେ ବି କାର୍ଯ୍ୟରେ ଲାଗିବେ, ଅଳ୍ପ-ଅଳ୍ପ ପ୍ରତି ମାସରେ ଜମା କରିବା ଆରମ୍ଭ କରନ୍ତୁ ନିଜର ରିଟାୟରମେଣ୍ଟ ପାଇଁ । ଏହା ଶୁଣିବାକୁ ଟିକେ ଅଦ୍ଭୁତ ଲାଗିପାରେ, କିନ୍ତୁ ଆମେ ଆରମ୍ଭରୁ ହିଁ ଅଳ୍ପ ବହୁତ ନିବେଶ କରିବା ଆରମ୍ଭ କରିଦେଲେ ରିଟାୟାରମେଣ୍ଟ ସମୟରେ ଅଧିକ ବୋଝ ହେବ ନାହିଁ ଓ ସୁଖ ଶାନ୍ତିରେ ନିଜର ରିଟାୟରମେଣ୍ଟ ଜୀବନ ବ୍ୟତୀତ କରିବାରେ ସକ୍ଷମ ହେବେ ।

ଗୋଟିଏ କଥାର ଧ୍ୟାନ ରଖନ୍ତୁ ଯେ ନିଜର ସମସ୍ତ ପୁଞ୍ଜିକୁ କେବଳ ଗୋଟିଏ ହିଁ ନିବେଶ ବର୍ଗରେ ରଖନ୍ତୁ ନାହିଁ, ବରଂ ନିଜର ପୁଞ୍ଜିକୁ ଡେବ୍‌ଟ ଓ ଇକ୍ୱିଟୀ ଦୁଇଟିରେ ନିବେଶ କରନ୍ତୁ । ଯେତେବେଳେ ଆପଣ ନିଜ ଜୀବନର ଆରମ୍ଭ ସମୟରେ ଥାନ୍ତି ସେତେବେଳେ ଆପଣ ଅଧିକରୁ ଅଧିକ ନିବେଶ ଇକ୍ୱିଟୀରେ କରନ୍ତୁ । (ନିଜର ବିପଦ ଉଠାଇବାର କ୍ଷମତା ଅନୁସାରେ) ପରନ୍ତୁ ଯେମିତି ଆପଣ ରିଟାୟରମେଣ୍ଟର ପାଖାପାଖି ପହଞ୍ଚିବେ, ଡେବ୍‌ଟରେ ନିଜର ନିବେଶ ବଢ଼ାଇ ଚାଲନ୍ତୁ । କୁହା ଯାଇଛି ଯେ ପବିତ୍ରତାର ପାଦ ପାଳିବାରେ ହିଁ ଦେଖା ଯାଏ । ଯଦି କମ୍ ବୟସରେ ହିଁ ନିବେଶକ ହେବାର ଅଛି ତେବେ ଧିରେ ଧିରେ ନିଜର ଛୋଟ ଛୋଟ ପୁଞ୍ଜି ଦ୍ୱାରା ମଧ୍ୟ ଆରମ୍ଭ କରାଯାଇ ପାରିବ ।

❑❑❑

୨୮- ଜରୁରୀ ଅବସ୍ଥା ଫଣ୍ଡ

> ଯଦି ମୋ ପାଖରେ କୌଣସି ଗଛ କାଟିବା ପାଇଁ ଆଠ ଘଣ୍ଟା ସମୟ ଅଛି, ତେବେ ମୁଁ ଛଅ ଘଣ୍ଟା ନିଜ କୁରାଢ଼ୀକୁ ଧାର କରିବାରେ ଲଗାଇବି ।
>
> - ଆବ୍ରାହମ ଲିଙ୍କନ

ଜରୁରୀ ଅବସ୍ଥା ପରିସ୍ଥିତିମାନଙ୍କ ପ୍ରକୋପରୁ ଆଜି ପର୍ଯ୍ୟନ୍ତ କେହି ହେଲେ ବଞ୍ଚି ପାରି ନାହାନ୍ତି । ଏହା କାହାର ଜୀବନରେ କୌଣସି ବି ସମୟରେ ମଧ ନକହି ଆସିପାରେ । ସେଥିପାଇଁ ସବୁଠାରୁ ଭଲ ହେବ ଯେ ବ୍ୟକ୍ତିକୁ 'ସ୍କାଉଟ ମୋଟ୍‌ଟୀ: ପ୍ରସ୍ତୁତ ରୁହନ୍ତୁ'ର ପାଳନ କରିବା ଉଚିତ୍ । ବିତ୍ତୀୟ ଜରୁରୀ ଅବସ୍ଥା ପରିସ୍ଥିତିମାନଙ୍କରେ ପ୍ରସ୍ତୁତ ରହିବା କୌଣସି ସଠିକ୍ କାର୍ଯ୍ୟ ନୁହେଁ । ଇନ୍‌ଶିୟୋରେନ୍‌ସ କିଣିବାରେ ଆପଣ ସବୁଠାରୁ ଅଧିକ ଜଣା-ଶୁଣା ଦୁର୍ଦ୍ଦଶାରୁ ସୁରକ୍ଷିତ ରହି ପାରିବେ । ଅନ୍ୟ ଜରୁରୀ ଅବସ୍ଥା ପରିସ୍ଥିତିମାନଙ୍କରୁ ବଞ୍ଚି ରହିବା ପାଇଁ, ଆପଣଙ୍କୁ ଟିକେ ଦୂରଦୃଷ୍ଟି ରଖିବାକୁ ହେବ ଓ ବିତ୍ତୀୟ ଅନୁଶାସନର ପାଳନ କରିବାକୁ ହେବ । ଭାରତରେ ୨ ପ୍ରକାରର ଲୋକ ଅଛନ୍ତି । ଏକ ଯିଏ ନିଜର ବିତ୍ତୀୟ ଜୀବନର ଯୋଜନା କରନ୍ତି ଓ ଦ୍ୱିତୀୟ ଯିଏ ସ୍ରୋତ ସହିତ ବହିବାକୁ ଦିଅନ୍ତି । ଦ୍ୱିତୀୟ ପ୍ରକାରର ସଂଖ୍ୟା ବହୁତ ଅଧିକ ଅଟେ ।

ଅଧିକ ନିବେଶକ ଯେଉଁମାନେ ନିଜ କର୍ମ ନିଜେ କରନ୍ତି, ସେମାନେ ଏହି ଲେଖା ମାଧ୍ୟମରେ ଆରମ୍ଭ ଅବସ୍ଥାରେ financial planning ନିଜେ କରି ପାରିବେ । ଏଥିପାଇଁ ଆପଣଙ୍କୁ (ସାର୍ଟିଫାଇଡ ଫାଇନେନସିୟାଲ ପ୍ଲାନର) ହେବାର କୌଣସି ଆବଶ୍ୟକତା ନାହିଁ ।

ଗୋଟିଏ ଜରୁରୀ ଅବସ୍ଥା ଫଣ୍ଡର ନିର୍ମାଣ କରିବା ଅତ୍ୟନ୍ତ ଆବଶ୍ୟକ ନିଷ୍ପତ୍ତି ଅଟେ, କାରଣ ଭବିଷ୍ୟତ ଉପରେ ନିଜର କୌଣସି ନିୟନ୍ତ୍ରଣ ନାହିଁ । ଆଦର୍ଶ ରୂପେ ଏହି ଫଣ୍ଡରେ ୬-୯ ମାସ ମାସିକ ଘର ଖର୍ଚ୍ଚ ଯେତିକି ପୁଞ୍ଜି ସେତିକି ନିବେଶ ହେବା ଉଚିତ୍ ।

ଉଦାହରଣ ସ୍ୱରୂପ, ମାନି ନିଅନ୍ତୁ ଯେ ଆପଣଙ୍କର ମାସିକ ଘର ଖର୍ଚ୍ଚ ୨୦,୦୦୦ ଟଙ୍କା ତେବେ ଆପଣଙ୍କ ଜରୁରୀ ଅବସ୍ଥା ଫଣ୍ଡ ଅତି କମ୍‌ରେ ୧୨୦୦୦ ଟଙ୍କା ହେବା ଉଚିତ୍ । ଧ୍ୟାନ ରଖନ୍ତୁ ଯେ ଏହି ପଇସାର ବ୍ୟବହାର ଜରୁରୀ ଅବସ୍ଥା ସମୟରେ ହିଁ କରିବେ ଯେପରି କି ଗମ୍ଭୀର ବେମାରୀ ସମୟରେ, ଚାକିରୀ ଚାଲିଯିବା ସମୟରେ ଇତ୍ୟାଦି । ଏହି ପୁଞ୍ଜିକୁ ଏକ ବୀମାକୃତ ବ୍ୟାଙ୍କ ଖାତାରେ ରଖନ୍ତୁ ଯାହା ଦ୍ୱାରା ଆବଶ୍ୟକ ସମୟରେ ସହଜରେ ବାହାର କରାଯାଇ ପାରିବ ।

ଆପଣ ଏହି କଥା ନିଶ୍ଚୟ ଶୁଣିଥିବେ ଯେ -

"ସମୟ ସର୍ବଦା ଏକା ପରି ରୁହେ ନାହିଁ, ଦିନ ରାତି ପରି ଜୀବନରେ ସୁଖ ଓ ଦୁଃଖ ଆସି ଚାଲେ ।"

"ସେଥିପାଇଁ ଭଲ ସମୟରେ ମଣିଷକୁ ନିଜର ଖରାପ ସମୟ ବିଷୟରେ ଭଲ ଯୋଜନା ନିଶ୍ଚୟ ପ୍ରସ୍ତୁତ କରିବା ଉଚିତ୍ ।"

ଏମରଜେନ୍ସୀ ଫଣ୍ଡର ଆବଶ୍ୟକତା ଆମର ଆର୍ଥିକ ସ୍ଥିତି ପାଇଁ କେତେ ଜରୁରୀ ଅଟେ ଓ ଏମରଜେନ୍ସୀ ଫଣ୍ଡର ବ୍ୟବସ୍ଥା ନ କରିବା ଦ୍ୱାରା ଆପଣ କେତେ ବଡ଼ ଆର୍ଥିକ ସଙ୍କଟ ଓ କରଜର ଜାଲରେ ପଡ଼ି ପାରନ୍ତି ଭାବନ୍ତୁ ।

"କୌଣସି ବି ଏମରଜେନ୍ସୀ କେବେହେଲେ ଆଗରୁ କହି ଆସେନାହିଁ ଏହାର ନାମ ହେଉଛି ଏମରଜେନ୍ସୀ ଓ ସେଥିପାଇଁ ଏହା କେବେହେଲେ, କାହା ଉପରେ ମଧ୍ୟ ଆସିପାରେ ।"

❑❑❑

୨୯- ଟର୍ମ ଇନ୍‌ସିଓରାନ୍ସ

> ଏହି ଦୁନିଆରେ ସଫଳ ହେବାର ସବୁଠାରୁ ଭଲ ଉପାୟ ହେଉଛି ସେହି ପରାମର୍ଶ ଉପରେ କାର୍ଯ୍ୟ କରିବା ଯାହା ଆପଣ ଅନ୍ୟକୁ ଦିଅନ୍ତି । – **ଅଜ୍ଞାତ**

ଟର୍ମ ଇନ୍‌ସିଓରାନ୍ସ ଗୋଟିଏ ଅସଲି ସୁରକ୍ଷା ଜୀବନ ବୀମା ପ୍ଲାନ ଅଟେ ଯେଉଁ ପଲିସୀର ସମୟ ସୀମା ମଧ୍ୟରେ ବୀମାକୃତ ବ୍ୟକ୍ତିର ଅକାଳ ମୃତ୍ୟୁର ବିପଦକୁ କଭର କରେ । ଟର୍ମ ପ୍ଲାନ ବୀମାକୃତ ବ୍ୟକ୍ତିକୁ ସବୁଠାରୁ କମ୍ ପ୍ରୀମିୟମ୍ ଉପରେ ଜୀବନ ବୀମା ପ୍ରଦାନ କରେ ।

ଜୀବନ ବହୁତ ଅପ୍ରତ୍ୟାଶିତ ଅଟେ ଓ ଅନିଶ୍ଚିତତା ଆପଣଙ୍କୁ ଭାବନାତ୍ମକ ରୂପରେ, ବିତ୍ତୀୟ ଓ ଶାରୀରିକ ରୂପରେ ମଧ୍ୟ ଧୋକା ଦେଇପାରେ । ଏପରି ଏଥିପାଇଁ ହୋଇଥାଏ କାରଣ କାହାର ମୃତ୍ୟୁ ଉପରେ କାହାର ନିୟନ୍ତ୍ରଣ ନଥାଏ, ନା କେହି ଭବିଷ୍ୟତ ବାଣୀ କରି ପାରନ୍ତି । ପରିବାରର ରୋଜଗାର କରୁଥିବା ବ୍ୟକ୍ତିଙ୍କର ମୃତ୍ୟୁ ପରିବାରର ସଦସ୍ୟମାନଙ୍କ ଜୀବନରେ କ୍ଷୋଭର କାରଣ ହୋଇ ପାରେ ।

ଏହି ସମସ୍ୟାର ସାମଧାନ ଖୋଜିବା ପାଇଁ ଟର୍ମ ଇନ୍‌ସିଓରେନ୍ସ ଆପଣଙ୍କ ଜୀବନରେ ଏକ ମହତ୍ତ୍ୱପୂର୍ଣ୍ଣ ଭୂମିକା ଲିଭାଇଥାଏ । ଏହା ଛଡ଼ା, ଟର୍ମ ପ୍ଲାନ ବିତ୍ତୀୟ ସୁରକ୍ଷା ନେଟ ପ୍ରସ୍ତୁତ କରିବାର ଏକ ଉତ୍କୃଷ୍ଟ ପ୍ରଣାଳୀ ଅଟେ ଓ ଏହା ସବୁଠାରୁ ସରଳ ଓ ସବୁଠାରୁ ଅଳ୍ପ ଖର୍ଚ୍ଚୀ ଜୀବନ ବୀମା ଅଟେ । ଏହା ଆପଣଙ୍କ ପରିବାରକୁ ଆପଣଙ୍କ ଋଣ ପରିଶୋଧ କରିବା ଓ ଆପଣଙ୍କ ଅନୁପସ୍ଥିତିରେ କିଛି ଆବଶ୍ୟକତାର ପୂରଣରେ ସାହାଯ୍ୟ କରିବ । ଲାଭାର୍ଥୀ ବା ନାମାଙ୍କିତ ବ୍ୟକ୍ତିଙ୍କୁ କେବଳ ବୀମାକୃତ ବ୍ୟକ୍ତିଙ୍କର ମୃତ୍ୟୁ ପରେ ମୃତ୍ୟୁ ଜନୀତ ଲାଭର ଅର୍ଥ ପରିଶୋଧ କରାଯାଏ । ସେଥିପାଇଁ ସରଳ ଶବ୍ଦରେ କହିବାକୁ ଗଲେ ପଲିସୀର ସମୟ ସୀମା ପରେ ବୀମାକୃତ ବ୍ୟକ୍ତିଙ୍କର ଯଦି ମୃତ୍ୟୁ ହୁଏ ତେବେ ମୃତ୍ୟୁ ଜନିତ ଲାଭ ଶୂନ୍ୟ ହୋଇଯାଏ ।

ଟର୍ମ ଇନ୍‌ସିଓରେନ୍ସ ବିଷୟରେ ସବୁଠାରୁ ଭଲ କଥା ହେଉଛି ଯେ ଏହା ବହୁତ ଶସ୍ତା ଅଟେ ଅନ୍ୟ ଇନ୍‌ସିଓରେନ୍ସ ପ୍ଲାନ ତୁଳନାରେ । ଉଦାହରଣ ସ୍ୱରୂପ ଯଦି ଜଣେ ୨୩ ବର୍ଷୀୟ ପୁରୁଷ ୬୭୫୦୦୦ ର ଇନ୍‌ସିଓରେନ୍ସ କଭର ନେବାକୁ ଚାହେଁ ତେବେ ତାକୁ କେବଳ ୭୦୦୦ ଟଙ୍କାର ବାର୍ଷିକ ପ୍ରୀମିୟମ ଦେବାକୁ ହେବ, ଯାହା ଦ୍ୱାରା ପ୍ରତ୍ୟେକ ଦିନର କେବଳ ୧୯ ଟଙ୍କାର ହିସାବ ଆସେ । ଟର୍ମ ଇନସିଓରେନ୍ସ ସେମାନଙ୍କ ପାଇଁ ଅତ୍ୟନ୍ତ ଆବଶ୍ୟକତା ଅଟେ, ଯିଏ ନିଜ ପରିବାରର ଏକମାତ୍ର ରୋଜଗାର କରୁଥିବା ବ୍ୟକ୍ତି ଅଟନ୍ତି ଓ ଅନ୍ୟ ସମସ୍ତେ ତାଙ୍କ ଉପରେ ନିର୍ଭର କରନ୍ତି ।

ଯେତେବେଳେ ଆପଣ ଟର୍ମ ଇନସିଓରେନ୍ସରେ ଅନଲାଇନ ତୁଳନା କରନ୍ତି ସେତେବେଳେ ବୀମା କମ୍ପାନୀମାନଙ୍କ ଦ୍ୱାରା ପ୍ରଦାନ କରା ଯାଇଥିବା ବିଶେଷତାଗୁଡ଼ିକ ଓ ଲାଭର ଗଭୀରତାକୁ ପ୍ରବେଶ କରନ୍ତୁ । ଏହା ଦେଖନ୍ତୁ ଯେ ଆପଣ କେଉଁ ପଲିସୀ ବାଛିବାକୁ ଚାହାଁନ୍ତି, ଆପଣଙ୍କ ପସନ୍ଦର କାର୍ଯ୍ୟକାଳ ବୀମାକୃତ ରାଶି ଗଠନରେ ସମ୍ମିଳିତ ବିଶେଷତା ପରି ଟର୍ମିନାଲ, ଗମ୍ଭୀର ବେମାରୀ, ଆକସ୍ମିକ ମୃତ୍ୟୁର ସ୍ଥିତିରେ ଲାଭ ଓ ପ୍ରିମିୟମ ଅର୍ଥ ପ୍ରଦାନରେ ଫ୍ଲେକ୍ସିବିଲିଟୀ ପ୍ରଦାନ କରେ ।

❑❑❑

୩୦- ମେଡିକ୍ଲେମ

> ସଫଳତାର ଶେଷ ନାହିଁ, ଅସଫଳତା ଘାତକ ନୁହେଁ, ଏହା ଚାଲୁ ରହିବାର ସାହସ ଅଟେ, ଯାହାର ଅର୍ଥ ଅଛି । – **ୱିନଷ୍ଟନ ଚର୍ଚ୍ଚିଲ୍**

ଆଜିର ଚଳଚଞ୍ଚଳ ଜୀବନରେ କାହା ପାଖରେ ହେଲେ ସମୟ ନାହିଁ । କିନ୍ତୁ ଜଣେ ସଫଳ ନିବେଶକ ଭବିଷ୍ୟତକୁ ନେଇ ସର୍ବଦା ଦୂରଦୃଷ୍ଟି ରଖେ । ମେଡିକ୍ଲେମ ସେହି ଦୃଷ୍ଟିର ଗୋଟିଏ ଭାଗ ଅଟେ ।

ଅଧ୍ୟୟନରୁ ଜଣାଯାଏ ଯେ ସ୍ୱାସ୍ଥ୍ୟର ଯତ୍ନର ଖର୍ଚ୍ଚରେ ଅଳ୍ପ ବଢୁଥିବା ମୁଦ୍ରାସ୍ଫୀତି ଦରକୁ ଛାଡ଼ି, ୭୦% ଭାରତୀୟ ଏ ପର୍ଯ୍ୟନ୍ତ ଡାକ୍ତରଖାନାରେ ହେବାକୁ ଥିବା ଖର୍ଚ୍ଚ ବିରୁଦ୍ଧରେ କୌଣସି ପ୍ରକାରର ବୀମାର ଚୟନ କରିନାହାନ୍ତି । ଏହା ଜାଣି ଆଶ୍ଚର୍ଯ୍ୟ ହୁଏ ଯେ ଦୃତ ବିକାଶୋନ୍ମୁଖୀ ଦେଶରେ, ଲୋକ ଏବେ ବି ଦୁର୍ଘଟଣା ବା ବେମାରୀ ଦ୍ୱାରା ଅଚାନକ ସୃଷ୍ଟି ହେଉଥିବା କୌଣସି ବି ବିତ୍ତୀୟ ଜରୁରୀ ଅବସ୍ଥା ସହିତ ମୁକାବିଲା ପାଇଁ ଉପଯୁକ୍ତ ବ୍ୟବସ୍ଥାର ପ୍ଲାନ ପ୍ରସ୍ତୁତ କରିବା ଆବଶ୍ୟକ ମଣୁନାହାନ୍ତି ।

ଜରୁରୀ ଅବସ୍ଥା ଚିକିତ୍ସା ପାଇଁ ପ୍ରସ୍ତୁତ ରହିବା ଓ ନିଜ ବଚନ ରକ୍ଷା କରିବାର ସବୁଠାରୁ ଭଲ ଓ ସବୁଠାରୁ ଅଳ୍ପ ଖର୍ଚ୍ଚ ଉପାୟ ହେଉଛି ମେଡିକ୍ଲେମ ବୀମା ପଲିସୀ । ଏହା ବେମାରୀ, ଦୁର୍ଘଟଣା ଓ କୌଣସି ଜରୁରୀ ସର୍ଜରୀ ପାଇଁ ଡାକ୍ତରଖାନାରେ ଭର୍ତ୍ତି ଏବଂ ତା ପରର ମେଡ଼ିକାଲ ଖର୍ଚ୍ଚର ଯତ୍ନନିଏ । ବୀମା କମ୍ପାନୀ ଦ୍ୱାରା ଅଫର କରା ଯାଇଥିବା କ୍ୟାଶ ଲେସ ଉପଚାର ସୁବିଧା ମାଧ୍ୟମରେ ବିଲଗୁଡ଼ିକର ଯତ୍ନ ନିଆଯାଏ । ତେଣୁ, ମେଡ଼ିକାଲ ପଲିସୀରେ ନିବେଶ କରିବା ମହତ୍ତ୍ୱପୂର୍ଣ୍ଣ କାହିଁକି ଅଟେ ? ଉତ୍ତର ସରଳ ଅଟେ, ନିଜର ବିତ୍ତୀୟ ମଙ୍ଗଳ ପାଇଁ ।

କେହି ଜଣେ ଠିକ୍ କହିଛନ୍ତି ଯେ ସ୍ୱାସ୍ଥ୍ୟ ହିଁ ସମ୍ପଦ ଅଟେ । ଏକମାତ୍ର ସ୍ୱାସ୍ଥ୍ୟ ଲାଇଫଷ୍ଟାଇଲର ପାଳନ କରେ, କାରଣ ସ୍ୱାସ୍ଥ୍ୟ ବ୍ୟାଙ୍କ ଆକାଉଣ୍ଟ ସେତେବେଳେ ମଧ୍ୟ ରହିବ ଯେତେବେଳେ ଆପଣ ସୁସ୍ଥ ହୋଇଯିବେ । ଏପରି ଅନେକ ଲୋକ ଅଛନ୍ତି ଯେଉଁମାନେ ନିଜର ପରିଶ୍ରମର ରୋଜଗାର କେବଳ ଚିକିତ୍ସା ଉପରେ ଖର୍ଚ୍ଚ କରି ଦିଅନ୍ତି ।

ନିଜ ପରିବାରର ସମସ୍ତ ସସସ୍ୟମାନଙ୍କ ପାଇଁ ମେଡ଼ିକାଲ ଇନ୍‌ସିଓରାନ୍ସ ଅବଶ୍ୟ କରନ୍ତୁ ଓ ଯଦି ଆପଣ ଏବେ ସଦସ୍ୟମାନଙ୍କର ଇନସିଓରାନ୍ସ କରି ପାରିବେ ନାହିଁ ତେବେ ସେମାନଙ୍କର କରନ୍ତୁ ଯେଉଁମାନଙ୍କର ବୟସ ୩୦-୩୫ ବର୍ଷରୁ ଅଧିକ ଅଟେ ।

ଜୀବନରେ ଯେଉଁମାନେ ସଫଳ ଲିଷ୍ଟରେ ରହିଛନ୍ତି ସେମାନଙ୍କର ନଜର ଓ ନିଜ ପରିବାରର ସୁରକ୍ଷିତ ଭବିଷ୍ୟତକୁ ନେଇ କିଛି ନା କିଛି ଯୋଜନା ଅଛି । ଆପଣ ବି ନିଜ ଭବିଷ୍ୟତ ପାଇଁ ସର୍ବଦା ସଚେତନ ରୁହନ୍ତୁ ।

❑❑❑

୩୧- ଅଧିକରୁ ଅଧିକ ସଞ୍ଚୟ

> ଆମର ସବୁଠାରୁ ବଡ଼ ଭୟ ଅସଫଳ ହେବାର ନ ହେବା ଉଚିତ୍, ବରଂ ଜୀବନରେ ସେହି ଜିନିଷଗୁଡ଼ିକରେ ସଫଳ ହେବାର ଭୟ ରହିବା ଉଚିତ୍ ଯାହା ସତକୁ ସତ ଅର୍ଥ ରଖେନାହିଁ । - ଅଜ୍ଞାତ

ଆଜିକାଲିର ସମୟରେ ଜମା କରିବା ସମସ୍ତଙ୍କ ପାଇଁ ଜରୁରୀ ଅଟେ କାରଣ ସମାଜର ବଦଳୁଥିବା ସ୍ୱରୂପ, ସହିତ ପାଦ ମିଳାଇବାକୁ ହେବ । ଆମର ପରିଶ୍ରମର ରୋଜଗାରକୁ ଫାଲତୁ ଖର୍ଚ୍ଚରୁ ବଞ୍ଚାଇବାକୁ ହେବ ।

ସମୟ କେବେହେଲେ ଆଗରୁ ଖବର ଦେଇ ଆସେନାହିଁ, ସେଥିପାଇଁ ଭଲ ଓ ମନ୍ଦ ସମୟ ଉଭୟ ପାଇଁ ପ୍ରଥମରୁ ହିଁ ପ୍ରସ୍ତୁତ ରହିବା ଉଚିତ୍, ଯାହାଦ୍ୱାରା କି ଏପରି ପରିସ୍ଥିତି ହିଁ ଆସିବ ନାହିଁ ଓ ଆମେ ଟଙ୍କା ପାଇଁ କାହା ଆଗରେ ହାତ ପତେଇବା ନାହିଁ ।

ପଇସା କମାଇବାକୁ ବହୁତ ସମୟ ଲାଗେ, କିନ୍ତୁ ଏହା ଭାବିବାକୁ ଦୁଇ ମିନଟ୍‌ରୁ ବି କମ୍ ସମୟ ଲାଗେ । ଯଦି ଆପଣଙ୍କୁ ନିଜର ଧନକୁ ସୁରକ୍ଷିତ ରଖିବାର ଅଛି ତେବେ ଆପଣଙ୍କୁ ବଜେଟ ପ୍ରସ୍ତୁତ କରି ଚଳିବାକୁ ହେବ । ଆରମ୍ଭରୁ ଏହି କାର୍ଯ୍ୟ ଆପଣଙ୍କୁ ବହୁତ କଷ୍ଟକର ମନେହେବ କିନ୍ତୁ ଧିରେ ଧିରେ ଆପଣ ଅଭ୍ୟସ୍ତ ହୋଇଯିବେ ।

ପ୍ରତି ମାସର ବଜେଟ ପ୍ରସ୍ତୁତ କରିବା ସମୟରେ ଆପଣଙ୍କୁ ନିଜ ଖର୍ଚ୍ଚର ହିସାବ ରଖିବାକୁ ହେବ । ଏହା ଦ୍ୱାରା ଆପଣଙ୍କୁ ଆପଣଙ୍କ ଖର୍ଚ୍ଚର ଅନୁମାନ ହୋଇଯିବ । ନିଜର ସମସ୍ତ ଖର୍ଚ୍ଚକୁ ଦେଖିବା ଦ୍ୱାରା ଆପଣଙ୍କୁ ଖବର ମିଳିଯିବ ଯେ ଫାଲତୁ ଖର୍ଚ୍ଚ କେଉଁଠାରେ ହେଉଛି । ଏବେ ଆପଣ ସଞ୍ଚୟ କରିବା ପାଇଁ ନିଜ ଆୟର କିଛି ଭାଗ ବାହାର କରନ୍ତୁ । ଏହାଦ୍ୱାରା ଆପଣ ନିଜ ଖର୍ଚ୍ଚର ହିସାବ କରିବା ମଧ୍ୟ ଶିଖିବେ ଓ ସଞ୍ଚୟ କରିବା ମଧ୍ୟ ।

ନିଜ ସ୍ୱପ୍ନକୁ ପୂରା କରିବା ପାଇଁ ଓ ଖର୍ଚ୍ଚକୁ ବିରାମ ଦେବା ପାଇଁ ଫାଇନାନ୍‌ସିଆଲ

ଲକ୍ଷ ନିର୍ଦ୍ଧାରିତ କରନ୍ତୁ । ଆପଣ ଏହି ଜିନିଷକୁ ପ୍ରୀ ପ୍ଲାନିଙ୍ଗ କରନ୍ତୁ ଯେ ଆପଣଙ୍କୁ କଣ କଣ ମୂଲ୍ୟବାନ ଓ ଆବଶ୍ୟକୀୟ ଜିନିଷ କିଣିବାର ଅଛି ଏବଂ ସେହି ହିସାବରେ ନିଜର ବଜେଟ ନିର୍ଦ୍ଧାରଣ କରନ୍ତୁ । ଯେପରିକି ଯଦି ଆପଣଙ୍କୁ କାର କିଣିବାର ଅଛି ତେବେ ପ୍ଲାନିଙ୍ଗ କରନ୍ତୁ ଯେ ମାସର ଆବଶ୍ୟକ ଖର୍ଚ୍ଚ ଓ ସେଭିଙ୍ଗ ଛଡ଼ା ଆପଣ ନିଜର କେଉଁ ଖର୍ଚ୍ଚକୁ କମାଇ ପାରିବେ ଓ କେତେ ମାସରେ ଆପଣ କାର କିଣି ପରିବାର ପୁଞ୍ଜି ଜମା କରି ପାରିବେ ? ଏପରି ପ୍ଲାନିଙ୍ଗ କରି ଆପଣ ନିଜ ସ୍ୱପ୍ନକୁ ପୂରା କରି ପାରିବେ ଓ ତାହା ମଧ୍ୟ ନିଜ ବଜେଟରେ ।

ନିଜର ସଞ୍ଚୟ କରାଯାଇଥିବା ପଇସାକୁ ସୁରକ୍ଷିତ ରଖିବା ପାଇଁ ସେଭିଙ୍ଗ ଆକାଉଣ୍ଟ ଏକ ଉତ୍ତମ ବିକଳ୍ପ ଅଟେ । ଯେତେବେଳେ ଆପଣଙ୍କ ହାତରେ ଅଧିକ ଅର୍ଥ ନଥିବ ସେତେବେଳେ ଖର୍ଚ୍ଚ ମଧ୍ୟ ଭାବି ଚିନ୍ତି କରିବେ । ଆଜିକାଲି କେତେକ ବ୍ୟାଙ୍କ ଓ ପୋଷ୍ଟ ଅଫିସରେ ସେଭିଙ୍ଗ ଆକାଉଣ୍ଟ ଖୋଲିବା ପାଇଁ କେତେ ପ୍ରକାରର ଲାଭ ଜନକ ସ୍କିମ ରଖାଯାଇଛି । ଆପଣ ନିଜ ଫାଇଦାକୁ ଆଖି ଆଗରେ ରଖି ଏହି ସ୍କିମଗୁଡ଼ିକର ଲାଭ ଉଠାଇ ପାରିବେ ।

ଯଦି ଆପଣ ବଜାରକୁ ଶପିଙ୍ଗ କରିବାକୁ ଯାଉଛନ୍ତି ତେବେ ଆପଣ ଯାହା ବି ବସ୍ତୁ ବଜାରରୁ କିଣିବାକୁ ଚାହାନ୍ତି ତାର ଲିଷ୍ଟ ପ୍ରସ୍ତୁତ କରିବା ପରେ ବଜାର ଯାଆନ୍ତୁ, ଯାହାଦ୍ୱାରା ଆପଣଙ୍କୁ ନିଜ ଖର୍ଚ୍ଚର ଅନୁମାନ ହେବ । ଶପିଙ୍ଗ କରିବା ସମୟରେ ମୂଲଚାଲ କରିବା ମଧ୍ୟ ଏକ କଳା ଅଟେ । ଯେଉଁଥିରେ କେତେକ ଲୋକ ନିପୁଣ ଅଟନ୍ତି । ମୂଲଚାଲ କରିବା ଦ୍ୱାରା ନିଜ ବଜେଟରେ କିଣିବା ସାରି ନିଜ ଅର୍ଥକୁ ବଞ୍ଚାଇ ପାରିବେ ।

ଆପଣଙ୍କୁ ସମସ୍ତ ଆବଶ୍ୟକତା ପୂରା କରିବା ପାଇଁ ସଞ୍ଚୟ କରିବା ଅତ୍ୟନ୍ତ ଆବଶ୍ୟକ ଅଟେ ଓ ନିଜର ବିତ୍ତୀୟ ଲକ୍ଷକୁ ପ୍ରାପ୍ତ କରିବା ପାଇଁ ସଞ୍ଚୟ କରିବା ସର୍ବପ୍ରଥମ ପଦକ୍ଷେପ ଅଟେ । ଅଧିକ ଲୋକ ବଦଖର୍ଚ୍ଚ କରନ୍ତି ଓ ଏହି କାରଣରୁ ଆବଶ୍ୟକ ସମୟରେ ସେମାନଙ୍କୁ ପଇସାର ଅଭାବ ହେବା ସ୍ୱାଭାବିକ ଅଟେ ।

ଅଧିକ ଲୋକ ନିଜ ରୋଜଗାରରୁ ଖର୍ଚ୍ଚ କରିବା ପରେ ଅଳ୍ପ ବହୁତ ଯାହା ବଞ୍ଚେ, ତାକୁ ନିବେଶ କରନ୍ତି । ଠିକ୍ ଉପାୟରେ ଲୋକମାନଙ୍କୁ ପ୍ରଥମେ ନିଜ ରୋଜଗାରରୁ ଜମା ଅଲଗା କରିବାକୁ ହେବ, ତା ପରେ ଯାହା ରହିବ ସେଥିରେ ଖର୍ଚ୍ଚ କରିବା ଉଚିତ୍ ।

❑❑❑

୩୭- ଭାବନା ଶକ୍ତି ସହିତ ନିବେଶ

> ଆମର ସବୁଠାରୁ ବଡ଼ କମଜୋରୀ ହେଉଛି ହାର ମାନିଯିବା । ସଫଳ ହେବାର ସବୁଠାରୁ ନିଶ୍ଚିତ ପ୍ରଣାଳୀ ହେଉଛି ଆଉ ଥରେ ଚେଷ୍ଟା କରିବା ।
>
> **- ଥମାସ ଏ ଏଡୀସ**

ସାଧାରଣ ମାନ୍ୟତାର ବିରୁଦ୍ଧରେ ଶେୟାର ବଜାର କେବଳ ଧନୀ ଲୋକମାନଙ୍କ ପାଇଁ ନୁହେଁ । ପଇସା କମାଇବା ପାଇଁ ଓ ଆର୍ଥିକ ସ୍ୱତନ୍ତ୍ରତା ପାଇବା ପାଇଁ ଧନ ନିବେଶ ଏକ ମହତ୍ତ୍ୱପୂର୍ଣ୍ଣ ମାର୍ଗ ଅଟେ । ଛୋଟ-ଛୋଟ ଧନରାଶି ପାଇଁ ନିରନ୍ତର ନିବେଶର ନୀତି ଅବଲମ୍ବନ କରିବା ଦ୍ୱାରା ଛୋଟ ଅର୍ଥ ଜଲ୍ଦି ବିପୁଳ ଅର୍ଥରେ ପରିଣତ ହୋଇଯିବ । ଏହି ଧନ ପ୍ରାପ୍ତି ପାଇଁ ଆପଣଙ୍କୁ ସୁଯୋଗ୍ୟ ଆୟୋଜନ ଆପଣେଇବା ଛଡ଼ା ଧୈର୍ଯ୍ୟ, ଅନୁଶାସନ ଓ ପରିଶ୍ରମ ଦ୍ୱାରା କାର୍ଯ୍ୟ ହାସଲ କରିବାକୁ ହେବ । ଏହି ସୂଚନାଗୁଡ଼ିକ ଆପଣଙ୍କୁ ଛୋଟ କିନ୍ତୁ ସଫଳ ନିବେଶ ପାଇଁ ସହାୟକ ହେବ ।

ପଇସାକୁ ନିବେଶ କରିବା ପାଇଁ ଗୋଟିଏ ସଠିକ୍ ନିବେଶ ବର୍ଗ ବାଛନ୍ତୁ, ନିଜର ବିପଦ ନେବାର କ୍ଷମତାକୁ ଆଖି ଆଗରେ ରଖି ବିପଦକୁ କମ୍ କରିବା ପାଇଁ ଏକ ଡାଇଭର୍ସିଫାଇଡ ପୋର୍ଟଫୋଲିଓ ପ୍ରସ୍ତୁତ କରନ୍ତୁ କେବଳ ଶେୟାର ପାଇଁ, ଯାହାକୁ ବିପଦପୂର୍ଣ୍ଣ ମନେକରାଯାଏ ।

ଶେୟାରରେ ନିବେଶ କରିବା ଗୋଟିଏ ଭଲ ବିକଳ୍ପ ଅଟେ ଯଦି ଆପଣ ଦୀର୍ଘ ସମୟ (୫-୧୦ବର୍ଷ) ପର୍ଯ୍ୟନ୍ତ ନିବେଶ କରିବାକୁ ଭାବୁଛନ୍ତି । ପାୱାର ଅଫ କମ୍ପାଉଡିଙ୍ଗ ବହୁତ ଭଲ କାର୍ଯ୍ୟ କରେ, ଦୀର୍ଘ ସମୟଯୁକ୍ତ ନିବେଶରେ ଓ ମହାନ ସାଇଣ୍ଟିଷ୍ଟ ଆଲବର୍ଟ ଆଇନଷ୍ଟାଇନ ଏହି ଦୁନିଆର ଅଷ୍ଟମ ଆଶ୍ଚର୍ଯ୍ୟ ବୋଲି କୁହାଯାଏ । ଯଦି ଆପଣ ନିଜର ନିବେଶ କରିବାରେ ସକ୍ଷମ ନୁହନ୍ତି, ତେବେ ଗୋଟିଏ ଭଲ ବିତ୍ତୀୟ ପରାମର୍ଶଦାତାଙ୍କର ସହାୟତା ନିଅନ୍ତୁ ।

ଶେୟାର ବଜାରରେ ନିବେଶରେ ବିପଦ ଅଛି, ଯେଉଁଥିରେ ସମସ୍ତ ପଇସା ହରାଇବାର ବିପଦ ମଧ୍ୟ ଅଛି । ନିବେଶ କରିବା ଦ୍ୱାରା ପ୍ରଥମେ ସୁନିଶ୍ଚିତ ହୋଇଯାନ୍ତୁ ଯେ ଆପଣଙ୍କର ମୁଖ୍ୟ ଆର୍ଥିକ ଆବଶ୍ୟକତାର ପୂରଣ ଆପଣ କରିନେଲେ, ଯଦି ଆପଣଙ୍କର ଚାକିରୀ ଚାଲିଯାଏ ବା କୌଣସି ବହୁତ ବଡ଼ କ୍ଷତିର ସମ୍ମୁଖୀନ ହେବାକୁ ପଡ଼େ ।

ଏହା ସୁନିଶ୍ଚିତ କରି ନିଅନ୍ତୁ ଯେ ଆପଣଙ୍କ ସଞ୍ଚୟ ଖାତାରେ ୩ ରୁ ୪ ମାସର ଆୟ ଜମା ଅଛି, ଯାହା ଫଳରେ କି ଅଚାନକ ପଇସାର ଆବଶ୍ୟକତା ପଡ଼ିବା ଦ୍ୱାରା ଆପଣଙ୍କୁ ଶେୟାର ବିକିବାକୁ ପଡ଼ିବ ନାହିଁ । ସବୁକିଛି ଠିକ୍ ମାନି ନିଆ ଯାଇଥିବା ଶେୟାରର ମୂଲ୍ୟ ବି କେବେ କେବେ ନାଟକୀୟ ଭାବେ ହ୍ରାସ ବୃଦ୍ଧି ହୋଇପାରେ । ଯେତେବେଳେ ଆପଣଙ୍କୁ ପଇସାର ଆବଶ୍ୟକତା ପଡ଼େ, ସେତେବେଳେ ଆପଣଙ୍କ ଶେୟାର କିଣା ବିକା ମୂଲ୍ୟ ଠାରୁ ହ୍ରାସ ହେବାର ସମ୍ଭାବନା ସବୁ କ୍ଷଣରେ ଥାଏ ।

ଶେୟାର ବଜାରରେ ନିବେଶ ପାଇଁ ନିଜର ମାସିକ ଆୟର ଭାଗ ସ୍ଥିର କରିବା ପୂର୍ବରୁ ନିଜର ବୀମା ଆବଶ୍ୟକତାକୁ ପୂରା କରିନିଅନ୍ତୁ । ଆପଣଙ୍କର ଚିହ୍ନା ପରିଚିତଙ୍କର ଠିକ୍ ବୀମା ପ୍ରଥମେ କରାଇ ନିଅନ୍ତୁ ।

ଏହି କଥା ମନେ ରଖନ୍ତୁ ଯେ ନିବେଶ କରା ଯାଇଥିବା ରାଶି ଉପରେ ଆପଣ କେଉଁ ଦୁର୍ଦ୍ଦଶା ସମୟ ପାଇଁ ଆଧାରିତ ରହି ପାରିବେ ନାହିଁ, କାରଣ ଶେୟାର ବଜାରରେ ଲାଭ-କ୍ଷତି ପ୍ରକ୍ରିୟା ସର୍ବଦା ଚାଲୁ ରହିଥାଏ । ଆପଣ ନିଜର ଶେୟାର ଅଧା ମୂଲ୍ୟରେ ବିକିବାର ସମୟ ଆସିପାରେ । ଉଚିତ୍ ସଞ୍ଚୟ ଓ ବୀମା ଥିଲେ ଆପଣଙ୍କର ମୁଖ୍ୟ ଆବଶ୍ୟକତା ସର୍ବଦା ପୂରା ହୋଇ ପାରିବ, ଶେୟାର ବଜାରରେ ଯେତେ ହ୍ରାସ-ବୃଦ୍ଧି ହେଉ ନା କାହିଁକି । ବୁଝି ପାରିବା ଆପଣଙ୍କ ବିବେକ ଉପରେ ନିର୍ଭର କରେ । ଜଣେ ସଫଳ ନିବେଶକଙ୍କ ପାଇଁ ଭଲ ଭାବେ ବୁଝି ନିଜ ପୁଞ୍ଜି ରାଶିକୁ ବଜାରରେ ଲଗାଇବା ଉଚିତ୍ ।

❑❑❑

୩୩- ରିଟାୟାରମେଣ୍ଟ ପ୍ଲାନିଙ୍ଗ

> ଆପଣଙ୍କୁ ପୂରା ସିଡ଼ି ଦେଖିବାର ଆବଶ୍ୟକତା ନାହିଁ, ବାସ୍ ପ୍ରଥମ ପାଦ ଉଠାନ୍ତୁ ।
> **- ମାର୍ଟିନ ଲୁଥର କିଙ୍ଗ ଜୁନିୟର**

ଅଧିକରୁ ଅଧିକ ଲୋକ ରିଟାୟରମେଣ୍ଟ ପାଇଁ ପ୍ଲାନିଙ୍ଗ କରିବା ସମୟରେ ଉତ୍ସାହିତ ହୁଅନ୍ତି ନାହିଁ କାରଣ ଏହି କାର୍ଯ୍ୟ ପାଇଁ ଅଲଗା କୌଣସି ଇନ୍‌ସେଣ୍ଟିଭ ମିଳେ ନାହିଁ । କାରଣ ଏହି କାର୍ଯ୍ୟ ପାଇଁ ଆମକୁ କୌଣସି ଅତିରିକ୍ତ ଲାଭ ମିଳେନାହିଁ ବା ଆମେ ଏହି କଥା ପାଇଁ ରାଜି ହେଉନାହିଁ । ସେ ଯାହାହେଉ ଗୋଟିଏ କଥା ପାଇଁ ରାଜି ହେଉନାହିଁ । ସେ ଯାହାହେଉ ଗୋଟିଏ କଥା ଉପରେ ଧ୍ୟାନ ଦେବାକୁ ପଡ଼ିବ ଯେ ରିଟାୟାରମେଣ୍ଟ ପ୍ଲାନିଙ୍ଗ କେବଳ ପଇସାର ପ୍ରବନ୍ଧ ପାଇଁ ପ୍ରସ୍ତୁତ ହୋଇନାହିଁ ।

ପଇସା ଅପେକ୍ଷା ଅଧିକ ଏହି କଥା ପାଇଁ ରିଟାୟାରମେଣ୍ଟ ପ୍ଲାନିଙ୍ଗ କରିବା ଉଚିତ୍ ଯେ ଆପଣଙ୍କ ଜୀବନର ଆରାମ ସମୟ କିପରି ଅତିବାହିତ ହେବାର ଅଛି ।

- ସ୍ୱାସ୍ଥ୍ୟ ସମ୍ବନ୍ଧୀୟ ସମସ୍ୟାକୁ ଆପଣ କିପରି ସମାଧାନ କରିବେ ?
- ଯେଉଁ ପୁଞ୍ଜି ନିଜର ଇକ୍ୱିଟୀର ଅଟେ, ତାହାକୁ କାହା ସହିତ ବାଣ୍ଟିବାକୁ ଚାହିଁବେ ?
- ଶେଷରେ ଆପଣଙ୍କ ଆମଦାନୀର ମାଧ୍ୟମ କଣ ହେବ ?

ରିଟାୟାରମେଣ୍ଟ ପ୍ଲାନିଙ୍ଗ ସହିତ ଆମର ତାତ୍ପର୍ଯ୍ୟ ହେଉଛି ନିଜ ବଚନକୁ ଆବଣ୍ଟନ କରିବା, ରିଟାୟାରମେଣ୍ଟର ଉଦ୍ଦେଶ୍ୟ ଦ୍ୱାରା । ରିଟାୟାରମେଣ୍ଟ ପ୍ଲାନିଙ୍ଗର ମୂଳ ଉଦ୍ଦେଶ୍ୟ ହେଉଛୀ ବିତ୍ତୀୟ ସ୍ୱତନ୍ତ୍ରତା ହାସଲ କରିବା ।

ଆଧାରୁ ଅଧିକ ଲୋକ ୫୦-୫୫ ବୟସ ପରେ ହିଁ ରିଟାୟାରମେଣ୍ଟ ପ୍ଲାନିଙ୍ଗ ବିଷୟରେ ଭାବନ୍ତି, ପରନ୍ତୁ ସେତେବେଳେ ନିଜର ରିଟାୟାମେଣ୍ଟ ଲକ୍ଷ୍ୟକୁ ହାସଲ

କରିବା ଗୋଟିଏ ବାଜିପୂର୍ଣ୍ଣ ବିଷୟ ହୋଇଯାଏ । ଏଥିରୁ ରକ୍ଷା ପାଇବା ପାଇଁ ଆମକୁ ରିଟାୟାରମେଣ୍ଟ ପ୍ଲାନିଙ୍ଗର ଆରମ୍ଭ ଆହୁରି ଜଲ୍‌ଦି କରିବାର ଆବଶ୍ୟକତା ଅଛି ଓ ଅଧିକ ଭଲ ହେବ ଯେ ଆମେ ଅଳ୍ପ-ଅଳ୍ପ ନିବେଶ କରିବା ଆରମ୍ଭ କରି ଦେବା, ଆମେ ଯେପରି ବି ପଇସା ଉପାର୍ଜନ କରୁ ନା କାହିଁକି । ସବୁ ମାସରେ ଅଳ୍ପ ଅଳ୍ପ ସଞ୍ଚୟ ଦ୍ୱାରା ନିଜର ରିଟାୟାରମେଣ୍ଟ ଲକ୍ଷ୍ୟକୁ ସହଜରେ ପ୍ରାପ୍ତ କରି ପାରିବା ।

ଚାଲନ୍ତୁ ଏହାକୁ ଗୋଟିଏ ଉଦାହରଣରୁ ବୁଝିବା । ମାନି ନିଅନ୍ତୁ ଯେ ଆପଣଙ୍କର ବୟସ ୩୦ ବର୍ଷ ଅଟେ ଓ ଆପଣ ୬୦ ବର୍ଷରେ ରିଟାୟାରମେଣ୍ଟ ବିଷୟ ଭାବୁଛନ୍ତି । ଆପଣଙ୍କର ମାସିକ ଆୟ ୩୦,୦୦୦ ଟଙ୍କା ଅଟେ ଓ ରିଟାୟାରମେଣ୍ଟ ପରେ ଆପଣଙ୍କ ଲକ୍ଷ ୫୦ ଲକ୍ଷର ପୁଞ୍ଜି ଏକାଠି କରିବା ।

ରିଟାୟାରମେଣ୍ଟ ପରେ ଆପଣଙ୍କ ଜୀବନ ଉତ୍ସାହରେ ଭରା ଓ ଶାନ୍ତିପୂର୍ଣ୍ଣ ହେବା ଉଚିତ୍ । ଯଦି ଆପଣଙ୍କର ରିଟାୟାରମେଣ୍ଟ ପ୍ଲାନିଙ୍ଗ ଠିକ୍ ନୁହେଁ ତେବେ ଆପଣ ଏହି ସୁବର୍ଣ୍ଣ ମୂହୁର୍ତ୍ତଗୁଡ଼ିକୁ ଠିକ୍ ଭାବେ ବଞ୍ଚି ପାରିବେ ନାହିଁ । ସେଥିପାଇଁ ଆବଶ୍ୟକ ହେଉଛି ଯେ ଆପଣ ନିଜ ଜୀବନର କାର୍ଯ୍ୟକ୍ରମ ସମୟରେ ହିଁ ରିଟାୟାରମେଣ୍ଟ ପ୍ଲାନିଙ୍ଗ ପାଇଁ ଅଳ୍ପ ସମୟ ବାହାର କରନ୍ତୁ । ଠିକ୍ ପ୍ଲାନ କରିବା ଦ୍ୱାରା ଆପଣଙ୍କର ରିଟାୟାରମେଣ୍ଟର ପର ଜୀବନ ନିଶ୍ଚିତ ଭାବେ ଭଲ ରୂପେ କଟିବ ।

ଧରି ନିଅନ୍ତୁ ଯେ ଆପଣ ପ୍ରତ୍ୟେକ ମାସରେ ୫୦୦୦ ଟଙ୍କା ନିବେଶ ନ କରି ପାରି ୨୦୦୦ ଟଙ୍କା ନିବେଶ କରିବେ ଯେଉଁଥିରେ ଆପଣ ୧୨ ପ୍ରତିଶତ ପ୍ରତ୍ୟେକ ବର୍ଷ ଅପେକ୍ଷା ସହଜରେ ପାଇ ପାରିବେ, ଦୀର୍ଘ ୩୦ ବର୍ଷ ସମୟରେ ଆପଣ ରିଟାୟାରମେଣ୍ଟରେ କୋଟିଏ ଟଙ୍କା ପାଇ ପାରିବେ । ଆପଣ ନିଜର ରିଟାୟାରମେଣ୍ଟ ଲକ୍ଷ୍ୟକୁ ପ୍ରାପ୍ତ କରିବା ପାଇଁ କମ୍ପାଉଡିଙ୍ଗ କାଲକୁଲେଟରର ସହାୟତା ନେଇ ପାରିବେ ।

❑❑❑

୩୪- ବିତ୍ତୀୟ ଲକ୍ଷ୍ୟର ବିଭାଜନ

> ଆଜି ଠାରୁ ଏକ ବର୍ଷ ପରେ ବୋଧହୁଏ ତୁମେ ମାନିବ ଯେ ଯଦି ତୁମେ ଆଜି ଆରମ୍ଭ କରି ଦେଇଥାନ୍ତ । **- କୈରେନ ଲୈମ୍ବ**

ଜଣେ ସଫଳ ନିବେଶକ ଏକ ସମୟରେ ଏକ ଲକ୍ଷ୍ୟ ଉପରେ ଫୋକସ କରେ । ଏହା କୌଣସି ବି ନିବେଶକ ପାଇଁ ଅନିବାର୍ଯ୍ୟ ସର୍ତ୍ତ ଅଟେ । କିନ୍ତୁ ଏକ ସଫଳ ନିବେଶକ ନିଜର ତତ୍କାଳିନ ମାଧମ ଓ ଦୀର୍ଘ କାଳୀନ ଲକ୍ଷକୁ ପ୍ରଥମରୁ ହିଁ ସୁନିଶ୍ଚିତ କରିନିଏ । ତାର ସମସ୍ତ ବିତ୍ତୀୟ ଲକ୍ଷର ବିଭାଜନ ମଧ ତାର ଯୋଜନାର ଏକ ଭାଗ ରୂପେ ଧରାଯାଏ ।

କୌଣସି ବ୍ୟକ୍ତିର ବ୍ୟକ୍ତିଗତ ଲକ୍ଷର ସଂଖ୍ୟାରେ ସ୍ୱାଭାବିକ ରୂପେ ମୌଳିକ ପାଇଁ ତାକୁ କିଛି ପ୍ରୟାସ କରିବାକୁ ହୁଏ । କମ୍ପାନୀର ଆର୍ଥିକ ଗତିବିଧିର ସନ୍ଦର୍ଭରେ, ଭୌତିକ ମୂଲ୍ୟର ଅଧିଗ୍ରହଣ ପାଇଁ ଆବଶ୍ୟକ ଧନର ମାତ୍ରାରେ ଏହି ପ୍ରକାରର ସନ୍ଦର୍ଭ ବିନ୍ଦୁ ଆର୍ଥିକ ଶବ୍ଦରେ ବ୍ୟକ୍ତ କରାଯାଏ । ଏହି ମାମଲାରେ ଆମେ ବିତ୍ତୀୟ ଉଦ୍ଦେଶ୍ୟ ବିଷୟରେ କଥାବାର୍ତ୍ତା କରୁଛେ ।

ବିତ୍ତୀୟ ଲକ୍ଷ ଆଧାରିତ କୌଣସି ବ୍ୟକ୍ତିର ଭୌତିକ ଆକାଂକ୍ଷାଂର ଆର୍ଥିକ ସମତୂଲ୍ୟ ବସ୍ତୁର ମୂଲ୍ୟ ସହିତ ସମାନ ଅଟେ । ଯେଉଁଥିପାଇଁ ସେ ଗୋଟିଏ ପ୍ରୟାସ କରିବା ପାଇଁ ପ୍ରସ୍ତୁତ ହୁଅନ୍ତି । ସାମଗ୍ରୀର ଉଦ୍ଦେଶ୍ୟକୁ ସାଧାରଣତଃ ବହୁତ ବଡ଼ ଅଧିଗ୍ରହଣ ବା ନଗଦ ବ୍ୟୟ ରୂପେ ବୁଝାଯାଏ । ବିତ୍ତୀୟ ଲକ୍ଷ ପୁଞ୍ଜି ବୃଦ୍ଧି ସହିତ ସମ୍ବନ୍ଧିତ ଅଟେ । ଅଧିକତର ସାମଗ୍ରୀ ଓ ବିତ୍ତୀୟ ଲକ୍ଷ ଜଡ଼ିତ ଥାନ୍ତି ।

ନିଜର ବିତ୍ତୀୟ ଲକ୍ଷକୁ ବିଭିନ୍ନ ସମୟରେ ବିଭାଜିତ କରନ୍ତୁ ଯେପରିକି ଅଳ୍ପ ସମୟ, ମଧମ ସମୟ ଓ ଦୀର୍ଘ ସମୟ ଓ ଏହାକୁ ଧ୍ୟାନରେ ରଖି ନିବେଶ କରନ୍ତୁ । ଆପଣ ପରିଶ୍ରମ ଦ୍ୱାରା ଅଳ୍ପ ସମୟଯୁକ୍ତ ଲକ୍ଷକୁ ପ୍ରାପ୍ତ କରିବାର ପ୍ରୟାସ କରନ୍ତୁ ଏହା ଦ୍ୱାରା ଆପଣ କେଉଁଠି ନା କେଉଁଠି ନିଜର ମଧ ଓ ଦୀର୍ଘ ସମୟଯୁକ୍ତ ଲକ୍ଷକୁ ବି ସକ୍ଷମ

କରାଇବା ପାଇଁ ସାହାଯ୍ୟ କରୁଛନ୍ତି । ସମୟ ସମୟରେ ଏହାକୁ ଦେଖି ଚାଲନ୍ତୁ ଓ ନିଜ ଲକ୍ଷରୁ ହଟିବା ମାତ୍ରେ ଏହାର ସମାଧାନର ଉପାୟ କରନ୍ତୁ ।

ଏହାଠାରୁ ବି ଅଧିକ ମହତ୍ତ୍ୱପୂର୍ଣ୍ଣ ହେଉଛି ଯେ ଏମାନଙ୍କ ମଧ୍ୟରୁ ପ୍ରତ୍ୟେକ ଲକ୍ଷ ପାଇଁ ଖାସ୍ ନିବେଶ ହେବା ଉଚିତ୍, ଯାହାକୁ ଏହି ଖାସ୍ ଲକ୍ଷମାନଙ୍କୁ ପୂରଣ କରିବା ପାଇଁ ଏହି ଖାସ୍ ଲକ୍ଷମାନଙ୍କୁ ପୂରଣ କରିବା ପାଇଁ ବଛାଯାଇଛି । ଅନ୍ୟ ଭାଷାରେ କହିବାକୁ ଗଲେ ଆମ ପାଖରେ ଅଲଗା ଅଲଗା ଲକ୍ଷ ପାଇଁ ଅଲଗା ଅଲଗା ପୋର୍ଟଫୋଲଓ ହେବା ଉଚିତ୍ ।

ଆପଣ ଦେଖିଥିବେ ଯେ ପରିବାର ମୁଖ୍ୟ ନିଜ ପରିବାରର ଭରଣ ପୋଷଣ ପାଇଁ ଅଲଗା ଅଲଗା ଅର୍ଥ ନିର୍ଦ୍ଧାରଣ କରନ୍ତି । ସେହିପରି ଜଣେ ସଫଳ ନିବେଶକ ମଧ୍ୟ ଅଲଗା ଅଲଗା ବିତ୍ତୀୟ ଲକ୍ଷ ପ୍ରାପ୍ତି କରିବା ପାଇଁ ସର୍ବଦା ପ୍ରୟାସ କରନ୍ତି ।

❑❑❑

୩୪- ୱସିୟତି ନାମ

> ଶବ୍ଦକୋଶ ଏକ ଏପରି ସ୍ଥାନ ଅଟେ ଯେଉଁଠାରେ ସଫଳତା 'କାର୍ଯ୍ୟ' ପୂର୍ବରୁ ଆସେ ।   - ୱେନ୍‌ସେ ଲୋମ୍ବାଡ୍

ବିତ୍ତୀୟ କ୍ଷେତ୍ରରେ ସମସ୍ତ ବ୍ୟକ୍ତିଙ୍କୁ ନିଜର ୱସିୟତି ସହିତ ଅଧିକ ପ୍ରେମ ଥାଏ, ଯାହା ଫଳରେ କି ତାର ପରିଶ୍ରମକୁ ଭବିଷ୍ୟତରେ କେହି ଡୁବାଇ ଦେଇ ପାରିବେ ନାହିଁ ।

୧୮ ବର୍ଷ ବୟସରୁ ଅଧିକ ଆୟୁ, ମାନସିକ ରୂପେ ସୁସ୍ଥ ବ୍ୟକ୍ତି, ଯାହା ପାଖରେ ସମ୍ପତ୍ତି ଜୀବନ ବୀମା ପଲିସୀ ଅଛି, ତାଙ୍କର ୱସିୟତି ନାମ ଆବଶ୍ୟକ ଅନୁଯାୟୀ ଲେଖିବା ଉଚିତ୍ । ୱସିୟତି ନାମ ଲେଖିବା ଦ୍ୱାରା ଜୀବନକାଳ ମଧରେ ସମ୍ପତ୍ତି ଉପରେ ତାଙ୍କର ଅଧିକାର ରୁହେ ଏବଂ ମୃତ୍ୟୁ ପରେ ଉତ୍ତରାଧିକାରୀ ସମ୍ପତ୍ତି ପ୍ରାପ୍ତ କରି ପାରିବେ । ବ୍ୟକ୍ତି ନିଜର ଜୀବନ କାଳ ମଧରେ ୱସିୟତି ନାମ ଅନେକ ଥର ବଦଳାଇ ପାରିବ ଏବଂ ତାଙ୍କ ଦ୍ୱାରା ଲେଖା ଯାଇଥିବା ଶେଷ ବସିୟତି ନାମକୁ ହିଁ ମାନ୍ୟତା ମିଳେ ।

ୱସିୟତି ନାମ ଲେଖି ମଣିଷ କେବଳ ଯେ ନିଜ ଇଚ୍ଛାନୁସାରେ ସମ୍ପତ୍ତିକୁ ଭାଗ କରିପାରେ, ତାହା ନୁହେଁ, ବରଂ ନିଜର ଉତ୍ତରାଧିକାରୀମାନଙ୍କୁ ପାରିବାରିକ ବିବାଦ, ଆଇନ କାନୁନର ଅଡୁଆ ଏବଂ ଖର୍ଚ୍ଚରୁ ମଧ ବଞ୍ଚାଇ ପାରିବେ । ୱସିୟତି ନାମ ଦ୍ୱାରା ଉତ୍ତରାଧିକାରମାନଙ୍କର ଟ୍ୟାକ୍ସ ପ୍ଲାନିଙ୍ଗ ମଧ ନିର୍ଦ୍ଦ୍ୱନ୍ଦ୍ୱରେ କରାଯାଇ ପାରିବ ।

ମାତା ପିତାଙ୍କ ପାଇଁ ଦସ୍ତାବେଜ ପ୍ରସ୍ତୁତ କରିବା ଏକ ମହତ୍ତ୍ୱପୂର୍ଣ୍ଣ କାର୍ଯ୍ୟ ଅଟେ, କାରଣ ଯଦି ଆପଣଙ୍କର କିଛି ହୋଇଯାଏ ତେବେ ଆପଣଙ୍କ ପିଲାମାନଙ୍କର ଦେଖାରେଖା କିଏ କରିବ, ଏହି କଥା ମଧ ଆପଣ ଦସ୍ତାବେଜରେ ଲେଖି ପାରିବେ । ଏହା ଦ୍ୱାରା ଆପଣ ନିଶ୍ଚିତ ହୋଇ ପାରିବେ ଯେ ଆପଣଙ୍କ ପିଲାମାନଙ୍କର ଦେଖାଚାହାଁ ଠିକ୍ ଭାବେ

ହୋଇ ପାରିବ, ଯେତେବେଳେ ଆପଣ ନରହିବେ । ଯଦି ଆପଣ ଚାହାନ୍ତି ଆପଣଙ୍କ ମୃତ୍ୟୁ ପରେ କୌଣସି ଝଗଡ଼ା ବା ସମସ୍ୟା ନରହୁ ତେବେ ଆପଣ ପରିବାରର ସୁଖ ଶାନ୍ତି ପାଇଁ ଦସ୍ତାବିଜ ଅବଶ୍ୟ ପ୍ରସ୍ତୁତ କରନ୍ତୁ ।

ଏହା ଛଡ଼ା ଏପରି ଅନେକ କ୍ଷେତ୍ର ଅଛି ଯେପରିକି ଟ୍ୟାକ୍ସ ପ୍ଲାନିଙ୍ଗ ଆଦି । ଯେଉଁଠାରେ ଆପଣଙ୍କୁ ଜଣେ ବିତ୍ତୀୟ ବିଶେଷଜ୍ଞଙ୍କର ଆବଶ୍ୟକତା ପଡ଼ିବ । ଧ୍ୟାନ ରଖନ୍ତୁ ଯେ, ତାକୁ ବୁଝିବାର ପ୍ରୟାସ ନିଶ୍ଚୟ କରନ୍ତୁ ଯେପରିକି କାର୍ଯ୍ୟ ଠିକ୍ ଭାବେ ସମ୍ପନ୍ନ ହେଉଅଛି ନୋ କେବଳ ଆପଣଙ୍କ ପଇସା ଲୁଟା ଯାଉଛି । ଏମିତିରେ ଆପଣ ସ୍ୱୟଂ, ଓକିଲ ବା ସାର୍ଟିଫାଇଡ ଫାଇନେନ୍ଶିୟାଲ ପ୍ଲାନରଙ୍କ ସହାୟତାରେ ପ୍ରସ୍ତୁତ କରି ପାରିବେ, କିନ୍ତୁ ଯଦି ଦସ୍ତାବିଜ ଦାବିଦାର ହେବାର ସମ୍ଭାବନା ଥାଏ ବା ଉତ୍ତରାଧିକାରୀମାନଙ୍କର ଟ୍ୟାକ୍ସ ପ୍ଲାନିଙ୍ଗ କରିବାକୁ ଚାହାନ୍ତି ତେବେ ଇଷ୍ଟେଟ ପ୍ଲାନିଙ୍ଗ ପାରଦର୍ଶିତା ହାସଲ କରିଥିବା ସାର୍ଟିଫାଇଡ ଫାଇନେନ୍ଶିୟାଲ ପ୍ଲାନରଙ୍କ ଠାରୁ ପରାମର୍ଶ ନେବା ଉଚିତ୍ ।

❑❑❑

୩୬- ମୂଲ୍ୟର ପରିବର୍ତ୍ତନ

> ଯଦି ଆପଣଙ୍କ ପାଖରେ ହାତୁଡ଼ି କେବଳ ଗୋଟେ ମାତ୍ର ହାତଯନ୍ତ୍ର ଅଛି, ତେବେ ଆପଣ ପ୍ରତ୍ୟେକ ସମସ୍ୟାକୁ କୀଳା ପରି ଦେଖନ୍ତି ।
>
> - ଆବ୍ରାହମ ମେସ୍‌ଲୋ

ଶେୟାର ବଜାରରେ ମୂଲ୍ୟ ଲଗାତର ଭାବେ ବଦଳିଚାଲେ । ଜଣେ ସଫଳ ନିବେଶକଙ୍କ ଦାୟିତ୍ୱ ହେଉଛି ଯେ ସେ ଏହି ମୂଲ୍ୟର ହେଉଥିବା ପରିବର୍ତ୍ତନକୁ ନିଜର ସୂକ୍ଷ୍ମ ଦୃଷ୍ଟିରେ ଦେଖିବେ ଓ ବୁଝିବେ ।

ସର୍ବପ୍ରଥମ ଆଇପୀଓ ଆଣିବା ସମୟରେ ଶେୟାରର ମୂଲ୍ୟ କମ୍ପାନୀ ନିର୍ଦ୍ଧାରଣ କରେ, କିନ୍ତୁ ଥରେ ଆଇପୀଓ ପୂରା ହୋଇଯିବା ପରେ ଶେୟାରର ମୂଲ୍ୟ ନିର୍ଦ୍ଧାରଣ କରିବାରେ କମ୍ପାନୀର କୌଣସି ଭୂମିକା ନଥାଏ ଓ ଶେୟାରର ମୂଲ୍ୟ ସ୍ୱତନ୍ତ୍ର ରୂପେ ଶେୟାରର ଆବଶ୍ୟକତା ଓ ଯୋଗାଣ ର ଆଧାର ଉପରେ ଷ୍ଟକ ଏକ୍ସଚେଞ୍ଜ ଦ୍ୱାରା ନିର୍ଦ୍ଧାରିତ କରାଯାଏ ।

ଯଦି କିଣା ଯାଇଥିବା ଶେୟାରର ତୁଳନାରେ ବିକା ଯାଇଥିବା ଶେୟାରର ସଂଖ୍ୟା କମ ହେବ ତେବେ ଶେୟାରର ମୂଲ୍ୟ ବଢ଼ିବ ଓ ଯଦି ବିକା ଯାଇଥିବା ଶେୟାରର ତୁଳନାରେ କିଣା ଯାଇଥିବା ଶେୟାରର ସଂଖ୍ୟା କମ ହେବ ଶେୟାରର ମୂଲ୍ୟ କମ ହେବ ।

ଶେୟାର ମାର୍କେଟରେ ରେଜିଷ୍ଟର୍ଡ ହେବା ପରେ କମ୍ପାନୀମାନଙ୍କୁ ସମୟ ସମୟରେ ସମସ୍ତ ମହତ୍ତ୍ୱପୂର୍ଣ୍ଣ ସୂଚନା ନିବେଶକଙ୍କ ସହିତ ଭାଗ କରିବାକୁ ହୋଇଥାଏ ଓ ଏହି ସୂଚନାର ଆଧାର ଉପରେ ନିବେଶକ କମ୍ପାନୀମାନଙ୍କର ମୂଲ୍ୟାଙ୍କନ କରନ୍ତି । ଏହି ମୂଲ୍ୟାଙ୍କନକୁ ଭିତ୍ତି କରି ଶେୟାରର ଆବଶ୍ୟକତା ଓ ଯୋଗାଣ ହ୍ରାସ ବୃଦ୍ଧି ଦ୍ୱାରା ଶେୟାରର ମୂଲ୍ୟ ବଦଳିଚାଲେ ।

ସର୍ବପ୍ରଥମ କମ୍ପାନୀଗୁଡ଼ିକ ନିଜ ଶେୟାରର ଷ୍ଟକ ଏକ୍ସଚେଞ୍ଜରେ ଲିଷ୍ଟିଙ୍ଗ କରାଇ ଆଇପୀଓ (ଇନିସିୟାଲ ପବ୍ଲିକ ଅଫର) ଆଣନ୍ତି ଓ ନିଜର ଶେୟାର ନିଜ ଦ୍ୱାରା ନିର୍ଦ୍ଧାରିତ ମୂଲ୍ୟ ଉପରେ ସାର୍ବଜନିକ ଅର୍ଥ ଉଠାଇବା ଜାରି ହୁଏ । ଥରେ ଆଇପୀଓ ପୂରା ହୋଇଯିବା ପରେ ଶେୟାର ବଜାରକୁ ଆସେ । ଏହାପରେ ଷ୍ଟକ ମାର୍କେଟ ଓ ବ୍ରୋକର୍ସମାନଙ୍କ ମାଧ୍ୟମରେ ନିବେଶ ଦ୍ୱାରା ପରସ୍ପର ମଧ୍ୟରେ କିଣା ବିକା ହୁଏ ।

ଏକ୍ସଚେଞ୍ଜ, ବମ୍ବେ ଷ୍ଟକ ଏକ୍ସଚେଞ୍ଜର ସୂଚକାଙ୍କ (ଇଣ୍ଡେକ୍ସ) ଅଟେ ଓ ସେନସେକ୍ସର ନିର୍ଦ୍ଧାରଣ ବିଏସରେ ଲିଷ୍ଟେଡ଼ ଟପ ୩୦ କମ୍ପାନୀମାନଙ୍କର ମାର୍କେଟ କ୍ୟାପିଟାଲାଇଜେସନ୍ (କମ୍ପାନୀମାନଙ୍କର ସମୁଦାୟ ମୂଲ୍ୟ) କୁ ଭିତ୍ତି କରି କରାଯାଏ । ସେନସେକ୍ସ ବୀଏସଇର ଟପ ୩୦ କମ୍ପାନୀମାନଙ୍କର ପ୍ରଦର୍ଶନକୁ ପ୍ରଦର୍ଶିତ କରେ । ଯଦି ସେନସେକ୍ସ ବଢ଼େ ତେବେ ଏହାର ଅର୍ଥ ହେଉଛି ଯେ ବୀଏସଇରେ ରେଜିଷ୍ଟର୍ଡ ଅଧିକାଂଶ କମ୍ପାନୀମାନେ ଭଲ ପ୍ରଦର୍ଶନ କରିଛନ୍ତି ଓ ଏହପର ଯଦି ସେନସେକ୍ସ ହ୍ରାସ ହୁଏ ତେବେ ଏହାର ଅର୍ଥ ହେଉଛି ଯେ ଅଧିକାଂଶ କମ୍ପାନୀଗୁଡ଼ିକର ପ୍ରଦର୍ଶନ ଖରାପ ରହିଛି ।

ନିଫ୍‌ଟି ନ୍ୟାଶନାଲ ଷ୍ଟକ ଏକ୍ସଚେଞ୍ଜର ସୂଚକାଙ୍କ (ଇଣ୍ଡେକ୍ସ)କୁ ଭିତ୍ତି କରି କରାଯାଏ । ଯଦି ନିଫ୍‌ଟି ବଢ଼େ ତେବେ ଏହାର ଅର୍ଥ ହେଉଛି ଯେ ଏନଏସଇରେ ରେଜିଷ୍ଟର୍ଡ କମ୍ପାନୀମାନେ ଉତ୍ତମ ପ୍ରଦର୍ଶନ କରିଛନ୍ତି ଓ ଯଦି ନିଫ୍ଟି ହ୍ରାସ ହୁଏ ତେବେ ଏହାର ଅର୍ଥ ହେଉଛି ଯେ ଏନଏସଇର କମ୍ପାନୀଗୁଡ଼ିକ ଖରାପ ପ୍ରଦର୍ଶନ କରିଛନ୍ତି ।

❑❑❑

୩୭- ଶେୟାର ମାର୍କେଟ: ସଫଳ ନିବେଶକ

> ସେମାନେ ଧନୀ ନୁହଁନ୍ତି ଯେଉଁମାନଙ୍କ ପାଖରେ ଅଧିକ ଅଛି ବରଂ ସେମାନେ ଧନୀ ଅଟନ୍ତି ଯେଉଁମାନେ ବହୁତ ଅଧିକ ବାଣ୍ଟନ୍ତି । — **ଏରିକ ଫ୍ରାମ**

ଷ୍ଟକ ମାର୍କେଟରେ ଅନୁମାନ ଲଗାଇବା ବହୁତ କଠିନ କାର୍ଯ୍ୟ ଅଟେ । ସର୍ବ ପ୍ରଥମେ ଆପଣ ନିଜ ମସ୍ତିଷ୍କରେ ଏହି କଥା ସ୍ଥାପନ କରନ୍ତୁ ଯେ ଦୂରରୁ ଦେଖି ମଧ୍ୟ ଆପଣ ଶେୟାର ମାର୍କେଟର ଏକ୍ସପର୍ଟ ହୋଇ ପାରିବେ । ଏହା ସୁସ୍ପଷ୍ଟ ଯେ ଏଥିପାଇଁ ଆପଣଙ୍କୁ ମୌଳିକ ଓ ଟେକନିକାଲ ରୂପେ ବହୁତ ମଜଭୁତ୍ ହେବା ଆବଶ୍ୟକ ହେବ କିନ୍ତୁ ଏହା ସର୍ବଦା ଆବଶ୍ୟକ ହେବନାହିଁ । ଆପଣ ଏହି କ୍ଷେତ୍ରରେ ଯେଉଁ ଉପାୟରେ ଶିଖିଛନ୍ତି ତାହା ବ୍ୟବହାରିକ ସ୍ତରରେ ମଧ୍ୟ କାର୍ଯ୍ୟକାରୀ ହୁଏ । ଏଥିପାଇଁ ଆପଣଙ୍କୁ ଷ୍ଟକ ମାର୍କେଟରେ ଡୁବକି ଲଗାଇବାକୁ ପଡ଼ିବ ଓ ପଇସା ନିବେଶ କରିବାକୁ ପଡ଼ିବ ଯାହା ଦ୍ୱାରା ଆପଣ ପରିଚିତ ହୋଇଯିବେ । ଏହା ଶିଖିବାର ସବୁଠାରୁ ଉତ୍ତମ ଉପାୟ ହେଉଛି ଏହାକୁ ଭର୍ଚୁଆଲ ଟ୍ରେଡିଙ୍ଗ ପ୍ଲାଟଫର୍ମ ଉପରେ ଶିଖାଯାଏ ଯେଉଁଠାରେ ପରିଶ୍ରମ ଦ୍ୱାରା ଉପାର୍ଜନ କରା ଯାଇଥିବା ଧନ ପାଇଁ ବିପଦର ସମ୍ମୁଖୀନ ହେବାକୁ ପଡ଼ିବନାହିଁ ଓ ଆପଣଙ୍କୁ ଅନୁଭବ ମଧ୍ୟ ମିଳିଯିବ । ଏପରି କେତେକ ପ୍ଲାଟଫର୍ମ ଅଛି ଯାହା ଭର୍ଚୁଆଲ ଷ୍ଟକ ଟ୍ରେଡିଙ୍ଗରେ ସୁବିଧା ପ୍ରଦାନ କରେ କିନ୍ତୁ କେତେକ ସାଇଟ୍ସ ଏପରି ଅଛି ଯାହା ବହୁତ ପ୍ରଚଳିତ ଅଟେ । ଏ ବିଷୟରେ ତଳେ ଦିଆଗଲା ।

ଟ୍ରାକ ଇନଭେଷ୍ଟ ସବୁଠାରୁ ଭଲ ଟ୍ରେଡିଙ୍ଗ ସାଇଟ ଅଟେ । କେହି ବି ସଦସ୍ୟ ଏହି ପ୍ଲାଟଫର୍ମ ଉପରେ ନିଜର ଟ୍ରେଡିଙ୍ଗ ସ୍କିଲ ଦେଖାଇ ଜବ ବା ଇଣ୍ଟର୍ଣ୍ଣଶିପ୍ ପ୍ରାପ୍ତ କରି ପାରିବେ । ଏହି ପ୍ଲାଟଫର୍ମ ବିଭିନ୍ନ ଟୁଲ୍ସ ଯେପରିକି ନ୍ୟୁଜ, ଟ୍ୱିଟର ଫୀଡ୍ସ, ବିଶ୍ଳେଷଣ

କରିବା ଓ ନିର୍ଣ୍ଣୟ ନେବା ପାଇଁ ଷ୍ଟକ ସମ୍ପର୍କିତ ଫାଇନେନଶିୟାଲ ସୂଚନା ଆଦି ଉପଲବ୍ଧ କରାଏ । ଆପଣ ସର୍ବଶ୍ରେଷ୍ଠ ପ୍ରଦର୍ଶନକର୍ତ୍ତା ଓ ଆପଣଙ୍କ ବନ୍ଧୁ ମଧ୍ୟ ଟ୍ରାକ୍ କରି ପାରିବେ ।

ମନୀଭାଇ ଭାରତୀୟ ଷ୍ଟକ ମାର୍କେଟ ପାଇଁ ଗୋଟିଏ ଫ୍ରୀ ଭର୍ଚୁଆଲ୍ ଟ୍ରେଡିଙ୍ଗ ଖେଳ ଅଟେ ଯେଉଁଠାରେ ଆପଣଙ୍କୁ ୧ କୋଟି ଟଙ୍କା କାଳ୍ପନିକ ହିସାବରେ ମିଳେ ଯେଉଁଥିରୁ ଆପଣ ଗୋଟିଏ ଦିନରେ ୧ କୋଟି ଟଙ୍କା ପର୍ଯ୍ୟନ୍ତ ସୀମା ମଧ୍ୟରେ ଟ୍ରେଡିଙ୍ଗ କରି ପାରିବେ । ଆପଣଙ୍କ ପାଖରେ ଷ୍ଟକ୍ସ, ବଣ୍ଡ୍ସ, ଫିକ୍ସଡ ଡିପୋଜିଟ ଓ ମ୍ୟୁଚୁଆଲ ଫଣ୍ଡ୍ସରେ ନିବେଶ କରିବାର ବିକଳ୍ପ ଉପଲବ୍ଧ ହୋଇଥାଏ । ଏହି ପ୍ଲାଟଫର୍ମ ଉପରେ ଆପଣ ନିଜର ବନ୍ଧୁ ସହିତ ଏକ ଦୀର୍ଘ ଖେଳ ମଧ୍ୟ ପ୍ରସ୍ତୁତ କରି ପାରନ୍ତି ଓ ଅନ୍ୟ ୟୁଜର୍ସଙ୍କ ସହିତ କଥାବାର୍ତ୍ତା ମଧ୍ୟ କରି ପାରିବେ ।

ଦଲାଲ୍ ଷ୍ଟ୍ରିଟ୍ ଜର୍ଣ୍ଣାଲ ସହିତ ମିଶି ବମ୍ବେ ଷ୍ଟକ ଏକ୍ସଚେଞ୍ଜ (ବୀଏସଇ) ଷ୍ଟକ ମାର୍କେଟରେ ଟ୍ରେଡିଙ୍ଗ ଶିଖିଥିବା କାରଣରୁ ଏକ ଭର୍ଚୁଆଲ ପ୍ଲାଟଫର୍ମ ଉପଲବ୍ଧ କରାଇଥାଏ । ଷ୍ଟକ ମାର୍କେଟ ତିନି ପ୍ରକାରର ଦର୍ଶକମାନଙ୍କର ଧ୍ୟାନ ଆକର୍ଷଣ କରିଥାଏ । ଗମ୍ଭୀର ଟ୍ରେଡର୍ସ, ଯୁବକ ନିବେଶକ ଓ ଷ୍ଟକ ମାର୍କେଟ ଉପରେ ନିଜର ବିଶ୍ୱାସ ହରେଇ ସାରିଥିବା ବ୍ୟକ୍ତି । ଏହାର କେତେକ ଲେଭଲ ଓ ସମସ୍ତ ସ୍ତର କଷ୍ଟକର ହେବାରେ ଲାଗିଛି । ଗୋଟିଏ ଡେନ ପ୍ରତିବଦଳରେ ଶିଖାପାଏ ଯେ ଏହାକୁ କିପରି ଖେଳିବାକୁ ହୁଏ ଓ ଆପଣଙ୍କ ପ୍ରଶ୍ନଗୁଡ଼ିକର ଉତ୍ତର ଦେବା ପାଇଁ ଜଣେ ଗେମ ମାଷ୍ଟର ମଧ୍ୟ ଥାନ୍ତି ।

ଏନଏସଇ ପାଠଶାଳା (NSE pathasala) ନ୍ୟାସନାଲ ଷ୍ଟକ ଏକ୍ସଚେଞ୍ଜରେ ଟ୍ରେଡିଙ୍ଗ ଶିଖାଇବା ପାଇଁ ଏହା ଗୋଟିଏ ପ୍ରକାରର ଡମି ପ୍ଲାଟଫର୍ମ ଅଟେ । ନିଜର ବେପାର ମାଧ୍ୟମରେ ନିବେଶକଙ୍କୁ ଶିକ୍ଷିତ କରାଇବା ପାଇଁ ଏହା ନ୍ୟାଶନାଲ ଷ୍ଟକ ଏକ୍ସଚେଞ୍ଜ ଅଫ ଇଣ୍ଡିଆ ଦ୍ୱାରା ନିଆ ଯାଇଥିବା ଏକ ପ୍ରାରମ୍ଭିକ ପଦକ୍ଷେପ ଅଟେ ।

ଆଇସୀଆଇ ଡାଇରେକ୍ଟ ଭର୍ଚୁଆଲ ଷ୍ଟକ ଏକ ପୁରସ୍କାର ପ୍ରାପ୍ତ ଅନଲାଇନ ପ୍ଲାଟଫର୍ମ ଅଟେ ଯାହା ଆଇସିଆଇସିଆଇ ଡାଇରେକ୍ଟ (ଭାରତରେ ଆଇସିଆଇସିଆଇ ବ୍ୟାଙ୍କର ସୌଜନ୍ୟରୁ) ଦ୍ୱାରା କରାଯାଇଥିବା ଆରମ୍ଭ ଅଟେ, ଯାହାର ଉଦ୍ଦେଶ୍ୟ ଟ୍ରେଡିଙ୍ଗର ମାଧ୍ୟମ ଦ୍ୱାରା ଷ୍ଟକ ମାର୍କେଟର ପ୍ରୟୋଗିକ ଜ୍ଞାନ ଓ ଅନୁଭବ ଦେବା ଅଟେ । ଷ୍ଟକ ଛଡ଼ା ଆପଣ ବିଭିନ୍ନ ଡେରିଭେଟିଭ୍ସ ଯେପରି ପ୍ରତିଶ୍ରୁତି ଓ ପସନ୍ଦ ମଧ୍ୟ କିଣି ବା ବିକି ପାରିବେ । ଆପଣ ଭର୍ଚୁଆଲ୍ ପଇସା ଦ୍ୱାରା ବାସ୍ତବିକ ମାର୍କେଟ ଡାଟାରେ ମଧ୍ୟ ବେପାର କରି ପାରିବେ ।

ବଲ ଷ୍ଟ୍ରୀଟ ମ୍ୟାଗ୍ନେଟ ପ୍ଲାଟଫର୍ମ ଉପରେ ଆପଣ ୧,୦୦,୦୦୦ ଡଲାର ମୂଲ୍ୟର ଆଭାସୀ ମୁଦ୍ରା ସହିତ ନ୍ୟୁୟର୍କ ଷ୍ଟକ ଏକ୍ସଚେଞ୍ଜ, ଏନଏସଡୀଏକ୍ୟୁ ଓ ଏସେକ୍ସ ଦ୍ୱାରା ଉପଲବ୍ଧ ଡାଟା ଉପରେ ଆଧାରିତ ଷ୍ଟକର ଟ୍ରେଡିଙ୍ଗ କରି ପାରିବେ । ଏହା ଉପରେ ଉପଲବ୍ଧ ପ୍ରାୟ ୨୫,୦୦୦ ୟୁଜର୍ସଙ୍କ ସହିତ ଆପଣ କଥାବାର୍ତ୍ତା ମଧ୍ୟ କରି ପାରିବେ ଓ ସେମାନଙ୍କ ସହିତ ପ୍ରତିଯୋଗିତା ମଧ୍ୟ କରି ପାରିବେ ।

ମାର୍କେଟ ବ୍ରାଞ୍ଚ, ମାର୍କେଟ ବ୍ରାଞ୍ଚ ଡି ଏଣ୍ଡ ଜୋନ୍ସ କମ୍ପାନୀର ଗୋଟିଏ ଫାଇନେନଶିୟାଲ ୱେବସାଇଟ ଅଛି ଯାହା ରିୟଲ ଟାଇମ ମାର୍କେଟ ଡାଟା ସହିତ ଭରଚୁଆଲ ଟ୍ରେଡିଙ୍ଗ ପ୍ଲାଟଫର୍ମ ଉପଲବ୍ଧ କରାଇଥାଏ । ଆପଣଙ୍କ ପାଖରେ ନିଜର ଗେମ ବିକଶିତ କରିବାର ବିକଳ୍ପ ମଧ୍ୟ ଉପଲବ୍ଧ ହୁଏ ଅଥବା ଆପଣ ଲୋକମାନଙ୍କ ଦ୍ୱାରା ପ୍ରସ୍ତୁତ କରାଯାଇଥିବା ଗେମ ସହିତ ମଧ୍ୟ ଜୋଡ଼ାଯାଇ ପାରିବ ।

ୱାଲ ଷ୍ଟ୍ରିଟ ସରଭାଇଭରେ ଆପଣଙ୍କୁ ଭରଚୁଆଇ ପ୍ରଣାଳୀରେ ଟ୍ରେଡ କରିବା ଓ ନିଜର ପୋର୍ଟଫୋଲିଓ ପ୍ରସ୍ତୁତ ଓ ତାକୁ ପ୍ରବନ୍ଧିତ କରିବାର ଅନୁମତି ଦିଏ । ଏଥିରେ ଆପଣ ନିଜ ବନ୍ଧୁ ଓ ଅନ୍ୟ ୟୁଜର୍ସଙ୍କ ସହିତ ପ୍ରତିଯୋଗିତା ମଧ୍ୟ କରି ପାରିବେ । ଆପଣ ବ୍ଲଗ୍ସ ଆଦି ମାଧ୍ୟମରେ ଟ୍ରେଡିଙ୍ଗ ଷ୍ଟକ୍ସ, ବଣ୍ଡ, ପ୍ରତିଶ୍ରୁତି ଓ ମୁଦ୍ରାମାନଙ୍କର ମୂଳ ସିଦ୍ଧାନ୍ତକୁ ମଧ୍ୟ ଶିଖି ପାରିବେ । ଏମାନଙ୍କ ଦ୍ୱାରା ଚାଳନା କରା ଯାଉଥିବା ଲୋକମାନଙ୍କ ମଧ୍ୟରେ

ଆପଣଙ୍କୁ ୩୦୦ ଡଲାର ପର୍ଯ୍ୟନ୍ତ ରୋଜଗାର କରିବା ଅବସର ମିଳି ପାରିବ ।

ସ୍ଟକ ଗେମ ଇଣ୍ଡିଆବୁଲ୍ସ ବେଞ୍ଚର୍ସ ଲିମିଟେଡ୍ ଗୋଟିଏ ଭର୍ଚୁଆଲ ଟ୍ରେଡିଙ୍ଗ ପ୍ଲାଟଫର୍ମ ଅଟେ ଯାହା ଭାରତର ଏକ ପ୍ରମୁଖ ପୁଞ୍ଜି ବଜାର କମ୍ପାନୀ ଅଟେ, ଯିଏ ପ୍ରତିଭୂତି ବ୍ରୋକିଙ୍ଗ ପରାମର୍ଶ ସେବା ପ୍ରଦାନ କରେ । ବଜାରରେ ଖେଳିବା ପାଇଁ ଆପଣଙ୍କୁ ପ୍ରତି ସପ୍ତାହରେ ୧୦ ଲକ୍ଷ ଆଭାସୀ ଟଙ୍କା ମିଳେ ଓ ଜିତିବା ବ୍ୟକ୍ତିଙ୍କୁ କେତେକ ରୋମାଣ୍ଟିକ ଅବସର ମଧ୍ୟ ମିଳେ ।

ମନୀ ପ୍ଲାଟ ଭାରତୀୟ ଷ୍ଟକ ମାର୍କେଟ ଉପରେ ଆଧାରିତ ଷ୍ଟକ ମାର୍କେଟ ସିମୁଲେଶନ ଗେମ ଅଟେ । ଏହା ଉପରେ ରେଜିଷ୍ଟର କରିବା ପରେ ଆପଣଙ୍କୁ ପ୍ରତ୍ୟେକ ଗେମ ପାଇଁ ୨୦ଲକ୍ଷ ଆଭାସୀ ଟଙ୍କା ମିଳେ ଓ ରିୟଲ ଷ୍ଟକ ନ୍ୟୁଜର ଅପଡେଟ ଉପରେ ଆଧାରିତ ସୂଚନା ଅନୁସାରେ ଆପଣ ବମ୍ବେ ଷ୍ଟକ ଏକ୍ସଚେଞ୍ଜ (ବିଏସଇ)ର ସୂଚୀରେ ଥିବା ଷ୍ଟକ ବାଛି ପାରିବେ । ଏହାର ଉପଯୋଗ ଭାରତରେ ଶୀର୍ଷ ବା ସ୍କୁଲମାନଙ୍କ ଦ୍ୱାରା ପାଠ୍ୟକ୍ରମ ବା କଲେଜର କାର୍ଯ୍ୟକ୍ରମରେ କରାଯାଏ ।

ଇନଭେଷ୍ଟମେଣ୍ଟ ପ୍ଲାଇ ଗୋଟିଏ ଭଲ ଅନଲାଇନ ଟ୍ରେଡିଙ୍ଗ ପ୍ଲାଟଫର୍ମ ଅଟେ ଯେଉଁଠାରେ ନିଜ ଷ୍ଟକର ଭରଚୁଆଲ ପୋର୍ଟଫୋଲିଓ ପ୍ରସ୍ତୁତ କରି ପାରିବେ ଓ ତାର କୌଶଳ ଶିଖି ପାରିବେ ତଥା ତା ସହିତ ଆପଣ ନିଜର ଅଟୋମେଟେଡ୍ ଟ୍ରେଡିଙ୍ଗ ଷ୍ଟ୍ରାଟେଜୀ ମଧ୍ୟ ପ୍ରସ୍ତୁତ କରି ପାରିବେ । ଏହା ୟୁଜର୍ସଙ୍କୁ ଟ୍ରେଡିଙ୍ଗ ଟୁଲ୍ସ ମଧ୍ୟ ଉପଲବ୍ଧ କରାଇଥାଏ ଓ ପ୍ରତି ମାସରେ ଟ୍ରେଡିଙ୍ଗର ପ୍ରତିଯୋଗିତା ବି ଆୟୋଜନ କରେ ।

❑❑❑

୩୮- ଶେୟାର ଜୀବନ ଚକ୍ର

> ସଫଳ ହେବା ପାଇଁ ସଫଳତାର ଇଚ୍ଛା, ଅସଫଳତାର ଭୟ ଠାରୁ ଅଧିକ ହେବା ଉଚିତ୍ । - **ବିଲ କାସବୀ**

ପ୍ରକୃତିରେ ସମସ୍ତ ଜିନିଷ ଗୋଟିଏ ଚକ୍ର ମଧ୍ୟ ଦେଇ ଗତିକରେ, ତାହା ଜୀବିତ ପ୍ରାଣୀ ବା ଋତୁ । ଯେଉଁପରି ଜୀବିତ ପ୍ରାଣୀ ଅଲଗା ଅଲଗା ଧାରାରେ ଗତି କରନ୍ତି ସେହିପରି ଜନ୍ମ, ବିକାଶ ପରିପକ୍ୱତା ଓ ଶେଷରେ ମୃତ୍ୟୁ ବା ପୁନର୍ଜନ୍ମ । ଋତୁ ମଧ୍ୟ ଚକ୍ରର ପାଳନ କରେ ଓ ପୁରା ବର୍ଷ କେବଳ ଗୋଟିଏ ପ୍ରକାରର ଋତୁ ନଥାଏ । ଗ୍ରୀଷ୍ମ ଋତୁ, ଋତୁର ଚକ୍ରର ଏକ ଅନିବାର୍ଯ୍ୟ ଭାଗ ଅଟେ ଓ ଏହା ଚାରି ପାଞ୍ଚ ମାସ ପର୍ଯ୍ୟନ୍ତ ଆପଣଙ୍କ ସହିତ ରୁହେ, ଆପଣଙ୍କୁ ପସନ୍ଦ ହେଉ ବା ନହେଉ ।

ସେହିପରି ଶେୟାର ବଜାର ମଧ୍ୟ ଚକ୍ରର ପାଳନ କରେ । ଏହା ସ୍ଥିର ଯେ ଶୀତ ପରେ ବସନ୍ତ ନିଶ୍ଚୟ ଆସିବ, କିନ୍ତୁ ଏହାର ସମୟ ସୀମା କଣ ହେବ, ଏହା କହିବା ବହୁତ କଷ୍ଟକର ଅଟେ । ଅନୁକୂଳ ପରିସ୍ଥିତିରେ ଯଦି ଫଳର ଆନନ୍ଦ ନେବାର ଅଛି ତେବେ କଠୋର ପରିସ୍ଥିତିରେ କାର୍ଯ୍ୟ କରିବା ଅତ୍ୟଧିକ ଆବଶ୍ୟକ ଅଟେ । ଏଠାରେ ସବୁଠାରୁ ମହତ୍ତ୍ୱପୂର୍ଣ୍ଣ ବିଷୟ ହେଉଛି ସମୟକୁ ମର୍ଯ୍ୟାଦା ଦେବା ।

ସଞ୍ଚୟ ପାଦ

ଏହି ପାଦ ଅନେକ କମ୍ପାନୀମାନଙ୍କ ଆରମ୍ଭ ଅବସ୍ଥାରେ ବା ଏକ ସ୍ଥାପିତ କମ୍ପାନୀର ଦୀର୍ଘ ସମୟ ପର୍ଯ୍ୟନ୍ତ ମୂଲ୍ୟ ହ୍ରାସ ପରେ ଦେଖାଯାଏ । ଏକ ଖରାପ ଅବସ୍ଥାରେ ଗତି କରିବା ପରେ, କମ୍ପାନୀ ନିଜକୁ ପୁନର୍ଗଠନ କରିବାକୁ ପ୍ରଯତ୍ନ କରେ । ଏହି ସମୟ କିଛି ମାସ ବା କିଛି ବର୍ଷ ପର୍ଯ୍ୟନ୍ତ ହୋଇପାରେ । ଶେୟାର ଅନେକ ମାଲିକଙ୍କ ପାଖରେ

ପଡ଼ିରୁହେ, ଯେଉଁମାନଙ୍କର ଉଦ୍ଦେଶ୍ୟ ସେ ପର୍ଯ୍ୟନ୍ତ ବିକିବାର ନଥାଏ ଯେପର୍ଯ୍ୟନ୍ତ ମୋଟା ଲାଭର ଆଶା ଦେଖା ନଦିଏ ।

ଏହି ସମୟ ମଧ୍ୟରେ ଗୋଟିଏ କାର୍ଯ୍ୟକ୍ଷେତ୍ର ଚାଲୁରୁହେ ଓ କାର୍ଯ୍ୟକ୍ଷେତ୍ରର ଉପରି ଭାଗ ଏକ ପ୍ରତିରୋଧ ପରି କାର୍ଯ୍ୟକରେ । ଏହି କାର୍ଯ୍ୟକ୍ଷେତ୍ରକୁ ଖଣ୍ଡନ କରିବା ମାତ୍ରେ ଏହା ଏକ ନୂଆ କାର୍ଯ୍ୟକ୍ଷେତ୍ରରେ ମିଳିତ ହୋଇଯିବ ।

ବିକାଶ ପାଦ

କମ୍ପାନୀର କାରବାରରେ ପରିବର୍ତ୍ତନ ଆସିବା ମାତ୍ରେ, ଏହା ନିଜର ଦୀର୍ଘ ସମୟର କାର୍ଯ୍ୟକ୍ଷେତ୍ରକୁ ଅଧିକ ଭଲ୍ୟୁମ ସହିତ ଭଙ୍ଗ କରି ବିକାଶ ପାଦରେ ପ୍ରବେଶ କରେ । କାରବାରରେ ନିୟମିତ ରୂପେ ପରିବର୍ତ୍ତନ ଓ ନୂଆ ନିବେଶକଙ୍କ ଶେୟାର ଗତି ଦୃତ ହୁଏ । ଏହି ପାଦରେ ଶେପାର ନିଜର ୨୦୦ ଦିନର ମୁଭିଙ୍ଗ ଆଭରେଜ ଉପରେ କାର୍ଯ୍ୟକରେ, ଯେପର୍ଯ୍ୟନ୍ତ ସେହି ଶେୟାରରେ ସ୍ଥିର ରହିବାରେ ଫାଇଦା ଅଛି ।

ବିତରଣ ପାଦ

ଦକ୍ଷ ଶେୟାର ଧାରକ ଏହା ଭଲ ଭାବରେ ଜାଣନ୍ତି ଯେ ଭଲ ସମୟ ସର୍ବଦା ସ୍ଥିର ହୋଇ ରହି ପାରେ ନାହିଁ ଓ ଏହି ପାଦ ପର୍ଯ୍ୟନ୍ତ ଆସୁ ଆସୁ ଶେୟାର ମୂଲ୍ୟ ବୃଦ୍ଧି ହୋଇ ଯାଇଥାଏ । ଭଲ ଆର୍ଥିକ ସମାଚାର ଓ ମୋଟା ରୋଜଗାର ମଧ୍ୟଦେଇ ଶେୟାରକୁ ଛୋଟ ଶେୟାର ଧାରକମାନଙ୍କୁ ବିକି ଦିଆଯାଏ । ଏହି ସମୟରେ ଶେୟାର ପ୍ରାଇସ ଏକ କାର୍ଯ୍ୟକ୍ଷେତ୍ରରେ ଅନ୍ତର୍ଗତ ହୋଇ ଘୁରିବୁଲୁଥାଏ ଓ ଏହି ଶିଖର କିଛି ମାସରୁ ନେଇ କିଛି ବର୍ଷ ପର୍ଯ୍ୟନ୍ତ ରହିପାରେ । ୨୦୦ ଦିନର ମୁଭିଙ୍ଗ ଆଭରେଜକୁ ଭଙ୍ଗ କରି ଗୋଟିଏ ପୂର୍ବ ଚେତାବନୀ ମିଳିଥାଏ ଯେ ତୀବ୍ର ଗତି ଏବେ ଶୀଘ୍ର ବଦଳିବାର ଅଛି ।

ମୂଲ୍ୟହ୍ରାସ ପାଦ

ଯେତେବେଳେ ଶେୟାର ମୂଲ୍ୟ ହ୍ରାସ ପାଦରେ ପ୍ରବେଶ କରେ, ସେତେବେଳେ ଆରମ୍ଭରୁ କୌଣସି ସ୍ୱଷ୍ଟ କାରଣ ଜଣାଯାଏ ନାହିଁ, କିନ୍ତୁ ଧିରେ ଧିରେ ଖରାପ ଖବର ଆସିବା ପରେ ଶେୟାର ମୂଲ୍ୟ ଆହୁରି ହ୍ରାସ ହେବାକୁ ଲାଗେ । ମଝିରେ ମଝିରେ ମିଛ ଉପରି ଚାଲ ଚଳାଇବା ଆରମ୍ଭ କରି ଦିଅନ୍ତି, ଯାହା ଦ୍ୱାରା କି ଶେୟାର ଧାରକମାନଙ୍କୁ ଆଭାସ ମିଳିଯିବ ଯେ ଶେୟାରର ମୂଲ୍ୟ ହ୍ରାସ ହେବା ବନ୍ଦ ହୋଇଯାଇଛି ।

ଏହି ପାଦରେ ସତର୍କତା ଅବଲମ୍ବନ ଅତ୍ୟନ୍ତ ଆବଶ୍ୟକ ଅଟେ ଓ ଯେମିତି ଶେୟର ପ୍ରାଇସ ୨୦୦ ଦିନର ମୁଭିଙ୍ଗ ଆଭରେଜ ପାଖାପାଖି ଆସିଯିବ ଏହା ଆମକୁ ଭଲ ଶଟର ଅବସର ପ୍ରଦାନ କରେ ।

କୌଣସ ବି କମ୍ପାନୀରେ ନିବେଶ କରିବା ପୂର୍ବରୁ, ନିବେଶକ ସୁଦୃଢ଼ କାରଣ ଖୋଜନ୍ତି । କିନ୍ତୁ ଏଥିରେ ଗୋଟିଏ କଥା କମ ରହିଯାଏ ଯେ ସେହି କାରଣକୁ ଖୋଜି ଖୋଜି ଶେୟାରର ମୂଲ୍ୟ ୩୦୦-୪୦୦ ପ୍ରତିଶତ ବଢ଼ି ସାରିଥାଏ ।

ଗୋଟିଏ ଶେୟାର ନେବାର ଠିକ୍ ସମୟ ସେତେବେଳେ ହୋଇଥାଏ ଯେତେବେଳେ ତାହା ଖରାପ ବାର୍ତ୍ତା ଦ୍ୱାରା ଘେରି ହୋଇ ଥାଏ ଓ କାହାକୁ ଶେୟାର ନେବା ପାଇଁ କୌଣସି ଆଗ୍ରହ ନଥାଏ, ସେହି ସମୟରେ ଶେୟାରରୁ ବାହାରିଯିବା ହେଉଛି ବୁଦ୍ଧିମାନର କାର୍ଯ୍ୟ ।

ଶେୟାର ଜୀବନ ଚକ୍ର ସାଧାରଣ ନିବେଶକ ପାଇଁ ସାଧାରଣ ରୂପେ ମନେକରାଯାଏ, ଯଦି ଥରେ ନିବେଶକ ଏହି ଚକ୍ରକୁ ବୁଝିଯାଏ ତେବେ ସେ ଶେୟାର ବଜାରରେ ସଫଳ ନିବେଶକ ହୋଇ ଅନ୍ୟ ଲୋକମାନଙ୍କ ପାଇଁ ମଧ୍ୟ ନେତୃତ୍ୱ ନେଇ ପାରିବ ।

❑❑❑

୩୯- ଶେୟାର: ଟେକନିକାଲ ଶବ୍ଦାବଳୀ

> ଏକ ମିନିଟର ସଫଳତା ବର୍ଷକର ଅସଫଳତାର ମୂଲ୍ୟ ପରିଶୋଧ କରିଦିଏ ।
> - ରବର୍ଟ ବ୍ରାଉନିଙ୍ଗ

କୌଣସି ବି ବଜାରର ନଜର ଟେକନିକାଲ ଶବ୍ଦାବଳୀ ଅଛି । ଏହା କେବଳ ଶବ୍ଦାବଳ ନୁହେଁ, ବରଂ ଏକ ପ୍ରକାରର କାର୍ଯ୍ୟ ପ୍ରଣାଳୀ ମଧ୍ୟ ଅଟେ, ଯାହାକୁ ଶେୟାର ବଜାରରେ ନିବେଶ କରିବା ବ୍ୟକ୍ତିକୁ ବୁଝିବା ଉଚିତ୍ ।

ଶେୟାର ବଜାର ଖୋଲୁ ଖୋଲୁ ଏଙ୍କର ଓ ଏକ୍ସପୋର୍ଟ ବ୍ୟକ୍ତିମାନେ ଭଲ ଶେୟାର ବିଷୟରେ ବାୟ-ସେଲ-ହୋଲ୍ଡ-ସପୋର୍ଟ-ରେଜିଷ୍ଟେନ୍ସ-ପ୍ରଫିଟ୍ ବୁକିଙ୍ଗ, ଏକ୍ୟୁମୁଲେଟ ପରି ଶବ୍ଦଗୁଡ଼ିକ ବ୍ୟବାହର କରନ୍ତି ।

ଶେୟାର ବଜାରରେ ଯେଉଁ ଲୋକ ଅଜ୍ଞ ଅଟନ୍ତି, ସେମାନଙ୍କୁ ଏହି ଶବ୍ଦ ସବୁ ଅସୁବିଧାରେ ପକାଉଥିବ ।

ଯେତେବେଳେ ଆପଣ ଶେୟାର ବଜାରରେ କାରବାର କରିବାକୁ ଓହ୍ଲାଇପଡ଼ନ୍ତି ସେତେବେଳେ ଆପଣଙ୍କୁ ଶେୟାର ପ୍ରାଇସ ଛଡ଼ା ଆରମ୍ଭରୁ କେତେକ ଟେକନିକାଲ ଶବ୍ଦମାନଙ୍କର ସମ୍ମୁଖୀନ ହେବାକୁ ପଡ଼ିବ ।

ସେ ଯାହାହେଉ ଶେୟାର ବଜାର ବହୁତ ଜଟିଳ ଶବ୍ଦମାନଙ୍କର ଭଣ୍ଡାର ଅଟେ । କିନ୍ତୁ ଶେୟାର ବଜାର ବିଷୟରେ ତଥ୍ୟ ଓ ଶେୟାର ବଜାର ସହିତ ଜଡ଼ିତ ସମାଚାର ପତ୍ର, ନ୍ୟୁଜ ଚ୍ୟାନେଲ୍, ବ୍ରୋକର୍ସ ହାଉସ, ଓ୍ୱେବସାଇଟ ଏହି ଟେକନିକାଲ ଶବ୍ଦଗୁଡ଼ିକରେ ବ୍ୟବହାର ସର୍ବଦା ନିବେଶକମାନଙ୍କୁ ବତାଇବା ପାଇଁ କରାଯାଏ । କୌଣସି ଖାସ୍ ସମୟ (ଆସନ୍ତା ଏକ ଘଣ୍ଟା ମଧ୍ୟରେ, ଦିନ ସାରା, ଆସନ୍ତା ସାତ ଦିନରେ, ଆସନ୍ତା ୧୫ଦିନରେ

ଆସନ୍ତା ଏକ ମାସରେ, ଆସନ୍ତା ଛଅ ମାସରେ, ବା ଆସନ୍ତା ୨-୩ ବର୍ଷରେ ବା ଏହାଠାରୁ ଅଧିକ ସମୟରେ) ରେ ନିବେଶକ କଣ ନିଷ୍ପତ୍ତି ନେବେ । ଏହାକୁ ଅନ୍ୟ ଶବ୍ଦରେ ଏକ୍ସପର୍ଟଙ୍କର ରାୟ ବା ପରାମର୍ଶ ବା ରେକମେଣ୍ଡେସନ ମଧ୍ୟ କୁହନ୍ତି । ଏହି ଶେୟାରଗୁଡ଼ିକ ବ୍ରୋକର୍ସମାନଙ୍କ ରିପୋର୍ଟର ନାମରେ ମଧ୍ୟ ଜଣାଶୁଣା ।

ନିବେଶକମାନଙ୍କର ନିଷ୍ପତିରେ ମିଳିତ ହୋଇ ପାରେ, ତାକୁ କିଣନ୍ତୁ (ବାୟ), ତାକୁ ବିକିଦିଅନ୍ତୁ (ସେଲ), ତାକୁ ଆହୁରି କିଣନ୍ତୁ, (ବାୟ/ Accumulate) ବା ତାକୁ ହୋଲ୍ଡ କରି ରଖନ୍ତୁ (ନିବେଶିତ ରୁହନ୍ତୁ) । ତେବେ ଆସନ୍ତୁ ଆପଣ ମଧ୍ୟ ଜାଣନ୍ତୁ ଶେୟାର ବଜାରର ସୂଚନାର ପରାମର୍ଶ ବା ରେକମେଣ୍ଡେସନ ବା ରାୟର କଣ କଣ ଅର୍ଥ ଅଟେ ।

ମାର୍କେଟ ପ୍ରାଇସ୍

ଗୋଟିଏ ମୁକ୍ତ ବଜାରରେ କୌଣସି ବି ଶେୟାରର କିଣା ବିକା ପାଇଁ ପ୍ରଚଳିତ ଲାଭ ।

ବାୟ

ଯଦି କେହି ଏକ୍ସପର୍ଟ କୌଣସି ଶେୟାର ବିଷୟରେ 'ବାୟ'ର ପରାମର୍ଶ ଦେଉଛନ୍ତି, ଏହାର ଅର୍ଥ ହେଉଛି ଯେ ଆପଣଙ୍କୁ ସେଇ ଶେୟାର କିଣିବା ଉଚିତ୍ । କିନ୍ତୁ ଧ୍ୟାନ ରହିବା ଦରକାର ଯେ ପରାମର୍ଶ ସର୍ବଦା ଲାଗୁ ହୋଇପାରେ ନାହିଁ । ଏହା କୌଣସି ଖାସ ସମୟ

ପାଇଁ ଲାଗୁ ହୁଏ । ଏହି ମାର୍ଗରେ ଦୁଇ ପ୍ରକାରର ପରାମର୍ଶ ଦିଆ ଯାଇ ପାରିବ । ଗୋଟିଏ ହେଉଛି ଉପସ୍ଥିତ ବଜାର ମୂଲ୍ୟ ଉପରେ କିଣନ୍ତୁ ଓ ଅନ୍ୟଟି ହେଉଛି କିଣା ମୂଲ୍ୟର ସୀମା ବା ସ୍ତର ଦିଆଯାଇ ପାରିବ । ଅନ୍ୟ ପରାମର୍ଶରେ ଯେତେବେଳେ କେହି ଶେୟାର ଏକ୍ସପୋର୍ଟ ବିନା କାର୍ଯ୍ୟକ୍ଷେତ୍ରରେ କାରବାର କରିବେ, ସେତେବେଳେ ଶେୟାର କିଣିବେ ।

ସେଲ୍

ଯେତେବେଳେ କେହି ଏକ୍ସପର୍ଟ କୌଣସି ଶେୟାର ବିଷୟରେ 'ସେଲ୍'ର ପରାମର୍ଶ ଦେଉଛନ୍ତି, ଏହାର ଅର୍ଥ ହେଉଛି ଯେ ଆପଣଙ୍କୁ ସେହି ଶେୟାର ବିକିଦେବା ଉଚିତ୍ । କିନ୍ତୁ ଧ୍ୟାନ ରଖନ୍ତୁ ଯେ ଏହି ପରାମର୍ଶ ଲାଗୁ ହୋଇ ପାରେ ନାହିଁ । ଏହା କୌଣସି ଖାସ୍ ସମୟ ପାଇଁ ଲାଗୁ ହୁଏ । ଏହି ପରିପ୍ରେକ୍ଷୀରେ ଦୁଇଟି ପରାମର୍ଶ ଦିଆଯାଇ ପାରିବ । ଗୋଟିଏ ଉପସ୍ଥିତ ମାର୍କେଟ ଭାଉରେ ବିକି ଦିଅନ୍ତୁ ଓ ଅନ୍ୟଟି ବିକିବାର ଭାଉର କାର୍ଯ୍ୟକ୍ଷେତ୍ର ବା ସ୍ତର ଦିଆଯାଇ ପାରିବ, ଦ୍ୱିତୀୟ ପରାମର୍ଶରେ ଯେତେବେଳେ କୌଣସି ଶେୟାର ଏକ୍ସପର୍ଟଙ୍କ ଦ୍ୱାରା ବତା ଯାଇଥିବା କାର୍ଯ୍ୟକ୍ଷେତ୍ର ବା ସ୍ତରର ଆକାଶ ଛୁଆଁ କାରବାର କରିବ, ସେତେବେଳେ ଶେୟାର ବିକନ୍ତୁ ।

ହୋଲ୍ଡ

ଏହି ପରିପ୍ରେକ୍ଷୀରେ ଏକ୍ସପର୍ଟ କୌଣସି ଖାସ୍ ଶେୟାରରେ, ଯାହା ଆପଣଙ୍କ ପାଖରେ ପୂର୍ବରୁ ଅଛି, ତାକୁ ନିବେଶିତ ରଖିବାକୁ ପରାମର୍ଶ ଦିଅନ୍ତି ।

ପ୍ରଫିଟ୍ ବୁକିଙ୍ଗ

ଯଦି କେହି ଏକ୍ସପର୍ଟ ପ୍ରଫିଟ୍ ବୁକିଙ୍ଗର ପରାମର୍ଶ ଦେଉଛନ୍ତି, ତେବେ ଏହାର ଅର୍ଥ ହେଉଛି ଯେ ଆପଣଙ୍କ ଶେୟାରରେ ଯଦି ଜୋର୍ ଗତି ଆସିଛି ତାକୁ ବିକି ଲାଭ କମାନ୍ତୁ । କାରଣ ଆଗକୁ ଏହି ଜୋର୍ ଗତି ସ୍ଥିର ରହି ନପାରେ ।

ଷ୍ଟପ ଲସ୍

ଷ୍ଟପ ଲସ ଶେୟାର ବଜାରର ସୌନ୍ଦର୍ଯ୍ୟ ଅଟେ । ଷ୍ଟପ ଲସ ଦ୍ୱାରା ଆପଣ ଆପଣଙ୍କ କ୍ଷତିକୁ ସୀମିତ କରି ପାରିବେ ବା ଆପଣ ନିଜ ହିସାବ ଦ୍ୱାରା କ୍ଷତି ସ୍ଥିର କରି ପାରିବେ । ଷ୍ଟପ ଲସ ଏକ ପ୍ରକାରର ବିପଦ ହଟାଇବାର ହତିଆର ଅଟେ ।

ଶେୟାର ବଜାର ବି ଏକ ପ୍ରକାରର କାରବାର ଅଟେ ଓ ଯେଉଁପରି କାରବାରରେ ଲାଭ କ୍ଷତି ଲାଗି ରହିଥାଏ, ସେହିପରି ଶେୟାର ବଜାରରେ ମଧ୍ୟ ଲାଭ କ୍ଷତି ଥାଏ । ଅନ୍ୟ କାରବାରରେ ଆପଣ ନିଜର ହିସାବ ଦ୍ୱାରା କ୍ଷତିର ସୀମା ସ୍ଥିର କରି ପାରିବେ ନାହିଁ । କିନ୍ତୁ ଶେୟାର ବଜାରରେ ଏହାର ଫାଇଦା ଉଠାଇ ପାରିବେ । ଏକ୍ସପର୍ଟଙ୍କ ଅନୁଯାୟୀ, ଶେୟାର ବଜାରର ନିବେଶକମାନଙ୍କର ଷ୍ଟପ ଲସ କେବେହେଲେ ବି ଅମାନ୍ୟ କରିବା ଉଚିତ୍ ନୁହେଁ ।

ସପୋର୍ଟ

କୌଣସି ବି ଶେୟାର ବା ଇଣ୍ଡେକ୍ସର ସପୋର୍ଟ ଲେବଲର ଅର୍ଥ ହେଉଛି ଯେ ସେହି ଲେବଲରୁ ଶେୟାର ବା ଇଣ୍ଡେକ୍ସ ବାଂଉସ ବ୍ୟାକ କରିବ ଓ ଏହିଠାରୁ ତଳକୁ ଖସିବ ନାହିଁ । ଏକ୍ସପର୍ଟ ସର୍ବଦା ତିନି, ଚାରି ବା ଏହାଠାରୁ ଅଧିକ ସପୋର୍ଟ ଲେବଲ ଦିଅନ୍ତି । ଏକ୍ସପର୍ଟ ସର୍ବଦା ସପୋର୍ଟ ଲେବଲର ଆକାଶ କିଣିବାର ପରାମର୍ଶ ଦିଅନ୍ତି । ଏକ୍ସପର୍ଟ ସର୍ବଦା ତିନି, ଚାରି ବା ତା ଠାରୁ ଅଧିକ ରେଜିଷ୍ଟେଂସ ଲେବଲ ଦିଅନ୍ତି । ଶେୟାର ବଜାରରେ ଏଣ୍ଟ୍ରୀ କରିବା ଦ୍ୱାରା ଆରମ୍ଭରୁ ଏହି ଶବ୍ଦମାନଙ୍କର ସମ୍ମୁଖୀନ ହେବେ, କିନ୍ତୁ ଧିରେ ଧିରେ ଆଗକୁ ବଢ଼ିଲା ପରେ ଅନ୍ୟ ଶବ୍ଦ ମଧ୍ୟ ଆବଶ୍ୟକ ପଡ଼ିବ ।

ଯଦି ଥରେ ଏହି ଶବ୍ଦଗୁଡ଼ିକୁ ଆପଣ ବୁଝିବାକୁ ଆରମ୍ଭ କରିଦେବେ ତେବେ ଆପଣଙ୍କ ପାଇଁ ଶେୟାର ବଜାରରେ ନିବେଶ କରିବା ବହୁତ ସହଜ ହୋଇଯିବ ଓ ଆପଣ ନିଜ ପୁଞ୍ଜି ଦ୍ୱାରା ନିରନ୍ତର ଲାଭ କମାଇ ପାରିବେ ।

❑❑❑

୪୦- ଦୀର୍ଘ କାଳୀନ ନିବେଶ

> ସଫଳତା ସହିତ ଏକମାତ୍ର ସମସ୍ୟା ଅଛି ତାହା ଅସଫଳତା ସହିତ କିପରି ଫଏସଲା କରିବ, ଶିଖେନାହିଁ । - **ଟୋମୀ ଲାସୋର୍ଦା**

କେହି ଜଣେ ଠିକ୍ କହିଛନ୍ତି ଯେ ଯୋଜନା ବହୁତ ମହତ୍ତ୍ୱପୂର୍ଣ୍ଣ ହୋଇଥାଏ । ଆପଣ ଆରମ୍ଭରୁ ଜୀବନର ମଜା ନିଅନ୍ତୁ ଓ ଜୀବନର ଶେଷରେ ସଂଘର୍ଷ କରନ୍ତୁ ଓ ଜୀବନ ଯାକ ଖୁସି ଜୀବନ ବଞ୍ଚନ୍ତୁ । ଶେୟାର ବଜାରର ମାମଲା ମଧ୍ୟ ଏହିପରି ଅଟେ, କିନ୍ତୁ ଏଠାରେ ଅଲଗା ଅଲଗା ଯୋଜନାଗୁଡ଼ିକ ସହିତ ଟେକନିକାଲ ଓ ଦୀର୍ଘକାଳୀନ ଯୋଜନାଗୁଡ଼ିକ ଉପରେ ମଧ୍ୟ ନିରନ୍ତର ଭାବିବା ଆବଶ୍ୟକ ଅଟେ । ଅତି କମ୍‌ରେ ଯାହା ପାଖରେ ଦୀର୍ଘକାଳୀନ ଯୋଜନା ନାହିଁ ତାହା ବଜାରର ଦୃଷ୍ଟିକୋଣରେ କୁଭାଷା ହୋଇଚାଲେ ।

ଆପଣ ନିବେଶକ ଅଟନ୍ତି, ଜୁଆଡ଼ି ନୁହଁନ୍ତି । ପ୍ରତ୍ୟେକ ଥର ଆପଣ ଯେତେବେଳେ ଲାଭ କରନ୍ତି, ଆପଣଙ୍କର କ୍ୟାପିଟାଲ ଗେନ ଟ୍ୟାକ୍ସ ଲାଗିବ । ଏହା ଛଡ଼ା ସମସ୍ତ ଟ୍ରେଡର ଦଲାଲର ଫିସ ମଧ୍ୟ ମିଳିତ ଥାଏ ।

ଶେୟାରର ବୋଧଗମ୍ୟତା ଉପରେ ଧ୍ୟାନ ଦିଅନ୍ତୁ ନାହିଁ । ନିଜର ଅନୁସନ୍ଧାନ ଚାଲୁ ରଖନ୍ତୁ ଓ କୌଣସି ଶେୟାର ପରାମର୍ଶ ଉପରେ ଧ୍ୟାନ ଦିଅନ୍ତୁ ନାହିଁ ନିଃସନ୍ଦେହରେ ଏହା ଭିତରୁ ଆସୁ । ୱାରେନ ବଫେଟ (Warren Buffet) କୁହନ୍ତି ଯେ ସେ ସମସ୍ତ ପିମ୍ପୁଡ଼ିମାନଙ୍କୁ ଯାହା ସେମାନଙ୍କୁ ଏକାଠି କରାଯାଏ ଯେଉଁଥିରେ ଗୋଟିଏ ବା ଅନ୍ୟ ଶେୟାରମାନଙ୍କର ପରାମର୍ଶ ଥାଏ, ତାକୁ ଫିଙ୍ଗି ଦିଆଯାଏ । ସେମାନେ କୁହନ୍ତି ଯେ ଏହି ସେଲ୍ସମ୍ୟାନଙ୍କୁ କୌଣସି ଷ୍ଟକକୁ ଭଲ କରିବା ପାଇଁ ପଇସା ମିଳେ, ଯାହା ଫଳରେ କି ବିକ୍ରୀ ବଢ଼ି ପାରିବ । ଶେୟାରଗୁଡ଼ିକର ମିଡିୟା କଭରେଜ ଉପରେ ଧ୍ୟାନ ଦିଅନ୍ତୁ ନାହିଁ ଦୀର୍ଘକାଳୀନ ନିବେଶ ଉପରେ ଫୋକସ୍ କରନ୍ତୁ ତଥା ଅଳ୍ପକାଳୀନ ମୂଲ୍ୟ ଦ୍ୱାରା ପ୍ରଭାବିତ ହୁଅନ୍ତୁ ନାହିଁ ।

ଯଦି ଆବଶ୍ୟକତା ଅଛି ତେବେ କୌଣସି ଜଣାଶୁଣା ବ୍ରୋକର, ବ୍ୟାଙ୍କର ବା ନିବେଶ ପରାମର୍ଶଦାତାଙ୍କର ପରାମର୍ଶ ନିଅନ୍ତୁ, ଶିଖିବା ଛାଡ଼ନ୍ତୁ ନାହିଁ । ଲଗାତରଭାବେ

ଯେତିକି ପୁସ୍ତକ ଗୋଟିଏ ଲେଖା ପଢ଼ି ପାରିବେ ପଢ଼ନ୍ତୁ, ବିଶେଷ ଭାବେ ସେହି ବଜାରରେ ନିବେଶ କରିଛନ୍ତି, ଯେଉଁଥିରେ ଆପଣଙ୍କର ରୂଚି ଅଛି । ଆପଣ ସେହି ଲେଖାଗୁଡ଼ିକୁ ମଧ୍ୟ ପଢ଼ିବାକୁ ଚାହିଁବେ ଯାହା ନିବେଶର ଭାବନାତ୍ମକ ତଥା ମନୋବୈଜ୍ଞାନିକ ଦିଗରେ ସାହାଯ୍ୟ କରେ, ଯାହାକୁ ଆପଣ ଶେୟାର ବଜାରରେ ଭାଗ ଦେବା ସମୟରେ, ହ୍ରାସ-ବୃଦ୍ଧି ସମୟରେ ଅନୁଭବ କରନ୍ତି । ଏହା ଆପଣଙ୍କ ପାଇଁ ମହତ୍ତ୍ୱପୂର୍ଣ୍ଣ ଅଟେ ଯେ ଆପଣ କିପରି ବୁଝି ବିଚାରି ବାଛିବେ, ଯେତେବେଳେ ଆପଣ ନିବେଶ କରନ୍ତି ଆପଣଙ୍କୁ କ୍ଷତି ଅବସ୍ଥାରେ ମଧ୍ୟ ପ୍ରସ୍ତୁତ ରହିବା ଉଚିତ୍, ଯଦିଓ ତାହା ଖରାପ ହୋଇଥାଏ । ସେହି କମ୍ପାନୀମାନଙ୍କର ଶେୟାର କିଣନ୍ତୁ ଯେଉଁମାନଙ୍କର କେହି ପ୍ରତିଯୋଗୀ ନାହାନ୍ତି । ଏୟାରଲାଇନ୍ସ, ରିଟେଲର୍ସ ତଥା ଅଟୋ ମ୍ୟାନୁଫ୍ୟାକ୍‌ଚରର ସାଧାରଣତଃ ଖରାପ ଦୀର୍ଘକାଳୀନ ନିବେଶ ଅଟେ । କାରଣ ଏହା ଅତ୍ୟଧିକ ପ୍ରତିଯୋଗୀ ଉଦ୍ୟୋଗ ଅଟେ । ଏହା ସେମାନଙ୍କର ନ୍ୟୁନତମ ଲାଭରୁ ପ୍ରଦର୍ଶିତ ଅଟେ । ସାମାନ୍ୟତଃ ସିଜନାଲ ଏକ ଟ୍ରେଡିଙ୍ଗ ବ୍ୟବସାୟ ଯେପରିକି ରିଟେଲ ଓ ରେଗ୍ୟୁଲେଟ ଉଦ୍ୟୋଗ । ଯେପରି ୟୁଟିଲିଟି ତଥା ଏୟାରଲାଇନ୍ସ, ଯେପର୍ଯ୍ୟନ୍ତ କି ତାହା ଏକ ମୁଖ୍ୟ ଆୟରେ ବୃଦ୍ଧି ଦୀର୍ଘ ସମୟ ପର୍ଯ୍ୟନ୍ତ ଦେବନାହିଁ, କିଛି ଏପରି ବି ଶେୟାର ଅଛି ।

ନିବେଶ ଓ ପରାମର୍ଶଦାତା ଏବଂ ଦଲାଲମାନଙ୍କର ଲକ୍ଷ ଆପଣଙ୍କୁ ନିଜର ଗ୍ରାହକ କରିବା ଯାହା ଫଳରେ କି ସେ ଆପଣଙ୍କ ଠାରୁ ପଇସା ବାହାର କରି ପାରିବେ । ସେ ଆପଣଙ୍କୁ ନିଜ ସୂଚୀକୁ S.P. 500 ତଥା ଡାଓ୍ୱ (Dow)ର ଅନୁରୂପ ଓ ଭିନ୍ନ ଭିନ୍ନ ଶେୟାର ସହିତ ସଂଯୁକ୍ତ କରିବା ପାଇଁ କୁହନ୍ତି । ଏହିପରି ଯେତେବେଳେ ବି ମୂଲ୍ୟ ହ୍ରାସ ହେବ ସେ ସର୍ବଦା କ୍ଷମା ପ୍ରାର୍ଥନା କରିବେ । ଜଣେ ସାଧାରଣ ଦଲାଲକୁ ଏହି ବେପାର ବିଷୟରେ ବହୁତ କମ ଜଣା । ଓ୍ୱାରେନ ବଫେଟ (Warren Buffet) ଗୋଟିଏ ମହାନ କଥା କହିଛନ୍ତି ଯେ "ବିପଦ ସେହି ଲୋକମାନଙ୍କ ପାଇଁ ଅଛି ଯେଉଁମାନେ କିଛି ଜାଣନ୍ତି ନାହିଁ ଯେ ସେମାନେ କଣ କରୁଛନ୍ତି ।"

ସୂଚନା ଏହି ଶେୟାରରେ ସଫଳ ନିବେଶ ତଥା ନିଶ୍ଚିତ ଆୟ ବଜାର ପାଇଁ ଜୀବନଦାନ ଅଟେ । ଏଥିରେ ଅନୁଶାସିତ ରୂପେ ନିଜର ଖୋଜିବାକୁ କ୍ରିୟାଶୀଳ କରିବା ଏବଂ ପ୍ରଦର୍ଶନ କରିବା ଠିକ୍ କରି ଚାଲିବା ଆବଶ୍ୟକ ଅଟେ । ଓ୍ୱାଲ ଷ୍ଟ୍ରିଟ ଅଳ୍ପକାଳୀନ ଉପରେ କେନ୍ଦ୍ରିତ ଅଟେ । ଏପରି ଏଥିପାଇଁ ଯେ ଭବିଷ୍ୟତର ଆୟର ପୂର୍ବାନୁମାନ ଲଗାଇବା, ବିଶେଷ କରି ଦୂର ଭବିଷ୍ୟତର, କଷ୍ଟକର ଅଟେ । ଅଧିକତର ବିଶ୍ଳେଷକ ଦଳ ବର୍ଷ ବର୍ଷର ଆୟର ପୂର୍ବାନୁମାନ ଲଗାନ୍ତି ଓ ଡିସ୍‌କାଉଣ୍ଟ କ୍ୟାଶ ଫ୍ଲୋ ବିଶ୍ଳେଷଣର ବ୍ୟବହାର କରନ୍ତି ଯାହାଫଳରେ କି ମୂଲ୍ୟ ନିର୍ଦ୍ଧାରଣ କରି ପାରିବେ । ଆପଣ ବଜାରକୁ ହରାଇ ପାରିବେ ଯଦି ଆପଣ ନିଜ ଶେୟାରକୁ ଦୀର୍ଘ ସମୟ ପର୍ଯ୍ୟନ୍ତ ସମ୍ଭାଳି ରଖିବେ ।

କମ ମୂଲ୍ୟରେ ଉପଲବ୍ଧ ଉଚ୍ଚ ସ୍ତରର ଶେୟାରକୁ କିଣିବାର ସୁଯୋଗ ଖୋଜନ୍ତୁ । ଏହି ମୂଲ୍ୟ ନିବେଶର ସାର ଅଟେ ।

ମନେ ରଖନ୍ତୁ ଯେ ଆପଣ କାଗଜ ଖଣ୍ଡର ବେପାର କରୁନାହାନ୍ତି ଯାହା ନିଜର ମୂଲ୍ୟରେ ଉପରକୁ ତଳକୁ ଯାଉଛି । ଆପଣ କୌଣସି ବ୍ୟାପାରର ଶେୟାର କିଣୁଛନ୍ତି । ସେହି ବ୍ୟାପାରର ସ୍ୱାସ୍ଥ୍ୟ ଏବଂ ଲାଭ ତଥା ଯେଉଁ ମୂଲ୍ୟ ଆପଣ ପ୍ରଦାନ କରୁଛନ୍ତି, ଏହା ଦୁଇ କାରକ ବିଶିଷ୍ଟ ଅଟେ, ଯାହା ଆପଣଙ୍କ ନିଷ୍ପତ୍ତିକୁ ପ୍ରଭାବିତ କରେ ।

ନିଜର ପକ୍ଷପାତିତାକୁ ସାବଧାନ ରୁହନ୍ତୁ ଓ ଭାବନାତ୍ମକ ନିର୍ଣ୍ଣୟ ନିଅନ୍ତୁନାହିଁ । ନିଜ ଉପରେ ଓ ପ୍ରକ୍ରିୟା ଉପରେ ଭରସା ରଖନ୍ତୁ ଓ ଆପଣ ଜଣେ ସଫଳ ନିବେଶକ ହେବାର ରାସ୍ତାରେ ଆଗେଇ ଚାଲନ୍ତୁ । ନିଜ ପୋର୍ଟଫୋଲିଓରେ ମୂଲ୍ୟକୁ ମାସରେ ଥରେରୁ ଅଧିକ ଦେଖନ୍ତୁ ନାହିଁ । ଯଦି ଆପଣ ଏଥିରେ ପଡ଼ିବେ ସେହି ସଞ୍ଚୟର ଲୋଭ ଆସିବ ତଥା ଆପଣ ଏକ ଦୀର୍ଘକାଳୀନ ନିବେଶର ସୁଯୋଗ ହରାଇଦେବେ । ଶେୟାର କିଣିବା ପୂର୍ବରୁ ନିଜକୁ ନିଜେ ପଚାରନ୍ତୁ ଯେ ଯଦି ଏହାର ହ୍ରାସ ହୁଏ ତେବେ ମୁଁ ବଞ୍ଚି ପାରିବି ବା ଆହୁରି କିଣି ପାରିବି ? ଯଦି ଆପଣଙ୍କ ଉତ୍ତର ପ୍ରଥମଟି ଅଟେ ତେବେ କିଣନ୍ତୁ ନାହିଁ ।

ଶେୟାର କିଣିବା ପୂର୍ବରୁ ଆପଣ "ପେପର ଟ୍ରେଡିଙ୍ଗ" କରିବାକୁ ଚାହିଁବେ । ଏହା ନକଲି ଶେୟାର ଟ୍ରେଡିଙ୍ଗ ଅଟେ । ଶେୟାରର ମୂଲ୍ୟର ଧ୍ୟାନ ରଖନ୍ତୁ ତଥା କିଣା ଓ ବିକା ଯାଇଥିବା ଶେୟାରଗୁଡ଼ିକରେ ଖାତା ରଖନ୍ତୁ, ଠିକ୍ ଯେପରି ପ୍ରକୃତରେ କିଣା-ବିକା ଚାଲିଛି । ମୂଲ୍ୟାଙ୍କନ କରନ୍ତୁ ଯେ ଆପଣଙ୍କ ନିବେଶର ନିର୍ଣ୍ଣୟ କିଛି ଦେଇ ପାରୁଛି କି ନାହିଁ । ଆପଣ ଯଦି ଥରେ ଅନୁଭବ କରନ୍ତି ଯେ ଆପଣ ସଫଳ ଅଟନ୍ତି ତଥା ଆପଣ ବଜାରର କାର୍ଯ୍ୟ ପ୍ରଣାଳୀକୁ ଭଲ ଭାବରେ ବୁଝି ସାରିଲେଣି ତେବେ ପ୍ରକୃତରେ ନିବେଶ କରନ୍ତୁ । କେବଳ ସେତିକି ପଇସା ନିବେଶ କରନ୍ତୁ ଯାହାକୁ ହରାଇଲେ ଆପଣ ସମ୍ଭାଳି ପାରିବେ । ଶେୟାର ଅଳ୍ପ ସମୟ ମଧ୍ୟରେ ତଳକୁ ଖସିପାରେ ଓ ଭଲ ନିବେଶ ମଧ୍ୟ ଖରାପ ହୋଇପାରେ । ଶେୟାର ସହିତ ଲାଗି ରୁହନ୍ତୁ ଓ ଅପ୍ଶନାଲ ତଥା ଡେରିଭେଟିଭ୍ ଠାରୁ ଦୂରେଇ ରୁହନ୍ତୁ ଯାହାକି ଜୁଆ ଅଟେ, ନିବେଶ ନୁହେଁ । ଆପଣ ଶେୟାର ସହିତ ଭଲ କରି ପାରିବେ ଓ ଅପସନ୍ସ ତଥା ଡେରିଭେଟିଭ୍ ସହିତ ଆପଣ ସମ୍ଭବତଃ ନିଜ ପଇସା ହରାଇଦେବେ ।

ଯେତେବେଳେ ପଇସା କଥା ଆସେ ଲୋକମାନେ ନିଜର ପ୍ରତିରୋଧ ବତାଇବା ପାଇଁ ମିଛ ବି କୁହନ୍ତି । ସେଥିପାଇଁ ଯେତେବେଳେ କେହି ଆପଣଙ୍କୁ, ପରାମର୍ଶ ଦିଅନ୍ତି, ସେତେବେଳେ ମନେ ରଖନ୍ତୁ ଯେ ତାହା କେବଳ ଗୋଟିଏ ବିକଳ୍ପ ଅଟେ । ଆପଣ ଏହା ଉପରେ ବିଚାର କରନ୍ତୁ । ଶେୟାରକୁ ମାର୍ଜିନରେ କିଣନ୍ତୁ ନାହିଁ । ସୂଚନା ନଦେଇ ଶେୟାରର ମୂଲ୍ୟ ହ୍ରାସ ଓ ବୃଦ୍ଧି ହୁଏ ଓ ଏହା ଆପଣଙ୍କୁ ବର୍ବାଦ କରିଦେଇ ପାରେ ।

୫୦% ର ହ୍ରାସ ମଧ୍ୟ ଆପଣଙ୍କୁ କନ୍ଦାଇଦେଇ ପାରେ ଓ ପୁନଶ୍ଚ ସେଗୁଡ଼ିକର ମୂଲ୍ୟ ବଢ଼ିଯାଇ ପାରେ । ମାର୍ଜିନ ଉପରେ ଶେୟାର କିଣିବା ଜୁଆ ଅଟେ, ନିବେଶ ନୁହେଁ ।

ଟେକନିକାଲ ବିଶ୍ଳେଷଣର ବ୍ୟବହାର କରନ୍ତୁ ନାହିଁ, ଏହା ଟେକନିକାଲ ବ୍ୟାପାରୀମାନଙ୍କ ପାଇଁ ଉଦ୍ଦିଷ୍ଟ, ନିବେଶକମାନଙ୍କ ପାଇଁ ନୁହେଁ । ଏହାର ବ୍ୟବହାରିକତା ନିବେଶ ରୂପେ ଏକ ତର୍କର ବିଷୟ ଅଟେ ।

ଡେ-ଟ୍ରେଡ, ସ୍ୱିଙ୍ଗ ଟ୍ରେଡ ବା ଅନ୍ୟ ଶେୟାରମାନଙ୍କର ଟ୍ରେଡ ଅଳ୍ପକାଳୀନ ଲାଭ ପାଇଁ କରନ୍ତୁନାହିଁ । ମନେ ରଖନ୍ତୁ ଯେତିକି ଆପଣ ବାରମ୍ବାର ଟ୍ରେଡ କରିବେ ସେତିକି କମିଶନ ଦେବାକୁ ପଡ଼ିବ ଓ ଏହା ଆପଣଙ୍କ ଆୟକୁ କମ କରିବ । ଅତି ଅଳ୍ପକାଳୀନ ବେପାର ଠାରୁ ଦୂରରେ ରହିବା ଏଥିପାଇଁ ଆବଶ୍ୟକ ଅଟେ ଯେ ଏଥିରେ ସଫଳତା ପାଇବା ପାଇଁ ଆପଣଙ୍କୁ କାର୍ଯ୍ୟକୁଶଳତା, ଜ୍ଞାନ ତଥା ସାହସର ଆବଶ୍ୟକତା ଥାଏ । ଏହା ନୂଆ ଶିଖାଳୀମାନଙ୍କ ପାଇଁ ନୁହେଁ ।

ବଜାର ବିଷୟରେ ଅଟକଳ ଲଗାଇ ସମୟର ପୂର୍ବାନୁମାନ ଲଗାନ୍ତୁ ନାହିଁ ଯେ କେବେ ଷ୍ଟକ ତଳକୁ ଖସିବ । କେହିହେଲେ ମିଛ ଛାଡ଼ି ଶେୟାର ବଜାରର ହ୍ରାସ-ବୃଦ୍ଧି ବିଷୟରେ କହି ପାରିବ ନାହିଁ । କୌଣସି ନିବେଶ ପରାମର୍ଶ ଦାତାଙ୍କର ଉପରେ ଆଖି ବୁଜି ବିଶ୍ୱାସ କରନ୍ତୁ ନାହିଁ, ବିଶେଷ କରି ଯେଉଁମାନେ ଆପଣଙ୍କ ନିବେଶ ଦ୍ୱାରା ପଇସା ଲଗାନ୍ତି । ଏହା ବ୍ରୋକର, ପରାମର୍ଶଦାତା ବା ବିଶ୍ଳେଷକଙ୍କ ଉପରେ ଲାଗୁ ହୋଇ ପାରେ ।

"ମୁମେଣ୍ଟମ ଇନଭେସ୍ଟିଙ୍ଗ"ରୁ ରକ୍ଷା ପାଆନ୍ତୁ । ବହୁତ ଭଲ ଶେୟାର କିଣିବା ପାଇଁ ଅଭ୍ୟାସ କରନ୍ତୁ, ଯାହା ସତରେ ବହୁତ ଫଳପ୍ରଦ ହୋଇପାରେ । ଏହା ଖୋଲା ମଇଦାନରେ ଜୁଆଖେଳ ଅଟେ, ନିବେଶ ନୁହେଁ ଓ ଏହା ସର୍ବଦା କାର୍ଯ୍ୟ କରେନାହିଁ । କାହାକୁ ବି ପଚାରନ୍ତୁ ଯିଏ ୧୯୯୦ ଦଶକରେ ନିବେଶ କରିଛି । ଭିତରର ନେଣ-ଦେଣରେ ସାମିଲ ହୁଅନ୍ତୁ ନାହିଁ । ଯଦି ଆପଣ ଶେୟାରରେ ଅନ୍ଧାରୁଆ ଭାବେ ସୂଚନା ଅନୁଯାୟୀ ବେପାର କରିବେ, ଯେଉଁ ସୂଚନା ସାର୍ବଜନୀକ ହୋଇ ନଥିବ ଓ ଏହି କଥା ପାଇଁ ଆପଣଙ୍କ ଉପରେ ମୋକଦ୍ଦମା ଲାଗୁ ହୋଇପାରେ । ଆପଣ ଯେତେ ପଇସା କମାନ୍ତୁ ନା କାହିଁକି ଆଇନ ଭିତରେ ହଜି ଗଲେ ସବୁ ନିରର୍ଥକ ହୋଇଯାଏ ।

ଦୁନିଆ କେବଳ ଆପଣଙ୍କ ସଫଳତା ଦେଖେ, କିନ୍ତୁ ଯେଉଁ ଲୋକ ସଫଳ ହେବାକୁ ଚାହେଁ ସେ ସଫଳ ଲୋକଙ୍କ ଯୋଜନା ଓ ରଣନୀତି ଦେଖେ, ସଫଳ ବ୍ୟକ୍ତି ନିଜ ଜୀବନରେ ଯୁଦ୍ଧକୁ କିପରି ସାମନା କରିଛି ଓ ତାହାର ସମାଧାନ କିପରି କରିଛି । ସେଥିପାଇଁ ଆପଣ ମଧ୍ୟ ନିଜର ସମସ୍ତ ଯୋଜନାକୁ ଦୀର୍ଘକାଳୀନ କରିବା ପାଇଁ ସର୍ବଦା ପ୍ରୟାସ କରିଚାଲନ୍ତୁ ।

❑❑❑

୪୧- ମ୍ୟୁଚୁଆଲ ଫଣ୍ଡ

> ସଫଳତାର ଅର୍ଥ ହେଉଛି ମଣିଷ ହେବାର ସାହସ, ଦୃଢ଼ତା ଓ ଇଚ୍ଛାଶକ୍ତି ରହିବା, ଯାହା ମଣିଷ ହେବାରେ ଆପଣ ବିଶ୍ୱାସ କରନ୍ତି ।
>
> **- ଜର୍ଜ ଶୀହାନ**

ମ୍ୟୁଚୁଆଲ ଫଣ୍ଡ ଯାହାକୁ ହିନ୍ଦୀରେ ପାରମ୍ପରିକ ନିଧି କହନ୍ତି, କିନ୍ତୁ ଅଳ୍ପ ସମୟର ନିବେଶ ବା ଅନ୍ୟ ସୁରକ୍ଷା (ସିକ୍ୟୁରିଟୀଜ) ନିବେଶ କହନ୍ତି । ୟୁଟିଆଇ ଏଏମସୀ ଭାରତର ସବୁଠାରୁ ପୁରୁଣା ମ୍ୟୁଚୁଆଲ ଫଣ୍ଡ କମ୍ପାନୀ ଅଟେ । ମ୍ୟୁଚୁଆଲ ଫଣ୍ଡରେ ଜଣେ ଫଣ୍ଡ ପ୍ରବନ୍ଧକ ଥାନ୍ତି ଯିଏ ଫଣ୍ଡର ନିବେଶକୁ ନିର୍ଦ୍ଧାରିତ କରନ୍ତି ଓ ଲାଭ ଓ ହାନୀର ହିସାବ ରଖନ୍ତି । ଏହି ପ୍ରକାର ହେଉଥିବା ଲାଭ କ୍ଷତିକୁ ନିବେଶକମାନଙ୍କ ମଧ୍ୟରେ ବାଣ୍ଟି ଦିଆଯାଏ । ଷ୍ଟକ ବଜାରର ସମସ୍ତ ସୂଚନା ନ ଥିବା ଯୋଗୁଁ ମଧ ନିବେଶର ଇଚ୍ଛା ରଖୁଥିବା ବ୍ୟକ୍ତିମାନଙ୍କ ପାଇଁ ମ୍ୟୁଚୁଆଲ ଫଣ୍ଡ ସଞ୍ଚାଳକ (କମ୍ପାନୀ) ସମସ୍ତ ନିବେଶକଙ୍କ ନିବେଶ ରାଶିକୁ ନେଇ ଏକାଠି କରନ୍ତି ଓ ତାହା ଦ୍ୱାରା କିଛି ସୁବିଧା ଶୁଳ୍କ ବି ନିଅନ୍ତି । ତା ପରେ ଏହି ରାଶିକୁ ସେମାନଙ୍କ ପାଇଁ ବଜାରରେ ନିବେଶ କରାନ୍ତି । ଏହା ଦ୍ୱାରା ନିବେଶ କରିବାର ଲାଭ ହେଉଛି ଯେ ନିବେଶକଙ୍କୁ ଶେୟାର କିଣା ବିକାର ଚିନ୍ତା ରୁହେନାହିଁ । କାରଣ ଏହି ଚିନ୍ତା ଫଣ୍ଡ ମ୍ୟାନେଜରର ଅଟେ । ସେ ନିବେଶର ବୁଝାସୁଝା କରନ୍ତି । ଆଉ ଏକ ଲାଭ ହେଉଛି ଛୋଟ ନିବେଶକ ବହୁତ କମ୍ ରାଶି ଯଥା ୧୦୦ ଟଙ୍କା ପ୍ରତିମାସରେ ନିବେଶ କରି ପାରନ୍ତି । ଏପରି ଅବସ୍ଥାରେ ସେମାନଙ୍କୁ ସିଷ୍ଟମେଟିକ ଇନଭେଷ୍ଟମେଣ୍ଟ ପ୍ଲାନ ନେବାକୁ ହୋଇଥାଏ, ଯେଉଁଥିରେ ବ୍ୟାଙ୍କରୁ ଏହି ରାଶି ସିଧା ମାସିକ ଫଣ୍ଡରେ ସ୍ଥାନାନ୍ତରିତ ହୋଇଥାଏ ।

ମ୍ୟୁଚୁଆଲ ଫଣ୍ଡର ଶେୟାର ମୂଲ୍ୟ ନେଟ ଆସେଟ ମୂଲ୍ୟ ବା ଏନଏଭି (NAV)

ଫଣ୍ଡରେ ସମୁଦାୟ ମୂଲ୍ୟକୁ ନିବେଶକମାନଙ୍କ ଦ୍ୱାରା କିଣା ଯାଇଥିବା ସମୁଦାୟ ଶେୟାରର ସଂଖ୍ୟା ଦ୍ୱାରା ଭାଗ କରାଯାଏ ।

ପ୍ରକାର

ମ୍ୟୁଚୁଆଲ ଫଣ୍ଡର ଇକ୍ୱିଟୀ ଯୋଜନାରେ ଇଣ୍ଡେକ୍ସ ଫଣ୍ଡ, ଡାଇଭର୍ସିଫାଇଡ୍ ଫଣ୍ଡ, ଲାର୍ଜ କ୍ୟାପ ଫଣ୍ଡ, ମିଡ କ୍ୟାପ ସ୍କିମ ଓ କର ରକ୍ଷା ଯୋଜନା (ଟ୍ୟାକ୍ସ ସେଭିଙ୍ଗ ସ୍କିମ) ପରି ବହୁତ ବିକଳ୍ପ ଉପଲବ୍ଧ ହୋଇଥାଏ । ନିବେଶକ ନିବେଶର ଉଦ୍ଦେଶ୍ୟ ଓ ଲକ୍ଷ ଉପରେ ସଠିକ୍ କାର୍ଯ୍ୟକାରି ହେଉଥିବା ଯୋଜନା ବାଛି ପାରିବେ ।

ସୂଚକାଙ୍କ ଯୋଜନା

ଯେଉଁ ନିବେଶକ କୌଣସି ବିଶେଷ ଶେୟାର ପାଇଁ ସମୟ ଚାହାନ୍ତି ନାହିଁ ସେ ସୂଚକାଙ୍କ ଆଧାରିତ ଯୋଜନା ବା ଇଣ୍ଡେକ୍ସ ସ୍କିମରେ ନିବେଶ କରି ପାରିବେ କାରଣ ଇଣ୍ଡେକ୍ସ ସ୍କିମ ସେହି ବିଶେଷ ସ୍କିମରେ ନିବେଶ କରନ୍ତି ଯାହା କୌଣସି ବିଶେଷ ଇଣ୍ଡେକ୍ସର ଭାଗ ହୋଇଥାଏ । ଯଦି ଇଣ୍ଡେକ୍ସ ଉପରକୁ ଯାଏ ତେବେ ନିବେଶକ ଲାଭରେ ରୁହନ୍ତି ।

ବିବିଧ ଯୋଜନା

ଏହାକୁ ଡାଇଭର୍ସିଫାଇଡ ଯୋଜନା ମଧ୍ୟ କୁହନ୍ତି । ଯଦି କୌଣସି ବିଶେଷ ସେକ୍ଟର ବା ଇକୋନୋମିର ଏକ ସେଗମେଣ୍ଟରେ ନିବେଶକୁ ନେଇ ରହିବାକୁ ଚାହାନ୍ତି ନାହିଁ ତେବେ ଡାଇଭର୍ସିଫାଇଡ୍ ସ୍କିମର ବିକଳ୍ପ ଉପଲବ୍ଧ ହୁଏ ।

ଓପନ ଏଣ୍ଡେଡ ଓ କ୍ଲୋଜ ଏଣ୍ଡେଡ ଫଣ୍ଡ

ୟୁନିଟ ଜାରି କରିବା ଅନୁସାରେ ଦୁଇ ପ୍ରକାରର ଅଟେ । ଓପନ ଏଣ୍ଡେଡ ଫଣ୍ଡ ଯୋଜନାରେ ଜୀବନକାଳର କୌଣସି ବି ସମୟରେ ୟୁନିଟ ଜାରି କରାଯାଇ ପାରିବ ବା ତାର ଅର୍ଥ ପ୍ରଦାନ କରି ପରିବ । କ୍ଲୋଜ ଏଣ୍ଡେଡ ଫଣ୍ଡ ବୋନସ୍ ବା ରାଇଟ ନିର୍ଗମକୁ ଛାଡ଼ି ଯୋଜନାର ଅନ୍ତର୍ଗତ କୌଣସି ବି ନୂଆ ୟୁନିଟ ପୁଞ୍ଜିରେ ଶେୟାର ପରି ହ୍ରାସ ବୃଦ୍ଧି ହୋଇ ପାରିବ, ଯେତେବେଳେ କି କ୍ଲୋଜ ଏଣ୍ଡେଡ ମାମଲାରେ ଏପରି ହୁଏ ନାହିଁ । ଓପନ ଏଣ୍ଡେଡ ଯୋଜନାରେ କେବେ ବି ପ୍ରବେଶ କରାଯାଇ ପାରିବ ବା ତା

ଦ୍ୱାରା ବାହାରକୁ ଆସି ହେବ ଓ ଅନେକ ଥର ଏଥିରେ ଗୋଟିଏ ଲକ ଇନ ପିରିୟଡ ଥାଏ, ଯାହା ଭିତରେ ରିଡେମ୍ପସନ ହୋଇ ପାରିବ ନାହିଁ, ସେଥିପାଇଁ ଏଥିରେ ପ୍ରବେଶ ସମୟରେ ହଁ ନିଶ୍ଚିତ ହୋଇଯିବା ଉଚିତ୍ । କ୍ଲୋଜ ଏଣ୍ଡେଡ ଯୋଜନାରେ ସବସ୍କ୍ରିପଶନ ଥରେ ନିଆଯାଇ ପାରିବ ଓ ରିଡେମ୍ପସନ ମଧ୍ୟ ନ୍ୟୁନତମ ସ୍ଥିରିକୃତ ସମୟ ସୀମା ଅନ୍ତରାଳରେ ହୋଇ ପାରିବ । ଏହିପରି କ୍ଲୋଜ ଏଣ୍ଡେଡ ସ୍କିମର ତରଳତା (ଇକ୍ୱିଡିଟୀ) କମ୍ ହୋଇଯାଏ । ଲାର୍ଜ କ୍ୟାପ ମ୍ୟୁଚୁଆଲ ଫଣ୍ଡରେ ନିବେଶ କୌଣସି ବ୍ଲୁଚିପ କମ୍ପାନୀର ଷ୍ଟକରେ କରାଯାଏ । ଏଥିରେ ନିବେଶ ସୁରକ୍ଷିତ ମନେକରାଯାଏ । ଏପରି ହେବାର କାରଣ, ଏହି ବିଷୟରେ ଖବର ସମସ୍ତ ଜାଗାରେ ଉପଲବ୍ଧ ହୋଇଥାଏ । ମିଡ଼ କ୍ୟାପ ମ୍ୟୁଚୁଆଲ ଫଣ୍ଡରେ ନିବେଶ ମଧ୍ୟମ ଓ ଛୋଟ ଆକାରର କମ୍ପାନୀମାନଙ୍କରେ କରାଯାଏ ।

ବାଲାନ୍ସଡ ଫଣ୍ଡ

ବାଲାନ୍ସଡ ଫଣ୍ଡକୁ ହାଇବ୍ରିଡ ଫଣ୍ଡ କୁହାଯାଏ । ଏହା କମନ ଷ୍ଟକ, ପ୍ରିଫର୍ଡ ଷ୍ଟକ, ବଣ୍ଡ ଓ ଅଳ୍ପ ସମୟ କାଳୀନ ବଣ୍ଡ ନାମରେ ଜଣାଶୁଣା । ଏହି ଫଣ୍ଡ ଲାଭଦାୟକ ହୋଇଥାଏ କାରଣ ଏଥରେ ବିପଦ କମ ଥାଏ ଓ ବହୁତ ଦିନ ପର୍ଯ୍ୟନ୍ତ ପୁଞ୍ଜିର ସୁରକ୍ଷା ନିଶ୍ଚିତ ହୋଇଥାଏ ।

ଗ୍ରୋଥ ବଣ୍ଡ

ଗ୍ରୋଥ ବଣ୍ଡ ସହାୟତାରେ ଅଧିକତମ ଲାଭ ପ୍ରାପ୍ତ କରିବାର ପ୍ରୟାସ କରାଯାଏ । ଏଥିରେ ନିବେଶ ସେହି କମ୍ପାନୀରେ କରାଯାଏ ଯାହା ବଜାରରେ ଦୃତ ଗତିରେ ପ୍ରଗତି କରେ । ଏହି ଫଣ୍ଡସରେ ନିବେଶ ଅଧିକ ଲାଭ ପାଇଁ କରାଯାଏ ଓ ଏହି କାରଣରୁ ବିପଦ ଅଧିକ ଥାଏ ।

ଭେଲ୍ୟୁ ଫଣ୍ଡ

ଏହା ଏପରି ଫଣ୍ଡ ଅଟେ ଯାହା ସୁରକ୍ଷାକୁ ଅଧିକ ପ୍ରାଧାନ୍ୟ ଦିଏ । ଏଥିରେ ଅପେକ୍ଷାକୃତ କମ୍ ଲାଭ ହୁଏ, କିନ୍ତୁ ହାନିର ସମ୍ଭାବନା ବହୁତ କମ୍ ଥାଏ

ମନୀ ମାର୍କେଟ ଫଣ୍ଡ

ସାମାନ୍ୟତଃ ମନୀ ମାର୍କେଟ ସବୁଠାରୁ ସୁରକ୍ଷିତ ଫଣ୍ଡ ରୂପେ ଗ୍ରହଣ କରାଯାଏ । ଏହାର ମୁଖ୍ୟ ଉଦେଶ୍ୟ ନିବେଶିତ ପୁଞ୍ଜି ସୁରକ୍ଷିତ ରଖିବା ଅଟେ ।

ମ୍ୟୁଚୁଆଲ ଫଣ୍ଡ କଣ ଅଟେ ?

କେବଳ ସଞ୍ଚୟ ନୁହଁ ବରଂ ନିବେଶ କରନ୍ତୁ, ସଞ୍ଚୟ ଓ ନିବେଶ ମଧ୍ୟରେ ଅନ୍ତର ବୁଝନ୍ତୁ । ଆୟରୁ କମ୍ ଖର୍ଚ୍ଚ ସଞ୍ଚୟ ଅଟେ । କିନ୍ତୁ ବଢୁଥିବା ମୂଲ୍ୟ ସମୟ ସହିତ ଆପଣଙ୍କ ସଞ୍ଚୟର ମୂଲ୍ୟ କମ୍ କରିଦେବ । ନିବେଶ କେବଳ ମୁଦ୍ରାସ୍ଫୀତି ଅନୁସାରେ ନହୋଇ ଏହାଠାରୁ ଢେର ଅଧିକ ହେବ । ଯାହା ଦ୍ୱାରା କି ତାହା ଆୟର ଅନ୍ୟ ସ୍ରୋତ ହୋଇ ପାରିବ । ମ୍ୟୁଚୁଆଲ ଫଣ୍ଡ, ଇକ୍ୱିଟୀ ଫଣ୍ଡ, ଡେବ୍‌ଟ ଫଣ୍ଡ, ନିଧିମାନଙ୍କର ଫଣ୍ଡ, ଏକ୍ସଚେଞ୍ଜ ଟ୍ରେଡିଙ୍ଗ ଫଣ୍ଡ, ସ୍ଥାୟୀ ପରିପକ୍ୱତା ଯୋଜନା, ସେକ୍ଟର ଆଧାରିତ ଫଣ୍ଡ ଓ ଅନ୍ୟ କେତେକ ଏହି ପ୍ରକାରର ଉନ୍ନତ ଉତ୍ପାଦର ଶୃଙ୍ଖଳା ପ୍ରଦାନ କରେ ।

ଏହାର ଉଦ୍ଦେଶ୍ୟ ବିତ୍ତୀୟ ଲାଭ ହେଉ ବା ସୁବିଧା, ମ୍ୟୁଚୁଆଲ ଫଣ୍ଡ ନିଜର ନିବେଶକମାନଙ୍କୁ କେତେ ପ୍ରକାରର ଲାଭ ପ୍ରଦାନ କରେ ।

❑❑❑

୪୭- ଶେୟାର ବଜାରର ପରିଭାଷା ଓ ଶବ୍ଦାବଳୀ

ଯାହା ଆପଣ କରି ପାରିବେ ନାହିଁ ତାକୁ ଆପଣ ଯାହା କରି ପାରିବେ ସେଥିରେ ବାଧକ ହେବାକୁ ଦିଅନ୍ତୁ ନାହିଁ । - **ଜନ ଆର ବୁଡେନ**

ଆଉଟଲୁକ : ରେଟିଙ୍ଗ ସହିତ ଜଡ଼ିତ ଏହି ଶବ୍ଦ ମଧ୍ୟ ଭାବି ସମ୍ଭାବନାକୁ ଦର୍ଶାଏ । କମ୍ପାନୀ ସଂସ୍ଥା ବା ଦେଶର ଭବିଷ୍ୟତ କଣ ଅଥବା ଏହାର ସମ୍ଭାବନା କଣ ଅଟେ, ଏହି ପ୍ରଶ୍ନ ପଚାରିବା ସମୟରେ ଆଉଟଲୁକ ଶବ୍ଦର ଉପଯୋଗ କରାଯାଏ । ଆଉଟଲୁକର ଆଧାର ଉପରେ ହିଁ କମ୍ପାନୀର ନିବେଶ କରିବାର ନିର୍ଣ୍ଣୟ ନିଆଯାଏ । କାରଣ ଆଉଟଲୁକ ପଜିଟିଭ୍, ନେଗେଟିଭ୍ ବା ଷ୍ଟେବଲ (ସ୍ଥିର) ହୋଇ ପାରେ । ନିବେଶକମାନଙ୍କ ପାଇଁ ଏହା ହିତକାରକ ଅଟେ କି ନାହିଁ, ନିବେଶ କରିବା ସମୟରେ କମ୍ପାନୀ, ସଂସ୍ଥା ବା ଦେଶର ଆଉଟଲୁକ ଉପରେ ଧ୍ୟାନ ଦିଅନ୍ତୁ ।

ଅର୍ଡର ବୁକ : କମ୍ପାନୀର ଅର୍ଡର ବୁକରେ କେତେ ଅର୍ଡର ବାକି ପଡ଼ିଛି, ଏହାର ସୂଚନାକୁ ଆଧାର କରି କମ୍ପାନୀର କାର୍ଯ୍ୟ ପରିଣାମ, ଭବିଷ୍ୟତ ଏବଂ ସ୍ଥିରତାର ଅନୁମାନ ଲଗାଯାଇ ପାରେ । କମ୍ପାନୀ ପାଖରେ ଭରପୂର ଅର୍ଡର ନ ଥିଲେ ଏପରି ଅବସ୍ଥା କମ୍ପାନୀ ପାଇଁ ଭଲ ନୁହେଁ, ଭରପୂର ଅର୍ଡର ବୁକ ହେଉଥିବା କମ୍ପାନୀର ଭବିଷ୍ୟତରେ ନିରନ୍ତର ଆୟ ଲାଗି ରହିବ ।

ଆର୍ବିଟ୍ରେଜ : ଗୋଟିଏ ଶେୟାର ବଜାର ଦ୍ୱାରା ନିର୍ଦ୍ଧାରିତ ଶେୟାରକୁ କମ ମୂଲ୍ୟରେ କିଣି ତାକୁ ଅନ୍ୟ ବଜାରରେ ଚଢ଼ା ଦରରେ ବିକି ଦେବାର ପ୍ରବୃତ୍ତିକ ଆର୍ବିଟ୍ରେଜ କୁହାଯାଏ । ଉଦାହରଣ ସ୍ୱରୂପ ବିଏସଇ ଉପରେ ଏବିସି କମ୍ପାନୀର ଶେୟାର ୧୪୫.୨୦ ଟଙ୍କାର ମୂଲ୍ୟରେ କିଣି ସେହି ସମୟରେ ଏନ ଏସ ଇ ରେ ୧୪୫.୩୦ ଟଙ୍କାରେ ବିକି

ଦେବାର ପ୍ରକ୍ରିୟାକୁ ଆର୍ବିଟ୍ରେଜ କୁହାଯାଏ । ଏହିପରି ଆପଣଙ୍କୁ ୧୦ ପାଇସାର ଅନ୍ତର ମିଳେ । ଏହି ବେପାର ଏକା ସମୟରେ ହିଁ କରାଯାଏ ତଥା ଏହା ଠାରୁ ବଡ଼ ସଂଖ୍ୟାରେ ବେପାର କରାଯାଏ । ପୁରୁଣା ଦିନମାନଙ୍କରେ ଏକା ସମୟରେ ଗୋଟିଏ ହିଁ ସ୍କ୍ରିପ୍‌ର ଅଲଗା ଅଲଗା ମୂଲ୍ୟ ହେଉଥିଲା କିନ୍ତୁ ଏବେ ଅନ ଲାଇନ ଟ୍ରେଡିଙ୍ଗ ସୁବିଧା ହେବା ଦ୍ୱାରା ଏହାର ମାତ୍ରା ବହୁତ କମିଯାଇଛି । ଏବେ ଏହିପରି ବେପାରରେ ମୂଲ୍ୟର ଅନ୍ତର ବହୁତ କମ ହେଉଛି, କିନ୍ତୁ ଅଧିକ ବେପାର ହେବା ଦ୍ୱାରା ଅଧିକ ଲାଭ ଅର୍ଜନ ହେଉଛି । ଏହି ପ୍ରକାର ବେପାର କରିବା ବାଲାଙ୍କୁ ଆର୍ବିଟ୍ରେଜ କୁହାଯାଏ । କେତେକ ସମୟରେ ଗୋଟଏ କମୋଡିଟୀ, କରେଂସୀ ବା ସିକ୍ୟୁରିଟୀଜର ତିନି ଚାରି ଥର ଏକ୍ସଚେଞ୍ଜ ଉପରେ ଅଲଗା ଅଲଗା ମୂଲ୍ୟ ଅନ୍ତରରେ ବେପାର ହୁଏ, ଯେଉଁଥିରେ ଗୋଟିଏ ବଜାର ଠାରୁ କମ ମୂଲ୍ୟରେ କିଣି ଅନ୍ୟ ବଜାରରେ ଚଢ଼ା ଦରରେ ବିକାଯାଏ । ଏଠାରେ ମହତ୍ତ୍ୱପୂର୍ଣ୍ଣ ହେଉଛି ଯେ ଏହି ବେପାର ଦୁଇଟି ଏକ୍ସଚେଞ୍ଜରେ ଏକା ସମୟରେ କରାଯାଏ । ବ୍ରୋକର ଏହି କାମ ପାଇଁ ବିଶେଷ ଷ୍ଟକ ରଖନ୍ତି, ଯାହା ବି ଏସ୍ ଇ ଓ ଏନ ଏସ ଇ ଦୁଇଠାରେ ଭରପୂର ମାତ୍ରାରେ ବେପାର କରନ୍ତି ।

ଆର୍ବିଟ୍ରେଶନ : ଏହି ଶବ୍ଦର ଅର୍ଥ ଅର୍ବିଟ୍ରେଜ ଠାରୁ ବହୁତ ଅଲଗା ଅଟେ । ଆର୍ବିଟେଶନର ଅର୍ଥ ହେଉଛି ବିବାଦର ସମ୍ମୁଖୀନ ହେବା । ଯେତେବେଳେ ବ୍ରୋକର ଓ ବ୍ରୋକର ମଧ୍ୟରେ ବା ବ୍ରୋକର ଓ ଗ୍ରାହକ ମଧ୍ୟରେ କୌଣସି ବିବାଦ ହୋଇଯାଏ ସେତେବେଳେ ଏହି ପ୍ରକାର ବିବାଦକୁ ମେଣ୍ଟାଇବା ପାଇଁ ମଧ୍ୟସ୍ଥି ନିଯୁକ୍ତ କରାଯାଏ, ଯାହାକୁ ଆର୍ବିଟ୍ରେଜ କୁହାଯାଏ ଓ ଏହାର ପ୍ରକ୍ରିୟାକୁ ଆର୍ବିଟ୍ରେଶନ ପ୍ରୋସେସ୍ କୁହାଯାଏ । ଶେୟାର ବଜାରରେ ଏପରି ବିବାଦକୁ ମେଣ୍ଟାଇବା ପାଇଁ ଏକ ସ୍ୱତନ୍ତ୍ର ବିଭାଗ ଏକ୍ସଚେଞ୍ଜର ନିୟମ ଓ ଉପନିୟମ ଧାରାରେ କାର୍ଯ୍ୟ କରେ । ଏହି ପ୍ରକାର ମାମଲାରେ ଆର୍ବିଟ୍ରେଟରଙ୍କର ନିଯୁକ୍ତି ଏକ୍ସଚେଞ୍ଜର ନିୟମ ଅନୁଯାୟୀ ହୋଇଥାଏ ଓ ତା ଦ୍ୱାରା ଦିଆ ଯାଇଥିବା ନିର୍ଣ୍ଣୟ ବ୍ରୋକର ଓ ଗ୍ରାହକ ଉପରେ ଲାଗୁ ହୁଏ । ଏହି ପ୍ରକ୍ରିୟାରେ ଆବ୍ରିଟେଟର ଉଭୟ ପକ୍ଷଙ୍କ କଥା ଶୁଣିଲା ପରେ ନିଜର ନିର୍ଣ୍ଣୟ ଦିଅନ୍ତି ।

ଅକ୍ସନ (ନୀଲାମ) : ଶେୟାର ବଜାରରେ ଯେତେବେଳେ କୌଣସି ନିବେଶକ ଶେୟାର ବିକି ଦିଅନ୍ତି, କିନ୍ତୁ ଠିକ୍ ସମୟରେ ତାର ଡେଲିଭରୀ ଦେବାରେ ବିଫଳ ହୁଅନ୍ତି ସେତେବେଳେ ଏକ୍ସଚେଞ୍ଜର କାର୍ଯ୍ୟ ପଦ୍ଧତିର ଧାରା ଅନୁଯାୟୀ ନିବେଶକଙ୍କର ଶେୟାର ଡେଲିଭରୀ ଦାୟିତ୍ୱକୁ ହଟାଇବା ପାଇଁ ସେତିକି ଶେୟାରର ଆବଶ୍ୟକ ରୂପେ ଅକ୍ସନ (ନୀଲାମ) କରାଯାଏ । ଏହି ପ୍ରକ୍ରିୟାରେ ଅକ୍ସନ ମାଧ୍ୟମରେ ସେତିକି ସଂଖ୍ୟକ ଶେୟାର

ବଜାରର ବର୍ତ୍ତମାନ ମୂଲ୍ୟରେ ବ୍ରୋକରଙ୍କ ଦ୍ୱାରା ଜଣାଯାଏ ଓ ଏହାର ମୂଲ୍ୟ ଅନ୍ତର ବୋଝ ନିବେଶକ ଠାରୁ ଆଦାୟ କରାଯାଏ । ଏହାର କାରଣ ହେଉଛି ଯେ ନିବେଶକ ନିଜ ପାଖରେ ଶେୟାର ନଥାଇ ମଧ୍ୟ ତାହା ବିକି ଦେଇଥିଲେ । ମୁଁ ଏହା ପୂର୍ବରୁ ଶର୍ଟ ସେଲ୍ସ (ମିଛ ବିକ୍ରୀ) ର ଚର୍ଚ୍ଚା କରିଥିଲି । ସେଥିରେ ବି ଶର୍ଟ ସେଲ୍ସ କରିବା ବାଲା ନିବେଶକଙ୍କୁ ବଜାର ମୂଲ୍ୟରେ ଶେୟାର କିଣି ଡେଲିଭରୀ ଦେବାକୁ ହୁଏ, କିନ୍ତୁ ଯେତେବେଳେ କୌଣସି ନିବେଶକ ସ୍ୱେଚ୍ଛାରେ ଏପରି କରନ୍ତି ନାହିଁ ସେତେବେଳେ ବଜାରର ନିୟମର ଧାରା ନିଲାମ ଜରିଆରେ ସଉଦାର ସମାଧାନ କରାଯାଏ ।

ଏଲଟମେଣ୍ଟ : କମ୍ପାନୀର ସାର୍ବଜନିକ ନିର୍ଗମ (ଆଇ ପୀ ଓ) ନିବେଶକଙ୍କ ଦ୍ୱାରା କରା ଯାଇଥିବା ଆବେଦନ ଉପରେ ମିଳିଥିବା ଶେୟାରକୁ ଶେୟାର ଏଲଟମେଣ୍ଟ କୁହାଯାଏ ।

ଏସଟୀଟୀ : ସିକ୍ୟୁରିଟୀଜ ଟ୍ରାଞ୍ଜାକ୍ସନ ଟ୍ୟାକ୍ସକୁ ସର୍ଟ ଫର୍ମରେ (ଏସ ଟୀ ଟୀ) କୁହନ୍ତି । ସରକାଙ୍କର କର ନିୟମ ଅନୁସାରେ ଶେୟାର ସିକ୍ୟୁରିଟୀଜର ପ୍ରତ୍ୟେକ ସଉଦା ଉପରେ ଏସଟୀଟୀ ଲାଗୁ ହୋଇଥାଏ । ସରକାରଙ୍କୁ ଏହି ମାର୍ଗରୁ ପ୍ରତିଦିନ ଭାରୀ ରାଜସ୍ୱ ପ୍ରାପ୍ତ ହୁଏ । ଏହି କର ବ୍ରୋକରମାନଙ୍କୁ ଦେବାକୁ ହୁଏ । ଅତେବ ବ୍ରୋକର ଏହାକୁ ନିଜ ଗ୍ରାହକମାନଙ୍କ ଠାରୁ ଆଦାୟ କରି ନିଅନ୍ତି । ପ୍ରତ୍ୟେକ କଣ୍ଟ୍ରାକ୍ଟ ନୋଟ ବା ବିଲରେ ବ୍ରୋକର୍ସ ସହିତ ଏସଟୀଟୀ ମଧ୍ୟ ଆଦାୟ କରାଯାଏ ।

ଏଫ ଆଇ ଆଇ : ଶେୟାର ବଜାରକୁ ନଚାଇବା ବାଲା, ବଜାରର ଚାଲ ନିର୍ଦ୍ଧାରଣ କରିବା ବାଲା ଏହି ଶବ୍ଦ ବଜାର ସମ୍ବନ୍ଧିତ ସମ୍ବାଦମାନଙ୍କରେ ବାରମ୍ବାର ଶୁଣିବାକୁ ମିଳେ । ପ୍ରାୟତଃ ଏହି କଥା ଉପରେ ଆପଣ ନିଜେ ଧ୍ୟାନ ଦିଅନ୍ତି ଯେ ଏଫ ଆଇ ଆଇ ର କିଣିବା ବା ବିକିବା କାରଣରୁ ବଜାରର ଏହି ଅବସ୍ଥା ହୋଇଛି । ଏଫ ଆଇ ଆଇ ବା ଫରେନ ଇନ୍‌ସ୍ଟିଚ୍ୟୁଶନାଲ ଇନଭେଷ୍ଟର ଏହି ସଂସ୍ଥାଗତ ନିବେଶକ ଅନ୍ତରାଷ୍ଟ୍ରୀୟ ସ୍ଥରରେ ହୋଇଥାଏ । ଏମାନେ ନିଜ ଦେଶର ଲୋକମାନଙ୍କ ଠାରୁ ନିବେଶ ପାଇଁ ଧନ ଏକତ୍ରିତ କରନ୍ତି ଓ ସେମାନେ ଅନେକ ଦେଶର ଶେୟାର ବଜାରରେ ନିବେଶ କରନ୍ତି । ଏହି ସଂସ୍ଥାଗତ ନିବେଶକମାନଙ୍କର ଗ୍ରାହକମାନଙ୍କର ସୂଚୀରେ ସାମାନ୍ୟ ନିବେଶ ଠାରୁ ନେଇ ବଡ଼ ନିବେଶକ ପେନଶନ ଫଣ୍ଡ ଆଦି ଥାନ୍ତି, ଯେଉଁମାନଙ୍କର ଏକତ୍ରିତ ଧନ ଏଫ ଆଇ ଆଇ ନିଜ ବ୍ୟୁହ ରଚନା ଅନୁସାରେ ଭିନ୍ନ ଭିନ୍ନ ଶେୟାର ବଜାରମାନଙ୍କର ସୁରକ୍ଷାରେ ନିବେଶ କରି ତା ଉପରେ ଲାଭ କମାନ୍ତି ଓ ତାର ଭାଗ ଗ୍ରାହକମାନଙ୍କ ପାଖରେ ପହଞ୍ଚାନ୍ତି । କାରଣ ଏହି ଲୋକମାନଙ୍କ ପାଖରେ ପ୍ରଚୁର

ମାତ୍ରାରେ ଧନ ଥାଏ ଓ ପ୍ରାୟତଃ ଏମାନେ ବହୁତ ମାତ୍ରାରେ କିଣନ୍ତି ବା ବିକନ୍ତି ଯାହାଦ୍ୱାରା ଶେୟାର ବଜାରର ଚାଲ ଉପରେ ସିଧା ପ୍ରଭାବ ପଡ଼େ । ଭାରତରେ ତ ସେମାନଙ୍କର ଏବେ ଏପରି ପ୍ରଭାବ ବିସ୍ତାର ଅଛି ଯେ ଲାଗେ ସତେ ଯେପରି ଶେୟାର ବଜାରକୁ ସେଇମାନେ ହିଁ ଚଳାନ୍ତି । ୨୦୦୮ ମସିହାରେ ଯେତେବେଳେ ଆମେରିକାରେ ଆର୍ଥିକ ପତନ ଆସିଥିଲା ସେତେବେଳେ ଏହି ବର୍ଗ ଭାରତୀୟ ପୁଞ୍ଜି ବଜାର ଠାରୁ ନିଜର ନିବେଶ ନିରନ୍ତର ଉଠାଇଲେ । ଯାହା ଦ୍ୱାରା ଭାରତୀୟ ବଜାରରେ ମଧ୍ୟ ଆର୍ଥିକ ପତନ ଘଟି ଚାଲିଲା । କୌଣସି ବି ଏଫ ଆଇ ଆଇ କୁ ଭାରତୀୟ ଶେୟାର ବାଜରରେ ନିବେଶ କରିବା ପୂର୍ବରୁ ନିଜ ପଞ୍ଜିକରଣ ଭାରତୀୟ ପ୍ରତିଭୂତି ଏବଂ ବିନିମୟ ବୋର୍ଡ (ସେବୀ) ତଥା ଭାରତୀୟ ରିଜର୍ଭ ବ୍ୟାଙ୍କ ପାଖରେ କରାଇବାକୁ ପଡ଼େ । ତଥା ଏମାନଙ୍କ ନିୟମ ପାଳନ କରିବାକୁ ପଡ଼ିଥାଏ । ବର୍ତ୍ତମାନ ସମୟରେ ସେବୀ ପାଖରେ ୧୧୦୦ ରୁ ଅଧିକ ଏଫ ଆଇ ଆଇ ପଞ୍ଜିକୃତ ଅଛି ।

ଏକ୍ସପୋଜର : ସାଧାରଣ ଶବ୍ଦରେ ଏହାକୁ ବିପଦ କୁହାଯାଇ ପାରିବ । ଯେତେବେଳେ କୌଣସି ନିବେଶକ କୌଣସି କମ୍ପାନୀରେ ନିବେଶ କରନ୍ତି ସେତେବେଳେ କୁହାଯାଏ ଯେ ସେହି ନିବେଶକ କମ୍ପାନୀରେ ଏକ୍ସପୋଜର ନେଇଛନ୍ତି । ଏକ୍ସପୋଜର କେବଳ କମ୍ପାନୀରେ ନାହିଁ, ବରଂ ସମ୍ପୂର୍ଣ୍ଣ ଉଦ୍ୟୋଗ ଉପରେ ଅର୍ଥ ତନ୍ତ୍ରରେ ବି ନିଆଯାଏ । ଯେତେବେଳେ କୌଣସି ନିବେଶକ ଅନ୍ୟ ଦେଶରେ ନିବେଶ କରନ୍ତି ସେତେବେଳେ କୁହାଯାଏ ଯେ ସେ ସେହି ଦେଶରେ ଅର୍ଥ ତନ୍ତ୍ରରେ ବା ସେହି ଦେଶର ଉଦ୍ୟୋଗରେ ବିପଦ ନେଇଛନ୍ତି ବା ଏକ୍ସପୋଜର ନେଇଛନ୍ତି । ପ୍ରତିଜ୍ଞାର ସଉଦାରେ ଏହି ଶବ୍ଦ ବହୁତ ବ୍ୟବହାରରେ ଆସେ କାରଣ ଯେତେବେଳେ କୌଣସି ଟ୍ରେଡର ଫ୍ୟୁଚର କଣ୍ଟ୍ରାକ୍ଟ କରେ ସେତେବେଳେ ସେ ଭବିଷ୍ୟତର ବିପଦ ନିଏ । ବ୍ୟକ୍ତି ଯେତେବେଳେ ବି କୌଣସି ନିବେଶ କରେ ସେତେବେଳେ ତାର ମୂଲ୍ୟରେ ହ୍ରାସ-ବୃଦ୍ଧିର ସମ୍ଭାବନା ହେବା ଦ୍ୱାରା ସେହି ନିବେଶର ଏକ୍ସପୋଜର କୁହାଯାଏ ।

ବେଷ୍ଟ ବାଇ : ଯେଉଁ ଶେୟାର କିଣିବା ପାଇଁ ଉତ୍ତମ ମନେକରାଯାଏ ତାହାକୁ ବେଷ୍ଟ ବାଇ କୁହାଯାଏ । ଏହି କମ୍ପାନୀ ଶ୍ରେଷ୍ଠ ଅଟେ ଅଥବା ଭବିଷ୍ୟତରେ ଏହାର ମୂଲ୍ୟ ବର୍ତ୍ତମାନର ମୂଲ୍ୟ ଠାରୁ ଅଧିକ ହେବାର ସମ୍ଭାବନା ଅଛି । ଏପରି ଶେୟାରକୁ ବେଷ୍ଟ ବାଇ ରୂପେ ଗଣାଯାଏ । ଉପସ୍ଥିତ ଅବସ୍ଥାର ଆଧାର ଉପରେ କୌଣସି ଶେୟାରକୁ ବେଷ୍ଟ ବାଇ କୁହାଯାଏ ଓ ସେହି ସମୟରେ ସେହି କମ୍ପାନୀମାନଙ୍କରେ ଶେୟାର ମୂଲ୍ୟ ବଢ଼ିବାର ପ୍ରବଳ ସମ୍ଭାବନା ଥାଏ ।

ବ୍ଲୁ ଚିପ୍ : ଶେୟାର ବଜାରର ଶ୍ରେଷ୍ଠ-ମଜବୁତ୍ କମ୍ପାନୀମାନଙ୍କ ପାଇଁ ଶବ୍ଦ ଉପଯୋଗରେ ଅଣାଯାଏ । କୌଣସି କମ୍ପାନୀର ବ୍ଲୁ ଚିପ ହେବାର ଅଭିପ୍ରାୟ ହେଉଛି ସେମାନଙ୍କର ଶେୟାର ନିବେଶକଙ୍କ ପାଇଁ ପସନ୍ଦ ଯୋଗ୍ୟ ଶେୟାର ଅଟେ । ଏହି ପ୍ରକାରର କମ୍ପାନୀମାନଙ୍କରେ ସଉଦା ମଧ୍ୟ ଅଧିକ ହୁଏ, ହ୍ରାସ-ବୃଦ୍ଧି ମଧ୍ୟ ବହୁତ ହୁଏ ଓ ସେଥିରେ ନିବେଶକମାନଙ୍କର ଆକର୍ଷଣ ମଧ୍ୟ ବହୁତ ଥାଏ ।

ବୋଲ୍ଟ ବୀ.ଏସ୍.ଇ (ବମ୍ବେ ଷ୍ଟକ ଏକ୍ସଚେଞ୍ଜ) ଅନଲାଇନ ଟ୍ରେଡିଙ୍ଗ: ବୋଲ୍ଟ ଅର୍ଥାତ୍ ସୁରକ୍ଷାର ଅନଲାଇନ ସ୍କ୍ରୀନ୍ ଆଧାରିତ ଟ୍ରେଡିଙ୍ଗ ସୁବିଧା କରାଇବା ବାଲା ବି.ଏସ.ଈ. ଟର୍ମିନାଲର ସଦସ୍ୟମାନଙ୍କର ଏକ୍ସଚେଞ୍ଜ ତରଫରୁ ଏହି ଟର୍ମିନାଲର ସୁବିଧା ଉପଲବ୍ଧ କରାଯାଏ ।

ବବଲ : ବିଗତ କିଛି ବର୍ଷ ହେବ ଏହି ଶବ୍ଦ ମଧ୍ୟ ସମ୍ପୂର୍ଣ୍ଣ ବିଶ୍ୱରେ ଚର୍ଚ୍ଚିତ ହେଉଛି । ବିଶେଷତଃ ଯେତେବେଳେ ବଜାରରେ କୌଣସି ବି ପ୍ରକରଣ ଖୋଲେ ତେବେ ତାକୁ ବବଲ ବର୍ଷ୍ଟ ହୋଇଛି ବୋଲି କୁହାଯାଏ । ବବଲ ଅର୍ଥାତ୍ ଫୋଟକା ଓ ବର୍ଷ୍ଟ ଅର୍ଥାତ୍ ଫାଟିବା । ଯେତେବେଳେ କୌଣସି ଶେୟାର ମୂଲ୍ୟ ଫୋଟକା ସଦୃଶ ଫୁଲଚାଲେ ଓ ଏକ ସୀମା ଉପରକୁ ଅସିବା ପରେ ଧଡ଼କରି ପଡ଼ିଯାଏ ତେବେ ଏହାକୁ ବୁଲବୁଲା ଫୁଟିବା କୁହାଯାଏ ।

କରେକ୍ସନ : ଶେୟାର ବଜାରର ଦୈନିକ ରିପୋର୍ଟରେ ଏହି ଶବ୍ଦର ବ୍ୟବାହର ହୋଇ ଚାଲେ । ବଜାର ବହୁତ ଆଗକୁ ବଢ଼ିଯାଇଛି ଓ ଏକ ନିଶ୍ଚିତ ଉଚ୍ଚତା ଉପରେ ପହଞ୍ଚିଯିବା ପରେ ଧାରା ମଧ୍ୟରେ ଯେଉଁ ହ୍ରାସ ପରିଲିକ୍ଷିତ ହୁଏ ତାକୁ ବଜାରରେ କରେକ୍ସନ କୁହାଯାଏ । ଉଦାହରଣ ପାଇଁ ଶେୟାର ବଜାର ଯଦି ନିରନ୍ତର ୪ଦିନ ପାଇଁ ନିରନ୍ତର ଏକ ତରଫା ବଢ଼ି ଚାଲେ ଓ ପଞ୍ଚମ ଦିନ ସେଥିରେ ହ୍ରାସ ଆସି ଯାଏ ତେବେ ତାକୁ କରେକ୍ସନ ନାମରେ ଜଣାଯାଏ । ସମୟ ସମୟରେ ଏହି ପ୍ରକାରର କରେକ୍ସନ ବଜାରର ସ୍ୱାସ୍ଥ୍ୟ ପାଇଁ ଭଲର ସୂଚନା ରୂପେ ଗ୍ରହଣ କରାଯାଏ । ନିରନ୍ତର ଏକ ତରଫା ବୃଦ୍ଧି ହେଉଥିବା ବଜାର ବିପଦ ପୂର୍ଣ୍ଣ ହୋଇଥାଏ ଯେଉଁଥିରେ ଆଗକୁ ଏକା ଥରକେ ବହୁତ ହ୍ରାସର ସମ୍ଭାବନା ବଢ଼ିଯାଏ ।

କର୍ପୋରେଟ ଆକ୍ସନ : କମ୍ପାନୀ ଦ୍ୱାରା ଯେତେବେଳେ କୌଣସି ବି ଶେୟାର ଧାରକ ବା ବଜାର ସହିତ ସମ୍ପର୍କିତ କୌଣସି ନିର୍ଣ୍ଣୟ ନିଆଯାଏ, ତାକୁ କର୍ପୋରେଟ ଆକ୍ସନ କୁହାଯାଏ । ଉଦାହରଣ ପାଇଁ ଲାଭାଂଶ ସୁଧର ନେଣ ଦେଣ, ରାଇଟ ବୋନଶ ଇଶ୍ୟୁ, ମର୍ଜର / ଡିମର୍ଜର, ବାଇ ବ୍ୟାକ, ଓପନ ଅଫର ପରି କଥା କର୍ପୋରେଟ ଆକ୍ସନରେ କୁହାଯାଏ ।

କଣ୍ଟ୍ରାକ୍ଟ ନୋଟ : ଶେୟାର ବଜାରରେ ବେପାର କରିବା ସମୟରେ କଣ୍ଟ୍ରାକ୍ଟ ନୋଟର ମହତ୍ତ୍ୱ ବହୁତ ଅଛି । ଆପଣ ଯେଉଁ ବ୍ରୋକର ମାଧ୍ୟମରେ ଶେୟାର ବିକା କିଣା କରନ୍ତି, ସେଥିରେ ପ୍ରତ୍ୟେକ ଥର କଣ୍ଟ୍ରାକ୍ଟ ନୋଟ ନେବା ପାଇଁ ଆଗ୍ରହ ଦେଖାନ୍ତୁ । ଆପଣଙ୍କ ଶେୟାରର କିଣା ବିକା କେଉଁ ସମୟ ତଥା କେଉଁ ମୂଲ୍ୟରେ ହୁଏ, ତା ଉପରେ କେତେ ଦଲାଲର ମୂଲ୍ୟ, ସିକ୍ୟୁରିଟୀ ଟ୍ରାଜାକଶନ ଟ୍ୟାକ୍ସ, ସର୍ଭିସ ଟ୍ୟାକ୍ସ ଲାଗିଛି ଏସବୁର ଉଲ୍ଲେଖ କଣ୍ଟ୍ରାକ୍ଟ ନୋଟରେ ଥାଏ । ଆପଣଙ୍କୁ ବ୍ରୋକର ସଉଦାର ୨୪ ଘଣ୍ଟା ମଧ୍ୟରେ କଣ୍ଟ୍ରାକ୍ଟ ନୋଟ ମିଳିଯିବା ଉଚିତ୍ । କିନ୍ତୁ ସାମାନ୍ୟ ରୂପେ ବ୍ରୋକର ସେଥିରେ ୩-୪ ଦିନ ଲଗାଇ ଦିଅନ୍ତି । କଣ୍ଟ୍ରାକ୍ଟ ନୋଟ ପାଇବା ହେଉଛି ଆପଣଙ୍କ ଅଧିକାର ଓ ଏହା ଆପଣଙ୍କ ସଉଦାର ନଥିପତ୍ର ବା ପ୍ରମାଣପତ୍ର ଅଟେ । ଯଦି କୌଣସି କାରଣରୁ ଆପଣଙ୍କ ବ୍ରୋକର ବିଫଳ ହୋଇଯିବେ ଓ ଆପଣଙ୍କୁ ଆପଣଙ୍କ ଶେୟାରରୁ ବାହାରିବାର ଅଛି ତେବେ ଏହି କଣ୍ଟ୍ରାକ୍ଟ ନୋଟର ଆଧାର ଉପରେ ହିଁ ଆପଣ ଦାବି ଉପସ୍ଥାନ କରିପାରିବେ । ବ୍ରୋକରଙ୍କର ବିଫଳ ଅବସ୍ଥା ଉପରେ ଏକ୍ସଚେଞ୍ଜ କଣ୍ଟ୍ରାକ୍ଟ ନୋଟର ଆଧାର ଉପରେ ହିଁ ଆପଣଙ୍କ ଦାବି ମାନ୍ୟତା ପ୍ରଦାନ କରନ୍ତି, ଯେଉଁଥିରେ ଆପଣଙ୍କୁ ଏକ୍ସଚେଞ୍ଜ ତରଫରୁ ୧୦ ଲକ୍ଷ ଟଙ୍କା ପର୍ଯ୍ୟନ୍ତ ସୁରକ୍ଷା ମିଳେ । ଏପରି ଅବସ୍ଥାରେ କଣ୍ଟ୍ରାକ୍ଟ ନୋଟ ହିଁ ଏପରି ଏକ ଦସ୍ତାବେଜ ଅଟେ ଯାହା ଆପଣଙ୍କର ଦାବିର ଆଧାର ହୋଇଯାଏ । ଏପରି ନହେଲେ ଆପଣଙ୍କର ଦାବି ବୈଧ ହେବନାହିଁ । ଅତେବ ବ୍ରୋକରମାନଙ୍କ ସହିତ ବ୍ୟବହାର କରିବା ସମୟରେ କଣ୍ଟ୍ରାକ୍ଟ ନୋଟ ନେବାର ଆଗ୍ରହ ପ୍ରକାଶ କରନ୍ତୁ । ଏହାକୁ ଉପେକ୍ଷା କରନ୍ତୁ ନାହିଁ, ଏହାକୁ ନିଜ ପାଖରେ ସମ୍ଭାଳି ରଖନ୍ତୁ । ମନେରଖନ୍ତୁ ଏହି କଣ୍ଟ୍ରାକ୍ଟ ନୋଟ ଉପରେ ବ୍ରୋକର ସେବୀ ପଞ୍ଜୀକରଣ କ୍ରମାଙ୍କ ରହିବା ମଧ୍ୟ ଆବଶ୍ୟକ ଅଟେ ।

କର୍ଣ୍ଣରିଙ୍ଗ : ଯେତେବେଳେ କୌଣସି ନିଶ୍ଚିତ ବ୍ୟକ୍ତି ବା ଗ୍ରୁପ କୌଣସି ଶେୟାର କିଣି ତା ଉପରେ ଅଧିକାର ଜମାଇବା ପାଇଁ ତଥ୍ୟ ଏକାଠି କରନ୍ତି ଏହାକୁ ସେହି ଶେୟାରର କର୍ଣ୍ଣରିଙ୍ଗ ହେଉଛି ବୋଲି କୁହାଯାଏ । ଏପରି କରିବାର ଅନେକ କାରଣ ଅଛି । କିନ୍ତୁ ଏହି କଥା ନିଶ୍ଚିତ ଯେ ଏପରି କରିବା ପଛରେ ଉକ୍ତ ସମୂହ ବା ବ୍ୟକ୍ତିଙ୍କର ସେହି ଶେୟାରରେ ରୁଚି ଅଛି ବୋଲି ଜଣାଯାଏ ।

କନ୍‌ସେଣ୍ଟ ଅର୍ଡର : ପ୍ରତିଶ୍ରୁତି ବଜାରରେ ଏହି ଶବ୍ଦ ବିଗତ ବର୍ଷେ ଦୁଇ ବର୍ଷ ହେବ ପ୍ରଚଳିତ ହୋଇଛି । ବଜାରର ଯଦି କୌଣସି ବି ମଧ୍ୟସ୍ଥ ଖେଳାଳୀ ନୀତି ନିୟମର ଉଲଂଘନ କରେ ତେବେ ତା ବିରୁଦ୍ଧରେ କାର୍ଯ୍ୟାନୁଷ୍ଠାନ ଗ୍ରହଣ କରାଯାଏ । ଉଲଂଘନ

କରିଥିବା ହସ୍ତୀ ଯଦି ନିଜ ଅପରାଧ ସ୍ୱୀକାର ନକରେ ତେବେ ସେ ନିଜର ବିବାଦ ସେଟ, ହାଇ କୋର୍ଟ ବା ସୁପ୍ରୀମ କୋର୍ଟ ପର୍ଯ୍ୟନ୍ତ ନେଇ ଯାଇ ପାରିବେ । ଏପରି କରିବା ଦ୍ୱାରା ତାଙ୍କୁ ବହୁତ ଖର୍ଚ୍ଚାନ୍ତ ହେବାକୁ ପଡ଼ି ପାରେ ତଥା ଅଧିକ ସମୟ ନଷ୍ଟ ହୋଇ ପାରେ । ଯଦି କୌଣସି ହସ୍ତୀ ଏହି ଲମ୍ବା ଆଇନ କାନୁନ ପ୍ରକ୍ରିୟା ଠାରୁ ବଞ୍ଚିତ ରହିବାକୁ ଚାହାନ୍ତି ତେବେ ସେ ନିଜ ଭୂଲ ସ୍ୱୀକାର କରି ନିଅନ୍ତି ଓ ସେବୀ ତାଙ୍କ ଉପରେ ନିର୍ଦ୍ଧାରିତ ଆର୍ଥିକ ଦଣ୍ଡ ଲଗାଇ ଏକ କନ୍‌ସେଣ୍ଟ ଅର୍ଡର ଜାରି କରିଦିଅନ୍ତି । ଏପରି କରିବା ଦ୍ୱାରା ସମୟ ଓ ଖର୍ଚ୍ଚ ବଞ୍ଚିଯାଏ ଓ ଅପରାଧୀକୁ ଦଣ୍ଡ ମଧ୍ୟ ମିଳିଯାଏ । ବିଶେଷ ପ୍ରକାରର ଅପରାଧରେ ହିଁ କନ୍‌ସେଣ୍ଟ ଅର୍ଡରର ସୁବିଧା ଉପଲବ୍ଧ ହୁଏ । ଗମ୍ଭୀର ପ୍ରକାରର ଅପରାଧ କରି କନ୍‌ସେଣ୍ଟ ଅର୍ଡର ମାଧ୍ୟମରେ ମୁକ୍ତି ମିଳି ପାରେ ନାହିଁ । ନ୍ୟାୟାଳୟରେ ବହୁତ ବିବାଦ ଲାଗି ରହିଛି ଯାହା ବର୍ଷ ବର୍ଷ ହେବ ବିଚାରାଧୀନ ଅଛି । ଏପରି ଅବସ୍ଥାରେ କନ୍‌ସେଣ୍ଟ ଅର୍ଡର ମାଧ୍ୟମରେ ମାମଲାର ସମାଧାନ କରିବା ଏକ ବ୍ୟବହାରିକ ମାର୍ଗ ଅଟେ । ବିଦେଶରେ ଏହି ପ୍ରଥା ପ୍ରଚଳିତ ହେବା ପରେ ଅନେକ ମାମଲାର ନିର୍ଣ୍ଣୟ ଜଲ୍‌ଦି ମିଳିଯାଏ ଓ ଆର୍ଥିକ ଦଣ୍ଡ ରୂପେ ଏହି ପ୍ରକ୍ରିୟାରେ ବହୁତ ଧନ ଜମା ହୋଇଛି । ଏହି ରାଶିର ଉପଯୋଗ ଇନଭେଷ୍ଟର ପ୍ରୋଟେକ୍‌ସନ ବା ଏଜୁକେଶନ ଉପରେ କରାଯାଇ ପାରେ ।

ଡିଲିଷ୍ଟିଙ୍ଗ : ଆଇ ପୀ ଓ (ପବ୍ଲିକ ଇଶ୍ୟୁ) ପରେ ଯେଉଁ ପ୍ରକାର ଶେୟାରର ବଜାରରେ ଲିଷ୍ଟିଙ୍ଗ ହୁଏ ସେହି ପ୍ରକାର ଅନେକ ଥର କମ୍ପାନୀମାନେ ନିଜ ଶେୟାରକୁ ଶେୟାର ବଜାରରୁ ଡିଲିଷ୍ଟିଙ୍ଗ କରାଇଥାନ୍ତି । ଶେୟାର ଡିଲିଷ୍ଟିଙ୍ଗ ହୋଇଯିବା ପରେ ସେମାନଙ୍କର ସଉଦା ଶେୟାର ବଜାରରେ ହୋଇ ପାରିବ ନାହିଁ । ଏହି ପ୍ରକାର ଡିଲିଷ୍ଟିଙ୍ଗ ଶେୟାର ଧାରକ ଏବଂ ନିବେଶକଙ୍କ ହିତରେ ନଥାଏ । ଡିଲିଷ୍ଟିଙ୍ଗ ଅଲଗା ଅଲଗା କରାଣରୁ ହୋଇଥାଏ । କୋଣସି କମ୍ପାନୀ ଯେତେବେଳେ ଡିଲିଷ୍ଟିଙ୍ଗ ଚୁକ୍ତିର ପାଳନ କରନ୍ତି ନାହିଁ ଓ ଡିଲିଷ୍ଟିଙ୍ଗ ଫିଜ୍ ଜମା କରନ୍ତି ନାହିଁ ସେତେବେଳେ ଏକ୍ସଚେଞ୍ଜ ପ୍ରଥମେ ତାଙ୍କର ସେମାନଙ୍କର ଶେୟାରକୁ ସସ୍ପେଣ୍ଡ କରିଦିଏ । ତା ପରେ କମ୍ପାନୀ ଯଦି ନିର୍ଦ୍ଧାରିତ ସମୟ ମଧ୍ୟରେ ଡିଲିଷ୍ଟିଙ୍ଗ ଚୁକ୍ତିରେ ବର୍ଣ୍ଣିତ ଶାନ୍ତିର ପାଳନ ନ କରେ ତେବେ ଶେଷରେ ଏକ୍ସଚେଞ୍ଜ ସେମାନଙ୍କର ଶେୟାରକୁ ଡିଲିଷ୍ଟିଙ୍ଗ କରିବାର ନୋଟିସ୍ ଦେଇ ଦିଅନ୍ତି । ଏପରି ହେବା ପରେ ମଧ୍ୟ ଯଦି କମ୍ପାନୀ କୌଣସି ଉତ୍ତର ନ ଦିଅନ୍ତି ତେବେ ଏକ୍ସଚେଞ୍ଜ ସେମାନଙ୍କର ଶେୟାରକୁ ନଜ ସୂଚୀରୁ ହଟାଇ ଦିଅନ୍ତି । ଏହି ପ୍ରକାରର ଡିଲିଷ୍ଟିଙ୍ଗ ଏକ ଦଣ୍ଡ ଯାହା ଶେୟାର ଧାରକଙ୍କୁ ଭୋଗିବାକୁ ପଡ଼େ, ଯାହା ଦ୍ୱାରା ସେମାନେ ନିଜ

ଶେୟାରର ସଉଦା ବଜାରରେ କରି ପାରନ୍ତି ନାହିଁ ଓ ଶେୟାରର ପ୍ରବାହ କ୍ଷମତା ଶୁନ୍ୟ ହୋଇଯାଏ । ଯେତେବେଳେ କି ଅନେକ ଥର କମ୍ପାନୀମାନେ ନିଜ ଇଚ୍ଛାରେ ଡିଲିସ୍ଟିଙ୍ଗ କରାଇଥାନ୍ତି । ଏପରି କରାଇବା ସମୟରେ କମ୍ପାନୀମାନଙ୍କୁ ସେବୀର ଡିଲିସ୍ଟିଙ୍ଗ ଦିଗ-ନିର୍ଦ୍ଦେଶର ପାଳନ କରିବାକୁ ପଡ଼ିଥାଏ, ଯାହା ଦ୍ୱାରା କମ୍ପାନୀକୁ ଶେୟାର ଧାରକ ମାନଙ୍କ ପାଖରୁ ସ୍ୱୟଂ ହିଁ ଶେୟାର କିଣିବାକୁ ପଡ଼େ । ଏପରି ସ୍ୱଇଚ୍ଛାରେ କରା ଯାଉଥିବା ଡିଲିସ୍ଟିଙ୍ଗ ମାମଲାରେ ଶେୟାର ଧାରକଙ୍କୁ କ୍ଷତି ସହିବାକୁ ପଡ଼ିଥାଏ ।

ଡିସଇନଭେଷ୍ଟମେ : ଏହି ଶବ୍ଦ ବିଗତ କିଛି ବର୍ଷ ହେବ ନିଜ ଅର୍ଥ ବ୍ୟବସ୍ଥା ଓ ବଜାରରେ ପ୍ରଚଳିତ ହୋଇଛି । ଇନଭେଷ୍ଟମେଣ୍ଟର ଅର୍ଥ ହେଉଛି ନିବେଶ କରିବା ଯେତେବେଳେ କି ଡିସଇନଭେଷ୍ଟମେଣ୍ଟର ଅର୍ଥ ହେଉଛି ନିବେଶ ଖାଲି କରିବା । ସରକାରୀ ଅର୍ଥାତ୍ ସାର୍ବଜନିକ କ୍ଷେତ୍ରର କମ୍ପାନୀମାନଙ୍କର ସ୍ଥାପନ ସରକାରଙ୍କର ଅଟେ, ଯାହାଦ୍ୱାରା ସେହି କମ୍ପାନୀମାନଙ୍କର ମାଲିକାନା ହକ ସରକାରଙ୍କ ହାତରେ ରହିଥାଏ । ବଦଳୁଥିବା ସମୟ ଓ ଉଦାରୀରଣର ବାତାବରଣରେ ନିର୍ବିକରଣର ବଳୟ ବଢ଼ି ଚାଲିଛି । ସରକାର ଏହି ସାର୍ବଜନୀକ କ୍ଷେତ୍ରର କମ୍ପାନୀମାନଙ୍କ ଠାରୁ ନିଜର ଭାଗ (ନିବେଶ) ଯେତେବେଳେ ଖାଲି କରନ୍ତି ତାକୁ ଡିଇନଭେସ୍ଟମେଣ୍ଟ କୁହାଯାଏ । ଏହି ଖାଲି କରାଯାଉଥିବା ଭାଗ ସରକାର ସାର୍ବଜନୀକ ଜନତା, ଘରୋଇ ନିବେଶକ, ବ୍ୟାଙ୍କ, ସଂସ୍ଥା ଆଦିଙ୍କୁ ପ୍ରସ୍ତାବ ଦିଅନ୍ତି । ଏହିପରି ସରକାରୀ ଧନ ଏକତ୍ରିତ କରି ସେହି ଅର୍ଥକୁ ସାମାଜିକ ବିକାଶ କ୍ଷେତ୍ରରେ ଉପଯୋଗ କରନ୍ତି । ଏହା ସହିତ ସାମାନ୍ୟ ନିବେଶକଙ୍କୁ ସାର୍ବଜନିକ କ୍ଷେତ୍ରରେ ଏହି କାର୍ଯ୍ୟକ୍ରମରେ ନିଜେ ଭାଗ ନେବାର ଅବସର ମିଳେ । ଡିଇନଭେସ୍ଟମେଣ୍ଟ ପରେ ଶେୟାରମାନଙ୍କର ଷ୍ଟକ ଏକ୍ସଚେଞ୍ଜର ଲିସ୍ଟିଙ୍ଗ ହୋଇଥାଏ ଓ ସେଥିରେ ସଉଦା ମଧ୍ୟ ହୋଇଥାଏ । ସରକାର ବିଗତ କିଛି ବର୍ଷ ହେବ ଧିର ବେଗରେ ଡିସ୍ଇଭେସ୍ଟମେଣ୍ଟ କରୁଛନ୍ତି । ଯେଉଁ କାରଣରୁ ହିଁ ଅନେକ ସାର୍ବଜନୀକ କ୍ଷେତ୍ରର କମ୍ପାନୀମାନଙ୍କର ଶେୟାର ସୂଚୀବଦ୍ଧ ଅଟେ । ଯେଉଁମାନଙ୍କ ମଧ୍ୟରେ ଓ.ଏନ୍.ଜୀ.ସୀ., ଏନ୍.ଟୀ.ପୀ.ସୀ., ଭେଲ ଇତ୍ୟାଦି କମ୍ପାନୀମାନଙ୍କର ସମାବେଶ ଅଛି ୨୦୧୦-୧୧ ବର୍ଷର ବଜେଟରେ ୪୦ହଜାର କୋଟି ଟଙ୍କା ଡିସ୍ଇନଭେସ୍ଟମେଣ୍ଟ ପ୍ରଥମ ପାଦ ଆରମ୍ଭ ହୋଇଛି, ଯାହାକୁ ଧ୍ୟାନରେ ରଖି ମୁମ୍ବାଇ ଷ୍ଟକ ଏକ୍ସଚେଞ୍ଜ ପିଏସୟୁଡଟ କମ ନାମରେ ଗୋଟିଏ ଅଲଗା ୱେବସାଇଟ ମଧ୍ୟ ସୃଷ୍ଟି କରିଛନ୍ତି, ଯାହା ଉପରେ ପୀଏସୟୁର ଡିଇନଭେସ୍ଟମେଣ୍ଟ ସମ୍ବନ୍ଧିତ ଆବଶ୍ୟକ ତଥ୍ୟ ଉପଲବ୍ଧ କରାଯାଇଛି । ଦୀର୍ଘ ସମୟ ପାଇଁ ନିବେଶ କରୁଥିବା ନିବେଶକଙ୍କ ପାଇଁ ଏହି କମ୍ପାନୀଗୁଡ଼ିକ ଶ୍ରେଷ୍ଠ ମନେ କରାଯାନ୍ତି । ନିବେଶକମାନଙ୍କୁ ଏହି ସାଇଟ

ଦ୍ୱାରା ଏପରି ଅନେକ ତଥ୍ୟ ମିଳି ପାରିବ ଯାହା ତାଙ୍କର ନିବେଶର ନିର୍ଣ୍ଣୟ ପାଇଁ ସହାୟକ ହେବ ।

ଡିପୀ (ଡିପୋଜିଟାରୀ ପାର୍ଟୀସପେଟ) : ଶେୟାରଧାରକ, କମ୍ପାନୀ ଓ ଡିପୋଜିଟାରୀର ଦୃଢ଼ତା ଅର୍ଥାତ୍ ଡିପୀ । ବ୍ୟାଙ୍କ, ବିତ୍ତୀୟ ସଂସ୍ଥା ଓ ଶେୟାର ଦଲାଲ୍ ଆଦି ଡିପୀ ହୋଇ ପାରିବେ । ଯେପରି ବ୍ୟାଙ୍କ ଖାତାଧାରୀଙ୍କ ଟଙ୍କା ସମ୍ଭାଳି ରଖନ୍ତି ସେପରି ଡିପୋଜିଟାରୀ ନିବେଶକଙ୍କ ସୁରକ୍ଷାକୁ ଇଲକ୍ଟ୍ରୋନିକ୍ସ ସ୍ୱରୂପରେ ସମ୍ଭାଳି ରଖନ୍ତି । ଆମ ଦେଶରେ ଏନ୍.ଏସ.ଡୀ.ଏଲ (ନ୍ୟାସନାଲ ସିକ୍ୟୁରିଟୀଜ ଡିପୋଜିଟାରୀ ଲିମିଟେଡ଼) ଓ ସୀଡୀଏସଏଲ (ସେଣ୍ଟ୍ରାଲ ଡିପୋଜିଟାରୀ ସର୍ଭିସେସ୍ ଇଣ୍ଡିଆ ଲିମିଟେଡ଼) ନାମକ ଦୁଇଟି ଡିପୋଜିଟାରୀ ଅଛନ୍ତି । ଶେୟାର ବଜାରରେ ସଉଦା କରିବା ପାଇଁ ନିବେଶକଙ୍କୁ ନିଜ ଡିମେଟି ଖାତା ଖୋଲିବାର ଆବଶ୍ୟକତା ପଡ଼େ । ଏହି ଖାତା ଡିପୋଜିଟାରୀ ପାର୍ଟିସିପେଟଙ୍କ ପାଖରେ ଖୋଲାଯାଏ ।

ଡାଇଭରସିଫିକେସନ (ବିବିଧୀକରଣ) : ଖାଲି ଶେୟାର ବଜାର ନୁହେଁ ନିବେଶ ଜଗତରେ ମଧ୍ୟ ଏହି ଶବ୍ଦର ବହୁତ ମହତ୍ତ୍ୱ ଅଛି । ଅଣ୍ଡା ଗୋଟିଏ ଟୋକେଇରେ ରଖାଯାଏ ନାହିଁ, ଆପଣ ଏହି ଲୋକକଥା ଶୁଣିଥିବେ । ସେହିପରି ସମସ୍ତ ନିବେଶ ଗୋଟିଏ ଶେୟାରରେ କରିବା ଉଚିତ୍ ନୁହେଁ ବରଂ ଅଲଗା ଅଲଗା ଶେୟାରରେ କରିବା ଉଚିତ୍ ଓ ଏତିକି ନୁହେଁ ଶେୟାର ଅଲଗା ଅଲଗା ଉଦ୍ୟୋଗ ସହିତ ସମ୍ପର୍କିତ କମ୍ପାନୀର ହେବା ଉଚିତ୍ । ଏହିପରି ବିବିଧ ଉଦ୍ୟୋଗର କମ୍ପାନୀର ଶେୟାରରେ ନିବେଶ କରିବାକୁ ବିବିଧୀକରଣ କୁହାଯାଏ । ଏପରି କରିବା ଦ୍ୱାରା ନିବେଶକଙ୍କର ବିପଦ କମିଯାଏ, କାରଣ ଯଦି ସମସ୍ତ ଅଣ୍ଡା ଗୋଟିଏ ଟୋକେଇରେ ରହିବ ଓ ସେହି ଟୋକେଇ ପଡ଼ିଯିବ ତେବେ ସମସ୍ତ ଅଣ୍ଡା ନଷ୍ଟ ହୋଇଯିବ । ସେହିପରି ସମସ୍ତ ନିବେଶ କୌଣସି ଗୋଟିଏ କମ୍ପାନୀର ହେବ ଓ ଦୁର୍ଭାଗ୍ୟବଶତଃ ସେହି କମ୍ପାନୀର କୌଣସି ଅଜଣା କ୍ଷତି ହୋଇଯିବ ତେବେ ନିବେଶକର ସମସ୍ତ ନିବେଶ ନଷ୍ଟ ହୋଇ ପାରେ । ଏପରି କରିବା ଅପେକ୍ଷା ବିବିଧ ଶେୟାରରେ ନିବେଶ ହେବା ଦ୍ୱାରା ଡାଇଭର୍ସିଫିକେସନର ଲାଭ ମିଳେ । ଯେଉଁଥିରେ ଯଦି କୌଣସି ଗୋଟିଏ କିମ୍ବା ଦୁଇଟି କମ୍ପାନୀର ଶେୟାର ହ୍ରାସ ହୋଇଯାଏ ତେବେ ଅନ୍ୟ ଶେୟାରରେ କରା ଯାଇଥିବା ନିବେଶ ତାର ବିପଦକୁ କମ କରିଦିଏ । ଅଲଗା ଅଲଗା ଉଦ୍ୟୋଗର ଶେୟାର ରଖିବା ପଛରେ ଉଦ୍ଦେଶ୍ୟ ହେଉଛି ଯେ ପ୍ରାୟତଃ କୌଣସି ଏକ ସମୟରେ ସମସ୍ତ ଉଦ୍ୟୋଗମାନଙ୍କର କମ୍ପାନୀରେ ମାନ୍ଦା ଅବସ୍ଥାର ସମୟ ଜାରି ରହେନାହିଁ । ଗୋଟିଏ ଉଦ୍ୟୋଗରେ ମାନ୍ଦା ହେବା ଦ୍ୱାରା

ଅନ୍ୟ ଉଦ୍ୟୋଗର ଭଲ ଅବସ୍ଥାର ଲାଭ ମିଳିଯାଏ । ଯଦି ପୂରା ବିତ୍ତୀୟ ବଜାରରେ ବହୁତ ହ୍ରାସ ହୁଏ ତେବେ ଏହା ଅଲଗା କଥା ।

ଏଠାରେ ଏକଥା ମଧ୍ୟ ବୁଝିବା ଦରକାର ଯେ ନିବେଶର ଡାଇଭରସିଫିକେଶନ କେବଳ ଶେୟାର ପର୍ଯ୍ୟନ୍ତ ସୀମିତ ରହିବା ଉଚିତ୍ ନୁହେଁ । ନିବେଶକ କେବଳ ଶେୟାରରେ ନିବେଶ କରିବା ଦ୍ୱାରା ମଧ୍ୟ ବିପଦ ଅଛି, ଯେତେ ଅନ୍ୟ ପ୍ରକାରର ଶେୟାରରେ ନିବେଶ କରା ଯାଇଥାଉ ପଛେ । ପୂରା ଶେୟାର ବଜାର ମାନ୍ଦା ଅବସ୍ଥାକୁ ଆସିଗଲେ କଣ ହେବ ? ନିବେଶକମାନେ ନିଜ ଆସେଟର ମଧ୍ୟ ଡାଇଭର୍ସିଫିକେଶନ ରଖିବା ଉଚିତ୍ । ଯାହାକୁ ଅନ୍ୟ ଶବ୍ଦରେ ଆସେଟ ଆଲୋକେଶନ ମଧ୍ୟ କୁହାଯାଏ । ସରଳ ଶବ୍ଦରେ କହିବାକୁ ଗଲେ ନିବେଶକମାନଙ୍କୁ ଶେୟାର ଛଡ଼ା ସୁନା, ରୂପା, ପ୍ରପର୍ଟୀ, ବ୍ୟାଙ୍କ ବା କର୍ପୋରେଟ ଡିପୋଜିଟ୍, ବଣ୍ଡସ, ସରକାରୀ ଜମା ଯୋଜନା ଇତ୍ୟାଦିରେ ମଧ୍ୟ ନିବେଶ କରିବା ଉଚିତ୍ । ଏପରି କରିବା ଦ୍ୱାରା ସମ୍ପୂର୍ଣ୍ଣ ବିପଦର ବିଭାଜନ ହୋଇଯାଏ ଓ ନିଜର ପୂରା ନିବେଶକୁ ହରାଇବାରୁ ବଞ୍ଚି ହେବ ।

ଡିସଗୋର୍ଜମେଣ୍ଟ: ଏହି ଶବ୍ଦ ଉଚାରଣ କରିବାରେ କଷ୍ଟ ହୁଏ କିନ୍ତୁ ଏହାର ଅଭିପ୍ରାୟ ସରଳ ଅଟେ । କୌଣସି ବି ହସ୍ତୀ ଶେୟାର ବଜାର ବା ପୁଞ୍ଜି ବଜାରରେ ଯଦି ଭୂଲ ଉପାୟରେ ଘୋଟାଲା କରି ଅନ୍ୟମାନଙ୍କର ଅର୍ଥ ହଡ଼ପ କରିନେବ ତେବେ ସେବୀର ଏପରି ମାମଲାର ଜାଞ୍ଚ କରି ଏହି ହସ୍ତୀମାନଙ୍କ ପାଖରୁ କମାଇଥିବା ଅର୍ଥ ଆଦାୟ କରିବାର ଅଧିକାର ଅଛି । ଏହ ଉଦ୍ଦେଶ୍ୟରେ ସେବୀ ଓ ଡିସଗୋର୍ଜେ ଅର୍ଡର ଜାରି କରେ । ଏହି ପ୍ରକାର ଆଦାୟକୁ ଡିସଗୋର୍ଜମେଣ୍ଟ କୁହାଯାଏ । ତାଜା ଉଦାହରଣ ରୂପରେ ଏହି ଶବ୍ଦକୁ ବୁଝିବାକୁ ଗଲେ ୨୦୦୩-୨୦୦୫ ବର୍ଷ ମଧ୍ୟରେ ଅନେକ ଆଇ ପୀ ଓ ରେ ବେନାମୀ ଡିମେଟ ଆକାଉଣ୍ଟ ଖୋଲାଯାଇ ମଲ୍ଟିପଲ ଆବେଦନ କରି ଅନେକ ଲୋକ ଅନୁଚିତ ଲାଭ କମାଇଛନ୍ତି । ଯେହେତୁ ସେହି ସମୟରେ ବଜାରର ଗତି ଦୃତ ଥିଲା ଓ ଆଇ ପୀ ଓ ରେ ଶେୟାର ପାଇଥିବା ଲୋକମାନଙ୍କୁ ସେକେଣ୍ଡାରୀ ବଜାରରେ ଲିଷ୍ଟିଙ୍ଗ କରିବା ପରେ ଭଲ ଲାଭ ମିଳୁଥିଲା । ବେନାମୀ ମଲ୍ଟିପଲ ଆବେଦନ କାରଣରୁ ଛୋଟ ଆବେଦକ ଆଇ.ପୀ.ଓ. ରେ ଶେୟାର ପାଇବାରୁ ବଞ୍ଚିତ ହେଲେ । ସେବୀ ଦୀର୍ଘ ସମୟ ଜାଞ୍ଚ କରିବା ପରେ ଏପରି ଅନେକ ଲୋକଙ୍କ ପାଖରୁ ସେମାନଙ୍କଦ୍ୱାରା ଭୂଲ ଉପାୟରେ ରୋଜଗାର କରାଯାଇଥିବା ଧନ ଡିସଗୋର୍ଜ (ଆଦାୟ) କଲେ ଓ ଅପ୍ରେଲ ମାସର ଆରମ୍ଭରୁ ଏହା ଆଦାୟ କରାଗଲା । ଅର୍ଥକୁ କ୍ଷତିପୂରଣ ରୂପେ ସେହି

ଲୋକମାନଙ୍କ ମଧ୍ୟରେ ବାଣ୍ଟିଦେଲେ ଯେଉଁମାନେ ଆଇ.ପୀ.ଓ ରେ ଉକ୍ତ ଶେୟାର ପାଇବାରୁ ବଞ୍ଚିତ ଥିଲେ । ଭାରତୀୟ ପୁଞ୍ଜି ବଜାରର ଇତିହାସରେ ଏପରି ପ୍ରଥମ ଥର ହୋଇଥିଲା । ଭାରତର ଅର୍ଥମନ୍ତ୍ରୀଙ୍କ ହାତରେ ନିବେଶକମାନଙ୍କୁ କ୍ଷତିପୂରଣର ଚେକ ଦିଆଗଲା । ଏହିପରି ଡିସଗୋର୍ଜମେଣ୍ଟ ଶବ୍ଦ ନିଶ୍ଚୟ ଭାରୀ ଅଟେ, କିନ୍ତୁ ନିବେଶକମାନଙ୍କ ପାଇଁ ଲାଭଦାୟୀ ଅଟେ । ଏହି ଉଦାହରଣ ଦ୍ୱାରା ନିବେଶକମାନଙ୍କ ମଧ୍ୟରେ ସିଷ୍ଟମ ତଥା ବଜାର ପ୍ରତି ବିଶ୍ୱାସ ବଢ଼ିବା ସ୍ୱାଭାବିକ ଅଟେ । ସେବୀ ନିଜର ଏହି ଅଧିକାର ଦ୍ୱାରା ସେହି ଲୋକମାନଙ୍କ ଉପରେ ଅଙ୍କୁଶ ଲଗାଇ ରଖି ପାରିବ, ଯିଏ ବଜାରରେ ବେନିୟମ ଉପାୟରେ ଲାଭ ଉଠାଇବାକୁ ଚାହେଁ ।

ଡିସକ୍ଲୋଜର : ଏହି ଶବ୍ଦ ସେବୀର ନିୟମ ଠାରୁ ନେଇ ଶେୟାର ବଜାର ସମସ୍ତ, ନୀତି-ନିୟମରେ ଉପଯୋଗ କରାଯାଏ । ସାଧାରଣ ଅର୍ଥରେ ଏହାର ଅର୍ଥ ହେଉଛି ସ୍ପଷ୍ଟୀକରଣ କରିବା ଅର୍ଥାତ୍ ଡିସକ୍ଲୋଜ କରିବା । ଏହି ଶବ୍ଦର ପୁଞ୍ଜି ବଜାରରେ ବହୁତ ମହତ୍ତ୍ୱ ଅଛି । ଯାହାର ଆଧାର ଉପରେ ହିଁ ନିବେଶର ନିର୍ଣ୍ଣୟ ନିଆଯାଏ । ନିବେଶକମାନଙ୍କୁ କମ୍ପାନୀ ତଥା ତାର ମଧ୍ୟସ୍ଥିଙ୍କ ବିଷୟରେ ଆବଶ୍ୟକୀୟ ଖବର ସମୟ ସମୟରେ ମିଳିଚାଲେ । ସେଥିପାଇଁ ସେବୀ ସମୟ ସମୟରେ ଡିସକ୍ଲୋଜରର ନିୟମ ମାନେ ଓ ସଂଶୋଧିତ କରିଚାଲେ । ନିବେଶ କରିବାର ନିର୍ଣ୍ଣୟ ନେବାରେ ଏହି ଖବର ବହୁତ୍ ମହତ୍ତ୍ୱପୂର୍ଣ୍ଣ ଅଟେ ।

ଇସ୍ୟୁଅର : ସୁରକ୍ଷା ଜାରି କରିବା ବାଲା କମ୍ପାନୀ ବା ସଂସ୍ଥାନକୁ ଇସ୍ୟୁଅର କୁହାଯାଏ । ସାଧାରଣ ଶବ୍ଦରେ ଶୋୟାର ବା ସୁରକ୍ଷା ଜାରି କରିବା ବାଲା କମ୍ପାନୀ ବା ସଂସ୍ଥାକୁ ଇସ୍ୟୁଅର କୁହାଯାଏ ।

ଫଣ୍ଡାମେଣ୍ଟାଲ : ଶେୟାର ବଜାର ବା କମ୍ପାନୀ ସମ୍ବନ୍ଧୀୟ ରିପୋର୍ଟରେ ଅନେକ ଥର ଫଣ୍ଡାମେଣ୍ଟାଲ ଶବ୍ଦ ପଢ଼ିବା ବା ଶୁଣିବାକୁ ମିଳେ । ଉଦାହରଣ ସ୍ୱରୂପ କମ୍ପାନୀର ବା ବଜାରର ଫଣ୍ଡାମେଣ୍ଟାଲ ମଜଭୂତ୍ ବା କମଜୋର ଅଟେ ଇତ୍ୟାଦି ହେଉଛି ଫଣ୍ଡାମେଣ୍ଟାଲ ଅର୍ଥାତ୍ ମୂଳ ଆଧାର ତତ୍ତ୍ୱ ବା ପରିଣାମ କମ୍ପାନୀ ବିକ୍ରୀ, ଲାଭ, ଆୟ ମାର୍ଜିନ, ଡିମାଣ୍ଡ ଇତ୍ୟାଦିର ସମ୍ବନ୍ଧରେ ଯଦି ଭଲ ପ୍ରଦର୍ଶନ କରେ ତେବେ ଫଣ୍ଡାମେଣ୍ଟାଲର ଦୃଷ୍ଟିରେ କମ୍ପାନୀ ମଜଭୂତ୍ ଗଣାଯାଏ । ଏହିପରି ଅନେକ କମ୍ପାନୀମାନଙ୍କର ପରିଣାମ ଭଲ ଆସିବା ଉପରେ ବା ଅନ୍ୟ ଉତ୍ସାହବର୍ଦ୍ଧକ ନୀତିମାନଙ୍କର ଘୋଷଣା ଏବଂ ଭଲ ପ୍ରଗତି ହେବା ଦ୍ୱାରା ବଜାରରେ ସକରାତ୍ମକ ଧାରା ଦେଖିବାକୁ ମିଳେ, ତେବେ ଏହା ଆର୍ଥିକ ଜଗତରେ ମଜଭୂତ ଫଣ୍ଡାମେଣ୍ଟାଲର ଆଧାର ହୁଏ ।

ନିବେଶକମାନଙ୍କୁ ପୁଞ୍ଜି ବଜାରରେ ନିବେଶ କରିବା ସମୟରେ କମ୍ପାନୀ ଓ ବଜାରର ଫଣ୍ଡାମେଣ୍ଟାଲ କମଜୋର ଶେୟାରର ମୂଲ୍ୟ ରହିପାରେ । ନିବେଶକଙ୍କୁ ଏପରି ସମୟରେ କମ୍ପାନୀର ଫଣ୍ଡାମେଣ୍ଟାଲକୁ ଅଧିକ ମହତ୍ତ୍ୱ ଦେବା ଉଚିତ୍ ।

ଗାଇଡାନ୍ସ : କମ୍ପାନୀ ଯେତେବେଳେ ଆଗାମୀ ସମୟରେ ହେବାକୁ ଥିବା ନିଜର ସମ୍ଭାବିତ ଟର୍ଣ୍ଣଓଭର ବା ବିଜନେସ ବା କାର୍ଯ୍ୟର ସଙ୍କେତ ଦିଏ ସେତେବେଳେ ତାକୁ ଗାଇଡାନ୍ସ କୁହାଯାଏ । ପ୍ରାୟତଃ ଆଇଟୀ (ଇନ୍‌ଫରମେଶନ ଟେକନୋଲୋଜୀ) କମ୍ପାନୀମାନେ ଏହି ଶବ୍ଦର ବହୁତ ଉପଯୋଗ କରନ୍ତି । ଇନଫୋସିସ୍ ଆଗାମୀ ତିନି ମାସରେ ନିଜର ଗାଇଡାନ୍ସ ଜାହିର କରିଥିଲା, ଯେଉଁଥିରେ ତାର ଶେୟାର ମୂଲ୍ୟ ବହୁତ ଉପରକୁ ଉଠିଥିଲା, ଏପରି ସମାଚାର ଆପଣ ପଢ଼ିଥିବେ । କମ୍ପାନୀର ଭାବି ସଂକେତର ଆଧାର ଉପରେ ଉଦ୍ୟୋଗ ବିଶେଷର ସଂକେତର ଅନୁମାନ ମଧ୍ୟ ଲଗାଯାଇ ପାରିବ ।

ଗାଇଡ ଲାଇନ ଅର୍ଥାତ୍ ମାର୍ଗ ରେଖା : ସେବୀ ଶେୟାର ବଜାର ଅଥବା ବଜାରର ମଧ୍ୟସ୍ଥଙ୍କ ପାଇଁ ଯେବେ ମଧ୍ୟ ନୀତି-ନିୟମ ଜାହିର କରେ ତାକୁ ମାର୍ଗ ରେଖା କୁହାଯାଏ, ଏହାର ପାଳନ କରିବା ଆବଶ୍ୟକ ଅଟେ । ଅନ୍ୟ ଶବ୍ଦରେ ଏହାକୁ ସର୍ତ୍ତ ଏବଂ ନିୟମ ମଧ୍ୟ କୁହାଯାଇ ପାରିବ ।

କେ.ୱାଇ.ସୀ (ନୋ ୟୋର କ୍ଲାଏଣ୍ଟ/କଷ୍ଟମର) : ବର୍ତ୍ତମାନ ସମୟରେ କେୱାଇସୀର ଆବଶ୍ୟକତା ବଢ଼ିଯାଇଛି, ବିଶେଷକରି ବ୍ୟାଙ୍କ ଆକାଉଣ୍ଟ, ଶେୟାର ବ୍ରୋକର ପାଖରେ ଟ୍ରେଡିଙ୍ଗ ଆକାଉଣ୍ଟ ବା ଡିମେଟ ଆକାଉଣ୍ଟ ଖୋଲିବା ସମୟରେ କେୱାଇସୀର ଉପଯୋଗ ହୋଇଥାଏ । ବେନାମୀ ତଥା ଆଇନ ବର୍ହିଭୂତ ପ୍ରବୃତ୍ତିର ଧନ ବଜାରରେ ପ୍ରବେଶ କରି ପାରିବ ନାହିଁ ସେଥିପାଇଁ ଏହି ନିୟମ ଲାଗୁ କରାଯାଇଛି । ନୋ ୟୋର କ୍ଲାଏଣ୍ଟ ଅର୍ଥାତ୍ ଆପଣ ନିଜର ଗ୍ରାହକଙ୍କୁ ଜଣା ଶୁଣା, ଅନ୍ୟ ଶବ୍ଦରେ ଯଦି କହିବେ ତେବେ ଗ୍ରାହକ ବାସ୍ତବରେ ଅସ୍ତିତ୍ୱରେ ଅଛନ୍ତି ବା ନାହାନ୍ତି, ଏହାର ଜାଞ୍ଚ କରିବା ଜରୁରୀ ହୋଇଯାଇଛି । କଳା ଧନ ଅପରାଧ ଓ ଅଣ୍ଡରୱାଲଡର ଧନ, ହାୱାଲାର ଧନ ଆଜି ବ୍ୟାଙ୍କିଙ୍ଗ ଓ ଶେୟାର ବଜାର ମାଧ୍ୟମରେ ପ୍ରବେଶ କରୁଛି । ଏପରି ଶଙ୍କା ବା ଭୟର ଆଧାର ଉପରେ ସରକାର ଏହା ଉପରେ ଅଙ୍କୁଶ ଲଗାଇବା ପାଇଁ କେୱାଇସୀର ପାଳନ କରିବା ଆବଶ୍ୟକ ବୋଲି ଦର୍ଶାଇଛନ୍ତି । ଏଥିରେ ପ୍ରଥମେ ଆଇପୀଓ ଘୋଟାଲାର ସମୟ ବୋଗସ ଡିମେଟ ଓ ବ୍ୟାଙ୍କ ଆକାଉଣ୍ଟ ଖୋଲିବାର ପ୍ରକରଣ ପ୍ରକାଶକୁ ଆସିଛି, ଯେଉଁଥିରେ ବାସ୍ତବରେ କେହି ଖାତାଧାରୀ ନଥାନ୍ତି ଓ ଅନେକ ବେନାମୀ ଓ ବୋଗସ ଖାତା ଖୋଲା ଯାଇଥିଲା । ଏହାପରେ ସେବୀ ପୁଞ୍ଜି ବଜାରରେ କେୱାଇସୀ ଆବଶ୍ୟକ

କରିବା ପରେ ମ୍ୟୁଚୁଆଲ ଫଣ୍ଡ ପାଇଁ ମଧ୍ୟ ଲାଗୁ ହୋଇଗଲା ।

ଲିଷ୍ଟିଙ୍ଗ : ସାର୍ବଜନୀକ ନିର୍ଗମରେ ଆବେଦକମାନଙ୍କୁ ଶେୟାର ଆବଣ୍ଟନ କରିବା ପରେ ସେହି ଶେୟାରକୁ ଶେୟାର ବଜାରର ଟ୍ରେଡିଙ୍ଗ ସୂଚୀଭୂକ୍ତ କରାଇ ଦିଆଯାଏ । ଏହାକୁ ଶେୟାରର ଲିଷ୍ଟିଙ୍ଗ କୁହାଯାଏ ।

ଲିକ୍ୱିଡଟୀ (ପ୍ରବାହିତା) : ଶେୟାର ବଜାରରେ ଯଦି ଟଙ୍କା ଅଧିକ ପରିପୂର୍ଣ୍ଣ ହେବ ଓ ବଢୁଥିବା ମୂଲ୍ୟରେ ମଧ୍ୟ ନିରନ୍ତର ଲିବାଲୀ ବଢ଼ି ଚାଲିବ, ତେବେ ବଜାରରେ ପ୍ରବାହିତା ଅଧିକ ଅଛି, ଏପରି ମନେ କରାଯାଏ । ଏହାର ଗୋଟିଏ ଅର୍ଥ ଏହା ବି ଅଟେ ଯେ ନେବା-ବିକିବା ନିରନ୍ତର ଚାଲିବ ଓ ସେଥିରେ ଭଲ୍ୟୁମ ବି ଅଧିକ ହେବ ତେବେ ଲିକ୍ୱିଡିଟୀ ଭଲ କୁହାଯିବ । ବଜାରରେ ଗତି ଅଧିକ ପାଇଁ ଭଲ ଲିକ୍ୱିଡିଟୀ ହେବା ମହତ୍ତ୍ୱ ପୂର୍ଣ୍ଣ ଅଟେ । ମାନ୍ଦା ଅବସ୍ଥାରେ ଲିକ୍ୱିଡିଟୀ କମ୍ ହୋଇଯାଏ । ଅନେକ ଥର ବଜାରରେ ଅଧିକ ଲିକ୍ୱିଡିଟୀ କାରଣରୁ ବଜାର ମୂଲ୍ୟ ବହୁତ ବଢ଼ିଯାଏ ଯାହା ଦ୍ୱାରା ବଜାରରେ ବିପଦ ବଢ଼ିଯାଏ । ଭାରତୀୟ ରିଜର୍ଭ ବ୍ୟାଙ୍କ ସମୟ ସମୟରେ ବଜାରରେ ଲିକ୍ୱିଡିଟୀର ଅଙ୍କୁଶରେ ରଖିବା ପାଇଁ ପଦକ୍ଷେପ ଉଠାଇ ଚାଲନ୍ତି ।

ଲୁଡ଼କନା (ଗୋଟିଏ ଦିନରେ ଭାରି ହ୍ରାସ) : ଶେୟାର ବଜାରରେ ଇଣ୍ଡେକ୍ସ ସେନସେକ୍ସ ବା ନିଫ୍ଟୀ ଯଦି ଗୋଟିଏ ଦିନରେ ବହୁତ ହ୍ରାସ ହେବ ତେବେ ଏହାକୁ ଲୁଡ଼କନା ଅର୍ଥାତ୍ ଭାରୀ ମୂଲ୍ୟ ହ୍ରାସ କୁହାଯାଏ । ଗୋଟିଏ ଦିନରେ ଯଦି ୪୦୦-୫୦୦ ଅଙ୍କର ହ୍ରାସ ବଜାରର ଲୁଡ଼କନା ବା ପୁଣି ସେତିକି ଅଙ୍କର ବୃଦ୍ଧି ବଜାରର ଉଛୁଳିବାର ପ୍ରତୀକ ରୂପେ ମନାଯାଏ ।

ମାର୍କେଟ ବ୍ରେଡ୍ଥ : ବଜାରର ଚାଲ ଓ ପ୍ରବୃତ୍ତିକୁ ଦର୍ଶାଉଥିବା କଥାକୁ ମାର୍କେଟ ବ୍ରେଡ୍ଥ କୁହାଯାଏ । ଶେୟାର ବଜାରରେ ଯେତେବେଳେ ଜଣାଯାଏ ଯେ ବଜାରର ଚାଲ ସକାରାତ୍ମକ ଅଟେ ବା ନକରାତ୍ମକ ଅଟେ ତେବେ ଏହାର ଅନୁମାନ ଲଗାଇବା ପାଇଁ ମାର୍କେଟ ବ୍ରେଡ୍ଥକୁ ଦେଖିବା ଉଚିତ୍ । ଏକ୍ସଚେଞ୍ଜରେ ସୂଚୀଭୁକ୍ତ କମ୍ପାନୀମାନଙ୍କ ମଧ୍ୟରୁ ଯେତେ ବି କମ୍ପାନୀମାନଙ୍କର ଦିନଯାକ ସଉଦା ହୁଏ ସେମାନଙ୍କ ମଧ୍ୟରୁ ବଢ଼ିବା ବାଲା ଓ କମିବା ବାଲା ଦୁଇଟି ଯାକ ସ୍କ୍ରିପ ଅଟେ । ଯଦି ବଢୁଥିବା ସ୍କ୍ରିପ ସଂଖ୍ୟା ଅଧିକ ଅଛି ତେବେ ମାର୍କେଟ ବ୍ରେଡ୍ଥ ପଜିଟିଭ ଓ ଯଦି ହ୍ରାସ ହେଉଥିବା ସ୍କ୍ରିପ ସଂଖ୍ୟା ଅଧିକ ଅଛି ତେବେ ମାର୍କେଟ ବ୍ରେଡ୍ଥ ନେଗେଟିଭ କୁହାଯାଏ । ଉଦାହରଣ ସ୍ୱରୂପ ବିଏସଇ ଉପରେ ସୂଚୀବଦ୍ଧ କମ୍ପାନୀଗୁଡ଼ିକ ମଧ୍ୟରୁ ଯଦି କୌଣସି ଦିନ ୨୫୦୦ ସ୍କିପର ସଉଦା ହୁଏ ଓ ସେଥି ମଧ୍ୟରୁ ୧୫୦୦ ସ୍କ୍ରିପର ମୂଲ୍ୟ ବଢ଼ିବ ଓ ୧୦୦୦ ସ୍କ୍ରିପର

ମୂଲ୍ୟ କମିବ, ତେବେ ମାର୍କେଟ ବ୍ରେଡ୍‌ଥ ପଜିଟିଭ ଅର୍ଥାତ୍ ସକାରାତ୍ମକ କୁହାଯାଏ । ଏହାର ବିପରୀତ ହେବା ଦ୍ୱାରା ମାର୍କେଟ ବ୍ରେଡ୍‌ଥ ନକରାତ୍ମକ ଅର୍ଥାତ୍ ନେଗେଟିଭ କୁହାଯାଏ । ବଜାରର ଧାରା ଜାଣିବା ପାଇଁ ନିବେଶକମାନଙ୍କୁ ହ୍ରାସ ହେଉଥିବା ଓ ବଢୁଥିବା ସ୍କ୍ରିପ ଉପରେ ଧ୍ୟାନ ଦେବା ଉଚିତ୍ । ଏହି ସଂଖ୍ୟା ଶେୟାର ବଜାରର ୱେବସାଇଟରେ ଉପଲବ୍ଧ ଅଛି । ବୀଏସଇ ଓ ଏନଏସଇ ଦୁଇଟି ଯାକ ୱେବସାଟରେ ମାର୍କେଟ ବ୍ରେଡ୍‌ଥ ପ୍ରତ୍ୟେକ ଦିନ ଅନଲାଇନରେ ଦେଖିବାକୁ ମିଳେ । ସେନସେକ୍ସର ୩୦ ସ୍କ୍ରିପ ମଧ୍ୟରୁ ଯଦି ୨୫ ସ୍କ୍ରିପ ବୃଦ୍ଧି ହେବ ଓ ୫ ହ୍ରାସ ହେବ ତେବେ ସେନସେକ୍ସର ମାର୍କେଟ ବ୍ରେଡ୍‌ଥ ପଜିଟିଭ କୁହାଯାଏ । ଏହିପରି ପ୍ରତ୍ୟେକ ଇଣ୍ଡେକ୍ସର ନିଜ ନିଜ ମାର୍କେଟ ବ୍ରେଡ୍‌ଥ ଜଣାଯାଇ ପାରିବ ।

ପ୍ଲେଜ ଶେୟାର (ବନ୍ଧା ରଖା ଯାଇଥିବା ଶେୟାର) : କୌଣସି ବି ନିବେଶକ ବା ନିଜ କମ୍ପାନୀର ଶେୟାରକୁ ବ୍ୟାଙ୍କ ବା ଅନ୍ୟ ବିତ୍ତୀୟ ସଂସ୍ଥାନ ପାଖରେ ବନ୍ଧା ରଖି ଋଣ ନେଇ ପାରିବେ । କମ୍ପାନୀମାନେ ଶେୟାର ବନ୍ଧା ରଖି ଋଣ ସୁବିଧାରେ ନିଅନ୍ତି ଓ ତାର ଉପଯୋଗ କମ୍ପାନୀର ବିକାଶ କାର୍ଯ୍ୟ କରନ୍ତି । ଋଣ ନେବା ପାଇଁ ଏହା ଏକ ସହଜ ମାର୍ଗ ଅଟେ । କିନ୍ତୁ ସତ୍ୟମ କମ୍ପ୍ୟୁଟର ଘୋଟାଲା ପରେ ସେବୀର ଯାଞ୍ଚ ଆରମ୍ଭ ହେଲା ଓ ଦେଖିବାକୁ ମିଳିଲା ଯେ କମ୍ପାନୀର ପ୍ରମୋଟର ଭାରୀ ସଂଖ୍ୟାରେ ଶେୟାର ବନ୍ଧା ରଖି ଧନ ଏକାଠି କରି ଏହାକୁ ଅନ୍ୟତ୍ର ଉପଯୋଗ କରି ନେଇଛନ୍ତି, ଯାହା ଦ୍ୱାରା କମ୍ପାନୀର କୌଣସି ଲାଭ ହୋଇନାହିଁ । ଏହି ବିଷୟରେ ପାରଦର୍ଶିତା ଅଭାବରୁ ନିବେଶକମାନଙ୍କୁ ଏହି ସତ୍ୟର ଆଭାସ ମିଳି ପାରିଲା ନାହିଁ ଯେ ପ୍ରମୋଟରମାନଙ୍କର କମ୍ପାନୀରେ କେତେ ଶେୟାରଧାରୀ ଅଛନ୍ତି, ଏହି କଥାର ସଙ୍କେତ ଅଟେ ଯେ ପ୍ରମୋଟରମାନଙ୍କର କମ୍ପାନୀ ସହିତ କେତେ ହିତ ଜଡ଼ିତ ହୋଇଛି । ସମୟ ସମୟରେ ପ୍ରମୋଟରମାନଙ୍କ ଦ୍ୱାରା ବନ୍ଧା ରଖା ଯାଇଥିବା ତାଙ୍କର ଭାଗର ଶେୟାରମାନଙ୍କର ସୂଚନା ମିଳିବାର ଦିଗ ନିର୍ଦ୍ଦେଶ କରେ । ନିବେଶକମାନଙ୍କୁ ପ୍ରମୋଟରମାନଙ୍କ ଶେୟାର ଉପରେ ଧ୍ୟାନ ରଖିବା ଉଚିତ୍ ।

ପ୍ରଫିଟ ବୁକିଙ୍ଗ : ଶେୟାର ବଜାରରେ ଏହି ଶବ୍ଦ ସବୁଠାରୁ ଅଧିକ ମହତ୍ତ୍ୱପୂର୍ଣ୍ଣ ଅଟେ । ଯେତେବେଳେ ଆପଣ କୌଣସି ଶେୟାର ୪୫ଟଙ୍କା ମୂଲ୍ୟରେ ନେଲେ ଓ ଦେଢ଼ ବର୍ଷ ପରେ ତାର ମୂଲ୍ୟ ୮୫ଟଙ୍କା ହୋଇ ଗଲା ଓ ଆପଣ ଏହି ଶେୟାର ବିକି ଲାଭ କରି ନେବେ ଏହାକୁ ପ୍ରଫିଟ ବୁକିଙ୍ଗ କୁହାଯିବ । ଦେଖାଯାଇଛି ଯେ ନିବେଶକମାନେ ଲୋଭରେ ଏତେ ଆକର୍ଷଣୀୟ ଲାଭ ମିଳିବା ପରେ ମଧ୍ୟ ଆହୁରି ଅଧିକ ବଢ଼ିବାର

ଲୋଭରେ ସେହି ଶେୟାରକୁ ବିକି ପ୍ରଫିଟ ବୁକିଙ୍ଗ କରନ୍ତି ନାହିଁ, ଯାହା ଦ୍ୱାରା ପରେ ମୂଲ୍ୟ କମି କ୍ଷତି ମଧ୍ୟ ହୋଇପାରେ । ଯେପର୍ଯ୍ୟନ୍ତ ଆପଣ ୪୫ ଟଙ୍କାର ଶେୟାର ୮୫ ଟଙ୍କାରେ ବିକନ୍ତି ନାହିଁ ସେତେବେଳ ପର୍ଯ୍ୟନ୍ତ ଆପଣଙ୍କ ସେହି ଲାଭ କେବଳ କାଗଜ ପର୍ଯ୍ୟନ୍ତ ସୀମିତ ରହେ । ବାସ୍ତବରେ ତାକୁ ବିକି ସେହି ଅର୍ଥ ପ୍ରାପ୍ତି କରି ସାରିବା ପରେ ଆପଣ ପ୍ରଫିଟ ହାସଲ କରି ପାରିବେ । ନିବେଶକମାନଙ୍କୁ କେଉଁ ଶେୟାର କେତେ ମୂଲ୍ୟରେ ବିକି ନିଜର ପ୍ରଫିଟ ଲାଭ କରିବା ଉଚିତ୍, ଏହାର ଜ୍ଞାନ ହେବା ଜରୁରୀ ଅଟେ ।

ପେନୀ ଷ୍ଟକ୍ସ : ଯେଉଁ ଶେୟାରର ମୂଲ୍ୟ ପଇସାରେ ଅର୍ଥାତ୍ ୧୦ ପଇସାରୁ ନେଇ ୪୦ ପଇସା ପର୍ଯ୍ୟନ୍ତ ବା ୧ ଟଙ୍କାରୁ ନେଇ ୨ଟଙ୍କା ପର୍ଯ୍ୟନ୍ତ ଡକା ଯାଏ ତାକୁ ପେନୀ ଷ୍ଟକ୍ସ କୁହାଯାଏ । ଏପରି କମ୍ପାନୀକୁ ବିଲକୁଲ ଖରାପ ମନେକରାଯାଏ ତଥା ଏମାନଙ୍କର ଶେୟାରକୁ କେହି କିଣନ୍ତିନାହିଁ । ଏପରି କମ୍ପାନୀଗୁଡ଼ିକ ପ୍ରାୟତଃ ଜେଡ଼ ଗ୍ରୁପରେ ରୁହନ୍ତି ଓ ଏହି କମ୍ପାନୀମାନଙ୍କ ମଧ୍ୟରେ ଅଧିକାଂଶ ଷ୍ଟୋରିୟୋ ବା ଅପରେଟର ଭାଗ ନିଅନ୍ତି । ଅପବାଦ ସ୍ୱରୂପ ଅନେକ ଥର ଏପରି କମ୍ପାନୀମାନଙ୍କରେ ମଧ୍ୟ କୌଣସି କମ୍ପାନୀ ଏପରି ଥାଏ ଯାହା ଟର୍ଣ୍ଣ ଆରାଉଣ୍ଡ ହୋଇପାରେ ।

ପୀବୀଟୀ : ପ୍ରଫିଟ୍ ବିଫୋର ଟ୍ୟାକ୍ସ, ଅର୍ଥାତ୍ ସରକାରଙ୍କୁ ସୁଝା ଯାଉଥିବା କରର ନେଣ ଦେଣ ପୂର୍ବର ଲାଭ । ପୀବୀଟୀ ସେହି ଲାଭ ଅଟେ ଯେଉଁଥିରେ ସରକାରଙ୍କୁ ଦିଆ ଯାଉଥିବା କର (ଟ୍ୟାକ୍ସ) ର ସମାୟୋଜନ କରାଯାଇ ନଥାଏ ।

ରିକଭରୀ : ଏହା କରେକଶନର ବିଲକୁଲ ବିପରୀତ ସ୍ଥିତି ଦର୍ଶାନ୍ତି ଅର୍ଥାତ୍ ନିରନ୍ତର ହ୍ରାସ ହୋଇ ବଜାରରେ ଯେତେବେଳେ ହ୍ରାସ ବନ୍ଦ ହୋଇଯାଏ ଓ ବଜାର ବଢ଼ିବାକୁ ଲାଗେ ସେତେବେଳେ ଏହାକୁ ରିକଭରୀ କୁହାଯାଏ । ଯେଉଁପରି କୌଣସି ବେମାର ଲୋକର ସ୍ୱାସ୍ଥ୍ୟରେ ଔଷଧ ନେବା ପରେ କିଛି ଉନ୍ନତି ହେଲେ ଏହାକୁ ରିକଭରୀ କୁହାଯାଏ । ସେହିପରି ହ୍ରାସ ହୋଇଥିବା ବଜାରରେ ବୃଦ୍ଧି ହେଲେ ଏହାକୁ ରିକଭରୀ କୁହାଯାଏ ।

ରିଲିଷ୍ଟିଙ୍ଗ : ଡିଲିଷ୍ଟିଙ୍ଗ ପରି ଗୋଟିଏ ଶବ୍ଦ ଅଛି ରିଲିଷ୍ଟିଙ୍ଗ । ଯେତେବେଳେ କୌଣସି କମ୍ପାନୀ ଗୋଟିଏ କିମ୍ବା ଅନେକ କାରଣରୁ ନିୟମକୁ ଉଲଂଘନ କରିବା ଦ୍ୱାରା ଡିଲିଷ୍ଟିଙ୍ଗ କରି ଦିଆଯାଏ, ତା ପରେ ସେହି କମ୍ପାନୀ ପୁନର୍ବାର ସେହି ନିୟମକୁ ପାଳନ କରି ଏକ୍ସଚେଞ୍ଜରେ ନିଜ ଶେୟାର ପୁନର୍ବାର ଲିଷ୍ଟ କରାଇନିଏ । ଏହିପରି ଦ୍ୱିତୀୟ ଥର ସୂଚୀବଦ୍ଧ ହୋଇଥିବା କମ୍ପାନୀମାନଙ୍କ ପାଇଁ ରିଲିଷ୍ଟିଙ୍ଗ ଶବ୍ଦର ବ୍ୟବହାର କରାଯାଏ ।

ନିବେଶକମାନଙ୍କ ପାଇଁ ଏହା ଖୁସୀର କଥା ଅଟେ, କାରଣ ଯେଉଁ କମ୍ପାନୀର ଶେୟାର କେବଳ କାଗଜ ଖଣ୍ଡ ହୋଇ ଯାଇଥିଲା ତାହା ପୁଣି ପ୍ରବାହିତ ହୁଏ, ବିକା-କିଣା କରାଯାଇ ପାରେ ।

ରୋଲ ବ୍ୟାକ : ଏବେ ଅବସ୍ଥା ଚକ୍ରରେ ବଜେଟ ପରେ ବି ମନ୍ତ୍ରୀଙ୍କ ମୁହଁରେ ଏହି ଶବ୍ଦ ବାରମ୍ବାର କୁହାଗଲା । ଏହାର ଅର୍ଥ ହେଉଛି ପଛକୁ ପାଦ ପକାଅ ନାହିଁ ଅର୍ଥାତ୍ ଯେଉଁ ନିର୍ଣ୍ଣୟ ନିଆଗଲା, ତାହା ଫେରାଇ ନିଆଯିବ ନାହିଁ । ଉଦାହରଣ ସ୍ୱରୂପ ପେଟ୍ରୋଲର ମୂଲ୍ୟ ବୃଦ୍ଧି ହେବା ପରେ ବି ମନ୍ତ୍ରୀ କହିଲେ ଯେ ତାର ରୋଲ ବ୍ୟାକ ହେବ ନାହିଁ ତେବେ ଏହାର ଅର୍ଥ ହେଉଛି ମୂଲ୍ୟ ବୃଦ୍ଧିର ଘୋଷଣା ଫେରାଇ ନିଆଯିବ ନାହିଁ ।

ରେଗ୍ୟୁଲେଶନ : ଏହି ସରଳ ଶବ୍ଦର ଅର୍ଥ ଏଥିପାଇଁ ବୁଝିବା ଆବଶ୍ୟକ ଅଟେ ଯେ ଅଧିକାଂଶ ଲୋକ ରେଗ୍ୟୁଲେଶନ କୁ ନିୟନ୍ତ୍ରଣ (କଣ୍ଟ୍ରୋଲ) ମାନନ୍ତି, ଯେତେବେଳେ କି ବାସ୍ତବରେ ରେଗ୍ୟୁଲେଶନ ନିୟନ୍ତ୍ରଣ ଅଟେ । ଏହି ଦୁଇଟିର ଭୂମିକା ଏକାପରି ଲାଗେ । ପରନ୍ତୁ ବାସ୍ତବରେ ଏହା ଅଲଗା ଅଟେ । କଣ୍ଟ୍ରୋଲରେ ସ୍ୱାମୀତ୍ୱର ଭାବ ଥାଏ, ଯେତେବେଳେ କି ନିୟମରେ ନିୟମର ପାଳନ କରାଇବାର ଲକ୍ଷ୍ୟ ଥାଏ । ସେବୀ ନାମକ ପୁଞ୍ଜି ବଜାରର ନିୟାମକ ସଂସ୍ଥା ଶେୟାର ବଜାର, ଶେୟାର ବ୍ରୋକର, ମ୍ୟୁଚୁଆଲ ଫଣ୍ଡ ଆଦିର ନିୟମ ପ୍ରସ୍ତୁତ କରେ । ଏହି ସମ୍ପର୍କିତ ହସ୍ତୀମାନଙ୍କ ଦ୍ୱାରା ନିୟମଗୁଡ଼ିକୁ ପାଳନ କରାଇବାର ଜବାବର ପାଳନ କରାଇବା ନିୟନ୍ତ୍ରଣ ଅଟେ ।

ରିଷ୍ଟ୍ରକ୍ଚରିଙ୍ଗ : ସାମାନ୍ୟ ଅର୍ଥରେ ଏହାର ଅର୍ଥ ହେଉଛି ପୁନର୍ଗଠନ । କର୍ପୋରେଟ ଭାଷାରେ କୌଣସି କମ୍ପାନୀ ନିର୍ଦ୍ଦିଷ୍ଟ ଉଦ୍ଦେଶ୍ୟର ସହିତ ନିଜ କ୍ଷତିକୁ କମାଇବା ପାଇଁ ବା ଲାଭ ବଢ଼ାଇବା ପାଇଁ ପ୍ରୟାସ ସ୍ୱରୂପ ଯାହା କିଛି ପରିବର୍ତ୍ତନ କରେ ତାକୁ ରିଷ୍ଟ୍ରକଚରିଙ୍ଗ କୁହାଯାଏ । ନିବେଶକମାନଙ୍କୁ କମ୍ପାନୀମାନଙ୍କ ଦ୍ୱାରା ଉଠାଯାଇଥିବା ଏହି ପ୍ରକାରର ପଦକ୍ଷେପକୁ ଧ୍ୟାନର ସହିତ ଅଧ୍ୟୟନ କରିବା ଉଚିତ୍ । ଏହାର ମୁଖ୍ୟ ଉଦ୍ଦେଶ୍ୟ ହେଉଛି କମ୍ପାନୀର ସ୍ଥିତି ସୁଧାରିବା ।

ରିହାବିଲାଇଜେଶନ ବା ରିଭାଇବାଲ : ଯେଉଁ କମ୍ପାନୀ କାଙ୍ଗାଳ ହୋଇ ବେମାର ପଡ଼ିଛି ତାର ପୁନରୁଦ୍ଧାରର ସମ୍ଭାବନା ଥିଲେ ଏହାର ପ୍ରୟାସ ଆରମ୍ଭ କରି ଦିଆଯାଏ । ଏଥିପାଇଁ ବୀଆଇଏଫଆର ନିଜ ମତ ବ୍ୟକ୍ତ କରନ୍ତି ତଥା କମ୍ପାନୀର ବ୍ୟବସ୍ଥାକୁ ଏପରି କରିବା ପାଇଁ ଉଚିତ୍ ସମୟ ଦିଅନ୍ତି । ଏପରି କମ୍ପାନୀମାନଙ୍କର ପୁନରୁଦ୍ଧାର ପ୍ରକ୍ରିୟା ଉପରେ ନିବେଶକମାନଙ୍କର ଧ୍ୟାନ ରଖିବା ଉଚିତ୍ ଓ ତାକୁ ଆଧାର କରି ନିବେଶ କରିବା ଉଚିତ୍ । ଏପରି କମ୍ପାନୀମାନଙ୍କର ମୂଲ୍ୟ ବହୁତ କମିଯାଏ ଓ

ସେଥିରେ ସଉଦା ନାମକୁ ମାତ୍ର ହୁଏ । କିନ୍ତୁ ଯଦି କୌଣସି ମଜଭୂତ ଗ୍ରୁପ ଏପରି କମ୍ପାନୀକୁ ସମ୍ଭାଳିବା ପାଇଁ ପ୍ରସ୍ତୁତ ହୋଇଯିବେ ତେବେ କମ୍ପାନୀର ଶେୟାର ରିକଭରି ହୋଇପାରେ । ଏପରି କମ୍ପାନୀମାନଙ୍କରେ ଯେଉଁଠାରେ ନିବେଶ ବିପଦପୂର୍ଣ୍ଣ ସେଠାରେ ଲାଭର ସମ୍ଭାବନା ମଧ୍ୟ ଥାଏ ।

ରେଟିଙ୍ଗ : କମ୍ପାନୀର ବିତ୍ତୀୟ ପରିଣାମ, ଟ୍ରାକ ରେକର୍ଡ ଆଦିକୁ ଆଧାର କରି କମ୍ପାନୀର ସୁରକ୍ଷା ବା କମ୍ପାନୀମାନଙ୍କୁ ରେଟିଙ୍ଗ ପ୍ରଦାନ କରାଯାଏ, ଯାହା କମ୍ପାନୀର ଜମା ଏବଂ ପାତ୍ରତାର ସ୍ତର ଦର୍ଶାଏ । କମ୍ପାନୀ ବା ସଂସ୍ଥାଗୁଡ଼ିକ ଦେଶର ସମଗ୍ର ଆର୍ଥିକ ସ୍ଥିତିକୁ ଆଧାର କରି ସମ୍ବନ୍ଧିତ ରାଷ୍ଟ୍ରକୁ ମଧ୍ୟ ରେଟିଙ୍ଗ ପ୍ରଦାନ କରନ୍ତି । ଉଦାହରଣ ସ୍ୱରୂପ ଷ୍ଟାଣ୍ଡାର୍ଡ ଏବଂ ପୁଅର (ଏସ ଏଣ୍ଡ ପୀ) ମୂଡୀଜ ପର ସଂସ୍ଥା ଦେଶର ସମଗ୍ର ଆର୍ଥିକ ସ୍ଥିତିକୁ ଆପଗ୍ରେଡ ବା ଡାଉନଗ୍ରେଡ କରାଯାଏ । କୌଣସି ଦେଶର ରେଟିଙ୍ଗ ଉଚ୍ଚା ବା ଭଲ ହେବାର କାରଣ ହେଉଛି ବିଶ୍ୱର ଅନ୍ୟ ଦେଶର ନିବେଶକ ଉକ୍ତ ଦେଶର ଉଦ୍ୟୋଗରେ ନିବେଶ କରିବା ପାଇଁ ପ୍ରେରିତ ହୁଅନ୍ତି ।

ସର୍କିଟ ବ୍ରେକର : ମାର୍କେଟ ଫିଲ୍ଟର ସ୍କ୍ରିପ ଉପରେ ଲାଗୁ ହୁଏ, ଯେତେବେଳେ କି ବଜାରର ଇଣ୍ଡେକ୍ସ ଉପରେ ସର୍କିଟ ବ୍ରେକର ଲାଗୁ ହୁଏ । ଇଣ୍ଡେକ୍ସ ଦିନରେ କେତେ ଅଙ୍କ ବା ପ୍ରତିଶତ ବଢ଼ି ବା କମି ପାରିବ ଏହାର ମର୍ଯ୍ୟାଦାକୁ ନିୟନ୍ତ୍ରିତ ରଖିବା ପାଇଁ ମାର୍କେଟ ବ୍ରେକର ଲାଗୁ କରାଯାଏ । ଆପଣ କେତେ ଥର ଶୁଣିଥିବେ ଯେ ସେନସେକ୍ସ ବା ନିଫ୍ଟୀ ନିଶ୍ଚିତ ପ୍ରତିଶତ କମିବା କାରଣରୁ ବଜାର କିଛି ସମୟ ପାଇଁ ବନ୍ଦ କରିବାକୁ ପଡ଼ିଲା । ମାର୍କେଟ ବ୍ରେକରର ଉପଯୋଗ ବଜାରକୁ ଷଣ୍ଢ ଓ ଭାଲୁ ର ହାତରୁ ବଞ୍ଚାଇବା ପାଇଁ କରାଯାଏ । ଯାହା ଫଳରେ କି ଗୋଟିଏ ଦିନରେ ଭାରୀ ମାତ୍ରାରେ ବୃଦ୍ଧି-ହ୍ରାସ ହୋଇ ପାରିବ ନାହିଁ । ସମୟ ସମୟରେ ମାର୍କେଟ ବ୍ରେକରର ସୀମାରେ ପରିବର୍ତ୍ତନ କରି ଦିଆଯାଏ ।

ମାର୍କେଟ ଫିଲ୍ଟର : କୌଣସି ବି ସ୍କ୍ରିପର ମୂଲ୍ୟ ଗୋଟିଏ ଦିନରେ ଅନବାଶ୍ୟକ ରୂପେ କମିବ ବା ବଢ଼ିବ ନାହିଁ ଅଥବା ଅପରେଟର ଖେଳାଳୀ ଏପରି କରି ପାରିବ ନାହିଁ, ସେଥିପାଇଁ ଷ୍ଟକ ଏକ୍ସଚେଞ୍ଜ ପ୍ରତ୍ୟେକ ସ୍କ୍ରିପର ହ୍ରାସ-ବୃଦ୍ଧି ଉପେର (ଚଞ୍ଚଳତା) ଉପରେ ଆଙ୍କୁଶ ରଖିବା ପାଇଁ ମାର୍କେଟ ଫିଲ୍ଟରର ପ୍ରଣାଳୀ ପ୍ରୟୋଗ କରନ୍ତି । ଶେୟାରର ମୂଲ୍ୟ ସହିତ କେହି ନିରଙ୍କୁଶ ହୋଇ ବ୍ୟଙ୍ଗ କରି ନପାରିବେ ଏହି ଉଦ୍ଦେଶ୍ୟରେ ଶେୟାର ବଜାର ବିବିଧ ମାର୍କେଟ ଫିଲ୍ଟର ନିର୍ଦ୍ଧାରିତ କରେ, ଯାହା କି ୨୦ପ୍ରତିଶତ ରେଞ୍ଜରେ ଥାଏ । ଯେଉଁ ସ୍କ୍ରିପ ଯେତେ ଅଧିକ ଚଞ୍ଚଳ ହୋଇଥାଏ ତାକୁ ଅଙ୍କୁଶରେ ରଖିବା ପାଇଁ କମ ପ୍ରତିଶତ ଦ୍ୱାରା ମାର୍କେଟ ଫିଲ୍ଟର ଲାଗୁ କରାଯାଏ, ଯେତେବେଳେ କି କମ ଚଞ୍ଚଳତା ବିଶିଷ୍ଟ ସ୍କ୍ରିପ ଉପରେ ମାର୍କେଟ ଫିଲ୍ଟରର ପ୍ରତିଶତ ଅଧିକ ହୋଇଥାଏ ।

ଏକ୍ସଚେଞ୍ଜ ମାର୍କେଟ ଫିଲ୍ଟରର ସୀମାରେ ସମୟ ସମୟରେ ପରିବର୍ତ୍ତନ କରାଯାଏ । ଉଦାହରଣ ସ୍ୱରୂପ ଏବୀସୀ କମ୍ପାନୀ ଉପରେ ଯଦି ୫ ପ୍ରତିଶତ ଦରରେ ମାର୍କେଟ ଫିଲ୍ଟର ଲାଗୁ ହେବ ତେବେ କୌଣସି ଏକ କାର୍ଯ୍ୟ ଦିବସରେ ସେହି କମ୍ପାନୀର ଶେୟାରଗୁଡ଼ିକର ମୂଲ୍ୟ ଅଧିକତମ ୫ ପ୍ରତିଶତ ବଢ଼ିପାରେ ବା ୫ ପ୍ରତିଶତ କମିପାରେ । ଏହା ଠାରୁ ଅଧିକ କମିବା-ବଢ଼ିବା ଉପରେ ସେହି ଦିନ ସଉଦା ହୋଇ ପାରିବ ନାହିଁ । ଏହି ମାର୍କେଟ ଫିଲ୍ଟର ଗୋଟିଏ ଦିନ ପାଇଁ ଲାଗୁ ହୁଏ । ଆସନ୍ତା ଦିନ କାର୍ଯ୍ୟ ଦିବସ ପୁନର୍ବାର ନୂଆ ସଉଦା କରିବାକୁ ଅନୁମତି ମିଳିଯାଏ । କିନ୍ତୁ ସେ ଦିନ ମଧ୍ୟ ତା ଉପରେ ସେହି ମାର୍କେଟ ଫିଲ୍ଟରରେ ଉପର ମାର୍କେଟ ତୀବ୍ରତର ତଥା ଚଳତ୍‌ହୀନତାର ସଙ୍କେତ ଦିଏ । ନିବେଶକ ସ୍କ୍ରିପ ଉପରେ ଲାଗିଥିବା ମାର୍କେଟ ଫିଲ୍ଟରକୁ ଧ୍ୟାନରେ ରଖି ସେହ ସ୍କ୍ରିପ ସମ୍ବନ୍ଧରେ ଅନୁମାନ ଲଗାଇ ପାରିବେ ।

ସର୍କୁଲାର ଟ୍ରେଡିଙ୍ଗ : ଶେୟାର ବଜାରରେ ସେରିୟୋ ବା ଅପରେଟରମାନଙ୍କର ଗୋଟଏି ଏପରି ବର୍ଗ ମଧ୍ୟ ରହିଥାଏ ଯାହା ନିଜ ପସନ୍ଦର ସ୍କ୍ରିପର ପରସ୍ପର ମଧ୍ୟରେ ହିଁ କିଣା ବିକା କରି ତାର ମୂଲ୍ୟକୁ ନିଜର ଇଚ୍ଛିତ ଦେଶକୁ ନେଇ ଯିବାର ପ୍ରୟାସ କରେ । ଏହି ସମୂହର ଲୋକ ପ୍ରଥମରୁ ହିଁ ନିଜ ନିଜ ମଧ୍ୟରେ ଶେୟାରକୁ କିଣି ବିକି ସେହି ଶେୟାର ଉପରେ ବଜାରରେ ବିଶେଷ ଧାରା ପ୍ରସ୍ତୁତ କରିବା ପାଇଁ ପ୍ରୟାସ କରନ୍ତି । ଏହି ପ୍ରକାରର ଟ୍ରେଡିଙ୍ଗକୁ ସର୍କୁଲାର ଟ୍ରେଡିଙ୍ଗ କୁହାଯାଏ । ସାମାନ୍ୟ ନିବେଶକ ପାଇଁ ଏହି ଖେଳ ବୁଝିବା କଠିନ ଅଟେ, କିନ୍ତୁ ନିରନ୍ତର ନିରୀକ୍ଷଣ ଏବଂ ଅନୁଭବକୁ ଆଧାର କରି ଏପରି ଖେଳକୁ ବୁଝାଯାଇ ପାରିବ ଓ ତା ଜାଲରୁ ବଞ୍ଚି ହେବ । ଏକ୍ସଚେଞ୍ଜର ସର୍ବଲଂସ ବିଭାଗ ମଧ୍ୟ ଏପରି ସଉଦା ଉପରେ ବିଶେଷ ଧ୍ୟାନ ରଖେ ଓ ଏପରି ମାମଲା ସମ୍ମୁଖକୁ ଆସିଲେ ତା ଉପରେ ଆବଶ୍ୟକୀୟ ଆଇନସଙ୍ଗତ କାର୍ଯ୍ୟବାହୀ ମଧ୍ୟ କରେ । ସାଧାରଣ ନିବେଶକ ଗତିଶୀଳତା ସମୟରେ କୌଣସି ବିଶିଷ୍ଟ ସ୍କ୍ରିପର କିଣିବା ପୂର୍ବରୁ ଏହି କଥାର ବିଶେଷ ଧ୍ୟାନ ରଖିବା ଉଚିତ୍ ଯେ ସେଥିରେ ପ୍ରୟାସ କରାଯାଇ ନାହିଁ ।

ଷ୍ଟପ ଲସ : ପ୍ରଫିଟ ବୁକିଙ୍ଗ ପରି ବଜାରରେ ଲସର ଅର୍ଥାତ୍ କ୍ଷତିର ବୁକିଙ୍ଗ କରିବାକୁ ପଡ଼େ ଯାହାକୁ ଷ୍ଟପ ଲସ କୁହାଯାଏ ତଥା ଉଚିତ୍ ସମୟରେ ଏପରି ନକରି ପାରିବା ଦ୍ୱାରା କ୍ଷତି ବଢ଼ିଚାଲେ । କୌଣସି ଶେୟାର ୪୫ ଟଙ୍କାରେ କିଣିଲେ ଓ ତାର ମୂଲ୍ୟ କମି ୩୫ ଟଙ୍କା ହେଲା ତଥା ଆଗକୁ ମଧ୍ୟ ସେଥିରୁ କମ ହେବାର ଧାରା ଦେଖିବାକୁ ମିଳିଲା ତେବେ ନିବେଶକ ୩୫ ଟଙ୍କାରେ ଶେୟାର ବିକି ନିଜର କ୍ଷତିକୁ ଭରଣା କରିବା ଉଚିତ୍ । ଏପରି ନକରିବା ଦ୍ୱାରା କ୍ଷତିର ପରିମାଣ ବଢ଼ିପାରେ ।

ପ୍ରତ୍ୟେକ ଦିନ କିଣା ବିକା ସମୟରେ ପ୍ରଫିଟ ବୁକିଙ୍ଗ ଓ ଷ୍ଟପ ଲସର ନୀତିକୁ ଉପଯୋଗ ପ୍ରଚୁର ମାତ୍ରାରେ ହୁଏ । ଷ୍ଟପ ଲସକୁ ଅନ୍ୟ ଭାଷାରେ କହିଲେ ଏହାର ଅର୍ଥ ହେଉଛି କ୍ଷତିକୁ ନିୟନ୍ତ୍ରିତ କରିବା । ନିବେଶକ ଏହି ପ୍ରକାରର ବିଶିଷ୍ଟ ସୂଚନାର ସହିତ ନିଜର ଅର୍ଡର ମଧ୍ୟ ରଖି ପାରିବେ ।

ଷ୍ଟୀନ୍ୟୁଲସ ପ୍ୟାକେଜ : ବିଶ୍ୱରେ ଆର୍ଥିକ ମାନ୍ଦା ଅବସ୍ଥା ପରେ ପୂରା ବିଶ୍ୱରେ ଏହି ଶବ୍ଦ ପ୍ରଚଳିତ ହୋଇଗଲା । ମାନ୍ଦା ଅବସ୍ଥାରେ ଉଦ୍ୟୋଗକୁ ଚଳାଇ ରଖିବା ପାଇଁ ଯେତେବେଳେ ସରକାରୀ ସାହାଯ୍ୟ ପ୍ୟାକେଜ ଘୋଷଣା କରନ୍ତି ସେତେବେଳେ ଷ୍ଟୀନ୍ୟୁଲସ ପ୍ୟାକେଜ କୁହାଯାଏ । ସାହାଯ୍ୟ ପ୍ୟାକେଜରେ କରରୁ ମୁକ୍ତି, ଅନୁଦାନ ସୁଧ ଛାଡ଼, ଋଣ ଫେରସ୍ତ କରିବାର ନିୟମରୁ ଛାଡ଼ ପରି ଅନେକ ସୁବିଧାର ସମାବେଶ ହୁଏ । ସରକାର ନିଜ ବଜେଟ ଦ୍ୱାରା ଏହି ସୁବିଧା ସେହି ଉଦ୍ୟୋଗକୁ ରକ୍ଷା କରିବା ପାଇଁ ଉପଲବ୍ଧ କରାନ୍ତି । ଏହି ସୁବିଧାଗୁଡ଼ିକ ନିଶ୍ଚିତ ସମୟ ପାଇଁ ଥାଏ, ସ୍ଥାୟୀ ନୁହେଁ । ସେଥିପାଇଁ ଯେବେବି ଏପରି ସାହାଯ୍ୟ ପ୍ୟାକେଜ ଫେରସ୍ତ ନିଆଯାଏ ସେତେବେଳେ ସମ୍ବନ୍ଧିତ ଉଦ୍ୟୋଗରେ ସାମାନ୍ୟ ଅସୁବିଧା ନିଶ୍ଚୟ ଦେଖାଦିଏ ଓ ତାର ପ୍ରଭାବ ସେହି କମ୍ପାନୀର ଶେୟାର ଉପରେ ମଧ୍ୟ ପଡ଼େ । ସରକାର ସାହାଯ୍ୟ ପ୍ୟାକେଜ ଫେରସ୍ତ ନେବା ସମୟରେ ସେହି ଉଦ୍ୟୋଗ ନିଜ ଗୋଡ଼ରେ ଠିଆ ହେବାକୁ ସକ୍ଷମ କି ନାହିଁ ଦେଖନ୍ତି । ସାହାଯ୍ୟ ପ୍ୟାକେଜ ସହିତ ଜଡ଼ିତ ସରକାରୀ ନିର୍ଣ୍ଣୟ ଉକ୍ତ ଉଦ୍ୟୋଗର କମ୍ପାନୀମାନଙ୍କ ପାଇଁ, ଶେୟାର ଧାରକମାନଙ୍କ ପାଇଁ ବହୁତ ସମ୍ବେଦନଶୀଳ ହୁଅନ୍ତି ।

ସେବୀ : ଏହା ପୁଞ୍ଜି ବଜାର ଶେୟାର ବଜାରର ନିୟାମକ ସଂସ୍ଥା ଅଟେ, ଯାହାର ପୂରା ନାମ ସିକ୍ୟୁରିଟୀଜ ଆଣ୍ଡ ଏକ୍ସଚେଞ୍ଜ ବୋର୍ଡ ଅଫ ଇଣ୍ଡିଆ ଅଟେ । ସେବୀର ମୂଳ ଉଦ୍ଦେଶ୍ୟ ହେଉଛି ପୂଞ୍ଜି ବଜାରର ସ୍ୱାସ୍ଥ୍ୟ ବିକାଶ ଏବଂ ନିବେଶକମାନଙ୍କର ରକ୍ଷଣ । ସେବୀର ଗଠନ ସଂସଦରେ ଗ୍ରହଣ କରାଯାଇଥିବା ପ୍ରସ୍ତାବ ଅନୁସାରେ କରା ଯାଇଛି । ଯାହା ଏକ ସ୍ୱୟଂ ନିୟାମକ ସଂସ୍ଥା ଅଟେ । ଏହାର ନିୟମ ଶେୟାର ବଜାର, ଶେୟାର ଦଲାଲ, ମର୍ଚାଣ୍ଟ ବ୍ରୋକର, ମ୍ୟୁଚୁଆଲ ଫଣ୍ଡ, ପୋର୍ଟଫୋଲିଓ ମ୍ୟାନେଜର ସହିତ ପୁଞ୍ଜି ବଜାର ସହିତ ସମ୍ବନ୍ଧିତ ଅନେକ ମଧ୍ୟସ୍ଥକଙ୍କ ଉପରେ ଲାଗୁ ହୁଏ ।

ସେଟ ଅର୍ଥାତ୍ ସିକ୍ୟୁରିଟୀଜ ଅପୀଲେଟ ଟ୍ରିବ୍ୟୁନାଲ (ଏସ ଏ ଟି) : ଏହା ସେବୀ ସହିତ ସମ୍ବନ୍ଧ ରଖୁଥିବା ଏକ ନ୍ୟାୟାଳୟ ସହିତ ସମାନ ଜ୍ୟୁଡିସରି ବୋର୍ଡ ଅଟେ । ସେବୀର ଆଦେଶ ଆଗରେ ସେଟରେ ଅପିଲ କରାଯାଇ ପାରିବ । ସେଟର ଆଦେଶ ସେବୀକୁ ମାନିବାକୁ ପଡ଼ିବ ବା ସେବୀ ସେଟ ଆଗରେ ମଧ୍ୟ ଅପିଲ କରି

ପାରିବ । ଯେପରି ଇନକମ ଟ୍ୟାକ୍ସ ସାମ୍ନାରେ ଅପିଲ କରିବାକୁ ଯିବା ପାଇଁ ଇନ୍‌କମ ଟ୍ୟାକ୍ସ ଅପଲେଟ ଟ୍ରିବ୍ୟୁନାଲ ଥାଏ, ସେହିପରି ସେଟ ଏକ ଟ୍ରିବ୍ୟୁନାଲ ଅଟେ ।

ସ୍ୱୀଟ (ସ୍ୱେଟ) ଇକ୍ୱିଟୀ : ଆଇପୀଏଲ ମ୍ୟାଚ ବିବାଦ ସମୟରେ ଏହି ଶବ୍ଦ ଟିକେ ଚର୍ଚ୍ଚାରେ ଆସିଥିଲା, କିନ୍ତୁ ଶେୟାର ବଜାର ଓ ଆର୍ଥିକ ଜଗତରେ ଏହି ଶବ୍ଦ ବର୍ଷ ବର୍ଷ ହେବ ପ୍ରଚଳିତ ହେଉଛି । କମ୍ପାନୀ ଯେତେବେଳେ ନିଜ କର୍ମଚାରୀମାନଙ୍କୁ ଓ ନିବେଶକମାନଙ୍କୁ ରିହାତୀ ଦରରେ ଇକ୍ୱିଟୀ ଶେୟାର ଦିଏ ସେତେବେଳେ ଏପରି ଶେୟାରକୁ ସ୍ୱୀଟ ଶେୟାର କୁହାଯାଏ । ସାଧାରଣତଃ ଏହି ସ୍ୱୀଟ (ସ୍ୱେଟ) ଇକ୍ୱିଟୀ ଶେୟାର କର୍ମଚାରୀମାନଙ୍କୁ ଓ ନିବେଶକମାନଙ୍କୁ ସେମାନଙ୍କ ଦ୍ୱାରା କମ୍ପାନୀର ହିତ ପାଇଁ କରାଯାଇଥିବା ମହତ୍ତ୍ୱପୂର୍ଣ୍ଣ ଯୋଗଦାନର ବଦଳରେ ଦିଆଯାଏ । କେବେ କେବେ ଏହି ଶେୟାର ବିଲକୁଲ ନିଃଶୁଳ୍କ ମଧ୍ୟ ଦିଆଯାଏ ।

ସିକ କମ୍ପାନୀ : ବେମାର କମ୍ପାନୀ ବା ଖରାପ କମ୍ପାନୀକୁ ସିକ କମ୍ପାନୀ କୁହାଯାଏ । କମ୍ପାନୀ ଅଧିନିୟମରେ ବେମାର କମ୍ପାନୀର ବ୍ୟାଖ୍ୟା କରାଯାଇଛି । ଯେଉଁ ଅନୁସାରେ କମ୍ପାନୀର ନେଟଓ୍ୱର୍ଥ ସମାପ୍ତ ହୋଇଯାଛି ଅର୍ଥାତ୍ ଯେଉଁ କମ୍ପାନୀର ସଞ୍ଚିତ କ୍ଷତି ବଢ଼ି ତାର ନେଟଓ୍ୱର୍ଥରୁ ଅଧିକ ହୋଇଯାଇଛି ତାକୁ ବେମାର କମ୍ପାନୀ ମାନି ନିଆଯାଏ ଓ ଏପରି କମ୍ପାନୀକୁ ବେମାର କମ୍ପାନୀ କୁହାଯାଏ । ଏପରି କମ୍ପାନୀର ଉପଚାର ହୋଇ ପାରିବ । ଯାହା ଉପରେ ପ୍ରମୋଟର କମ୍ପାନୀର ଅନ୍ୟ ଧନର ନିବେଶ କରାଯାଏ, ଅନ୍ୟ ପ୍ରମୋଟରମାନଙ୍କୁ ସହଯୋଗ କରାଯାଏ, ଯାହାଦ୍ୱାରା ସେହି କମ୍ପାନୀ ବେମାରୀ ଅବସ୍ଥାରୁ ବାହରକୁ ଆସି ପାରିବ । ବେମାର କମ୍ପାନୀର ବିଆଇଏଫଆର (ବୋର୍ଡ ଫର ଇଣ୍ଡଷ୍ଟ୍ରିୟାଲ ଆଣ୍ଡ ଫାଇନେନ୍ସିଆଲ ରିକନଷ୍ଟ୍ରକଶନ) ରେ ସୂଚୀବଦ୍ଧ କରିବାକୁ ହୋଇଥାଏ । ଏହି ବୋର୍ଡ କମ୍ପାନୀର ସ୍ଥିତିର ଜାଞ୍ଚ କରି ତାର ଉପଚାର ପାଇଁ ପରାମର୍ଶ ଦିଅନ୍ତି । ଯଦି ତାହା ସୁଧୁରିବା ପରି ଜଣା ନଯାଏ ତେବେ ଏପରି ଅବସ୍ଥାରେ କମ୍ପାନୀକୁ ୱାଇଣ୍ଡ ଅପ (can) କରିବାକୁ ପରାମର୍ଶ ଦିଆଯାଏ । ନିବେଶକମାନଙ୍କୁ ଏହିପରି କମ୍ପାନୀମାନଙ୍କ ଉପରେ ପୁନର୍ବାର ନଜର ରଖିବା ଉଚିତ୍ । ଯଦି ଏହି କମ୍ପାନୀ ସୁଧୁରିବାର ସମ୍ଭାବନା ଦେଖାଦିଏ ତେବେ ସେହି କମ୍ପାନୀର ଶେୟାର କମ ମୂଲ୍ୟରେ କିଣିବା ଉଚିତ୍ ଓ ଯଦି କମ୍ପାନୀ ବନ୍ଦ ହେବା ପରି ଲାଗୁଛି ତେବେ ନିଜ ଶେୟାର ବିକି ଦେବା ଉଚିତ୍ ।

ସେଲିଙ୍ଗ ପ୍ରେସର : ଶେୟାର ବଜାରରେ ଏହି ଶବ୍ଦ ପ୍ରଚଳିତ ହେବା ସହିତ ବ୍ୟସ୍ତତା ଖେଳାଇ ଯାଏ । ଏହାର ଅର୍ଥ ହେଉଛି ଚାପ । ଯେତେବେଳେ ଶେୟାର ବଜାରରେ ନିରନ୍ତର ବା ବଡ଼ ମାତ୍ରାରେ ବିକ୍ରିବଟା ହୁଏ ସେତେବେଳେ ଏପରି ସ୍ଥିତିକୁ

ସେଲିଙ୍ଗ ପ୍ରେସର କୁହାଯାଏ । ଏହା ଦ୍ୱାରା ବଜାର ମାନ୍ଦା ଅବସ୍ଥାକୁ ଯାଏ । ସେଲିଙ୍ଗ ପ୍ରେସର ପୂରା ବଜାରରେ ମଧ୍ୟ ହୋଇପାରେ ବା ଏଫ ଆଇ ଆଇ ବା ମ୍ୟୁଚୁଆଲ ଫଣ୍ଡ ପରି ସମୂହର ମଧ୍ୟ ହୋଇପାରେ । ଯେତେବେଳେ କୌଣସି ଗୋଟିଏ ବର୍ଗ ଦ୍ୱାରା ବିକ୍ରିବଟାର ଚାପ ପଡ଼େ ସେତେବେଳେ ଅଧିକ ଚିନ୍ତାର ଆବଶ୍ୟକତା ନାହିଁ, କିନ୍ତୁ ଯେତେବେଳେ ଏହି ଚାପ ସମସ୍ତ ବର୍ଗ ମଧ୍ୟରେ ହେବ ସେତେବେଳେ ସ୍ଥିତି ଚିନ୍ତାଦାୟକ ହେବ ।

ଶେୟାରହୋଲ୍ଡିଙ୍ଗ ପ୍ୟାଟର୍ଣ୍ଣ : ଏହି ଶବ୍ଦ ନିବେଶକମାନଙ୍କ ମଧ୍ୟରେ ଏହାର ମହତ୍ତ୍ୱ ଅଧିକ ଅଟେ । ପ୍ରତ୍ୟେକ କମ୍ପାନୀର ଶେୟାର ହୋଲ୍ଡିଙ୍ଗ ପ୍ୟାଟର୍ଣ୍ଣ ଅଛି । ଏହାର ଅର୍ଥ ହେଉଛି ଯେ ସେହି କମ୍ପାନୀର ଶେୟାର ପୁଞ୍ଜୀରେ କେଉଁ ବର୍ଗର କେତେ ଶେୟାର ଅଛି, ଏହାର ସୂଚନା ଶେୟାରହୋଲ୍ଡିଙ୍ଗ ପ୍ୟାଟର୍ଣ୍ଣ ରୂପେ ଜଣାଶୁଣା । ଏହାକୁ ଆଧାର କରି କମ୍ପାନୀର ମୂଲ୍ୟାଙ୍କନ ମଧ୍ୟ କରାଯାଏ । କୌଣସି କମ୍ପାନୀରେ ଅଲଗା ଅଲଗା ଶେୟାରଧାରକ ଥାନ୍ତି, ଯେଉଁଥିରେ କମ୍ପାନୀର ପ୍ରମୋଟରଙ୍କ ଛଡ଼ା ସାର୍ବଜନିକ ଜନତା, ବିଦେଶୀ ସଂସ୍ଥାଗତ (ଏଫ ଆଇ ଆଇ), ମ୍ୟୁଚୁଆଲ ଫଣ୍ଡ, ଘରୋଇ ସଂସ୍ଥାଗତ ନିବେଶକ (ଯେଉଁଥିରେ ବୀମା କମ୍ପାନୀ ବ୍ୟାଙ୍କ ଆଦିଙ୍କର ସମାବେଶ ଥାଏ), ଏନଆରଆଇ (ବିଦେଶୀ ଭାରତୀୟ) ଆଦି ଥାନ୍ତି । ସାମାନ୍ୟତଃ ଯେଉଁ କମ୍ପାନୀର ଶେୟାର ଧାରୀଙ୍କ ସଂଖ୍ୟା ଅଧିକ ଥାଏ ତାକୁ ମଜଭୂତ୍ କମ୍ପାନୀ କୁହାଯାଏ, କାରଣ ପ୍ରମୋଟରମାନଙ୍କ ଭାଗ ଅଧିକ ହୋଇଥିବାରୁ ତାର ବିକାଶ ପାଇଁ ଅଧିକ ସକ୍ରିୟ ଏବଂ ଗମ୍ଭୀର ରୁହନ୍ତି, ଏପରି ମନେକରାଯାଏ । ଯେଉଁ କମ୍ପାନୀର ଶେୟାରଧାରୀରେ ଜନତାଙ୍କର ଭାଗ କମ ହୋଇଥାଏ ବଜାରରେ ତାର ଶେୟାର କମ ରୁହେ, ଯାହାଦ୍ୱାରା ବଜାରରେ ଏହାର ଆବଶ୍ୟକତା ବଢ଼ିବା ଦ୍ୱାରା ମୂଲ୍ୟ ବଢ଼ିବାର ସମ୍ଭାବନା ଅଧିକ ଥାଏ । ଏହିପରି ଏଫ ଆଇ ଆଇ, ବିତ୍ତୀୟ ସଂସ୍ଥା ଓ ମ୍ୟୁଚୁଆଲ ଫଣ୍ଡର ଶେୟାରଧାରୀ ଅଧିକ ଥିବା କମ୍ପାନୀମାନଙ୍କୁ ମଧ୍ୟ ଭଲ ମନେକରାଯାଏ, କାରଣ ସେହି କମ୍ପାନୀମାନଙ୍କର ଫଣ୍ଡାମେଣ୍ଟାଲ ମଜଭୂତ୍ ଆଧାର ଉପରେ ଏହି ବିତ୍ତ ବିଶେଷଜ୍ଞମାନେ ଏଥିରେ ନିବେଶ କରିଥିବେ, ଏପରି ଧରି ନିଆଯାଇ ପାରେ । ଏପରି କମ୍ପାନୀର ଶେୟାର ହୋଲ୍ଡିଙ୍ଗ ପ୍ୟାଟର୍ଣ୍ଣକୁ ଦେଖି ସେହି କମ୍ପାନୀର ସ୍ୱାସ୍ଥ୍ୟ ବିଷୟରେ ସହଜରେ ଅନୁମାନ କରାଯାଇ ପାରିବ । ପ୍ରତ୍ୟେକ କମ୍ପାନୀର ନିଜର ୱେବସାଇଟ ବା ଶେୟାର ବଜାରର ୱେବସାଟରେ ପ୍ରତ୍ୟେକ କମ୍ପାନୀର ଶେୟାରହୋଲ୍ଡିଙ୍ଗ ପ୍ୟାଟର୍ଣ୍ଣ ଉପଲବ୍ଧ ଥାଏ । ନିବେଶକ ନିବେଶ କରିବା ପୂର୍ବରୁ କମ୍ପାନୀର ଶେୟାର ହୋଲ୍ଡିଙ୍ଗ ପ୍ୟାଟର୍ଣ୍ଣକୁ ଦେଖି ନିଅନ୍ତୁ । ଏପରି ପରାମର୍ଶ ଦିଆଯାଏ ।

ଶର୍ଟ କଭରିଙ୍ଗ : ଶର୍ଟ ସେଲ୍ସ (ବନେଇ ଚୁନେଇ ବିକିବା) ଶବ୍ଦର ଚର୍ଚ୍ଚା ମୁଁ

ପୂର୍ବରୁ କରିଛି । ଏଥର ଏଥିରୁ ସୃଷ୍ଟି ହୋଇଥିବା ଅନ୍ୟ ଶବ୍ଦ ଶର୍ଟ କଭରିଙ୍ଗକୁ ବୁଝିବା । ବଜାର ଯେତେବେଳେ ହ୍ରାସ ହେବ ସେହି ସମୟରେ ଭାଲୁ ହାତରେ ଶେୟାର ନଥାଇ ମଧ୍ୟ ତାକୁ ବିକ୍ରୀ କରି ଦିଅନ୍ତି, ଯାହା ଦ୍ୱାରା ଯଦି ବଜାର ସେମାନଙ୍କ ଧାରଣା ଅନୁସାରେ ଆହୁରି ହ୍ରାସ ହୁଏ ତେବେ ସେହି ହ୍ରାସ ମୂଲ୍ୟ ଉପରେ ଶେୟାର କିଣି ତାର ଡେଲିଭରି ଦେଇ ଦିଅନ୍ତି ଅଥବା ସଉଦାକୁ ମୂଲ୍ୟ ଅନ୍ତର ସହିତ ସମାନ କରି ଦିଅନ୍ତି । ଏହିପରି ଯେତେବେଳେ ବଜାରରେ ଅଧିକାଂଶ କାରବାର ଖରାପ ବିକ୍ରୀ କରି, ପରେ ଶେୟାରକୁ କିଣିଲେ ଅର୍ଥାତ୍ ଶର୍ଟ ସେଲ୍ସ କରିବା ପରେ କିଣିଲେ ତେବେ ଏପରି ଅବସ୍ଥାକୁ ଶର୍ଟ କଭରିଙ୍ଗ କୁହାଯାଏ । ଶେୟାର ବଜାର ସମ୍ବନ୍ଧିତ ଏହି ଶବ୍ଦର ଖବର କାଗଜରେ ବା ଦୈନିକ ମାର୍କେଟ ରିପୋର୍ଟରେ ବହୁତ ଉପଯୋଗ ହୁଏ । ଶର୍ଟ କଭରିଙ୍ଗ କାରଣରୁ ବଜାର ହ୍ରାସ ହେବାରୁ ବା ରିକଭର ହେବାର ଶୁଣିବାକୁ ମିଳେ । ଏହି ପ୍ରକାର ଶର୍ଟ କଭରିଙ୍ଗ ହ୍ରାସ ହେଉଥିବା ବଜାରକୁ ରୋକିବାର କାମ କରେ ।

ଶେୟାର ବଜାରରେ ଡିସକାଉଣ୍ଟ : ଶେୟାର ବଜାରରେ ଡିସକାଉଣ୍ଟର ଅନ୍ୟ ଅର୍ଥ ବି ଅଛି । ମୂଲ୍ୟ ତାର ମୂଳ ମୂଲ୍ୟ ଠାରୁ ତଳକୁ ଚାଲିଯାଏ । ସେତେବେଳେ ଏହାକୁ ଡିସକାଉଣ୍ଟ କୁହାଯାଏ । ଏହାକୁ ବିଲୋ ପାର, ସମମୂଲ୍ୟ ଠାରୁ କମ ମଧ୍ୟ କୁହାଯାଏ । ଅନ୍ୟ ଦିଗରେ କୌଣସ କମ୍ପାନୀର ଶେୟାରକୁ ସମ୍ଭାବିତ ମୂଲ୍ୟ ଠାରୁ କମ୍ ଚାଲୁଥିବ ତେବେ ତାକୁ ବି ଶେୟାର ଡିସକାଉଣ୍ଟରେ ମିଳୁଛି ବୋଲି କୁହାଯାଏ ।

ଏହା ହେଉଛି ଶେୟାରର ମୂଲ୍ୟରେ ଡିସକାଉଣ୍ଟର କଥା । ଅନ୍ୟ ଦିଗରେ ଶେୟାର ବଜାରରେ ଅନେକ ଏପରି ଘଟଣାମାନ ଏବଂ ସମାଚାର ଥାଏ ଯେଉଁଠାରେ ଏହି ଶବ୍ଦର ଉପଯୋଗ କରାଯାଏ । କୌଣସି ଘଟଣା ଘଟିବାର ସମ୍ଭାବନା ମାତ୍ରେ ବଜାର ଉପରେ ତାର ପ୍ରଭାବ ପଡ଼ିଯାଏ ଓ ସେହି ଘଟଣା ବାସ୍ତବରେ ଘଟିବା ପରେ ତାର ଖାସ୍ ପ୍ରଭାବ ବଜାର ଉପରେ ନ ପଡ଼ିଲେ କୁହାଯାଏ ଯେ ସେହି ଘଟଣା ଡିସକାଉଣ୍ଟ ହୋଇଗଲା । ଉଦାହରଣ ସ୍ୱରୂପ ରିଜର୍ଭ ବ୍ୟାଙ୍କର ଘୋଷଣା ମିଳିବାର ସମ୍ଭାବନା ଦ୍ୱାରା ବଜାର ଉପରେ ତାହାର ପ୍ରଭାବ ପଡ଼ିଯିବ ଓ ସତରେ ଘୋଷଣା ଦେଖା ନ ଦେବ ତେବେ କୁହାଯାଏ ଯେ ରିଜର୍ଭ ବ୍ୟାଙ୍କର ଘୋଷଣାଗୁଡ଼ିକ ଡିସକାଉଣ୍ଟ ହୋଇଯାଇଛି ।

ଟପ ଓ ବଟମ : ଶେୟାର ବଜାରରେ ଯେତେବେଳେ ବି କୌଣସି ଶେୟାର ବା ସୂଚକାଙ୍କ ନିଜର ଉଚ୍ଚତମ ସ୍ତର ଉପରେ ପହଞ୍ଚେ ସେତେବେଳେ କୁହାଯାଏ ଯେ ଉକ୍ତ ଶେୟାର ବା ଇଣ୍ଡେକ୍ସ ନିଜର ଟପ ପ୍ରସ୍ତୁତ କରିଛି । ଏହିପରି ତଳ ସ୍ତରରେ ହେବାକୁ ବଟମ କୁହାଯାଏ । ଏହି ଟପ ବା ବଟମ ସମୟ ଅନ୍ତରାଳରେ ନିର୍ଦ୍ଧାରିତ ହୁଏ ।

ଉଦାହରଣ ସ୍ୱରୂପ ସେନସେକ୍ସରେ ୨୦୦୪ ରେ ବଟମ କୁହାଯାଏ । ୧୭୫୦୦ର ଟପ ଓ ୭୬୦୦୦ ବଟମ ପ୍ରସ୍ତୁତ କଲା ।

ଟର୍ଣ୍ଣ ଆରାଉଣ୍ଡ : ଯେତେବେଳେ କୌଣସି କମ୍ପାନୀ କ୍ଷତିରୁ ବାହାରକୁ ଆସି ଲାଭ କରିବାକୁ ଲାଗନ୍ତି ବା ବହୁତ କ୍ଷତି ଦର୍ଶାଉଥିବା କମ୍ପାନୀ ରୁ କ୍ଷତି ନାମକୁ ମାତ୍ର ରୁହେ ତେବେ ଏପରି କମ୍ପାନୀକୁ ଟର୍ଣ୍ଣଆରାଉଣ୍ଡ କମ୍ପାନୀ କୁହାଯାଏ । ନିବେଶକମାନେ ଏପରି କମ୍ପାନୀ ଖୋଜିବା ଉଚିତ୍ । କାରଣ ଏପରି କମ୍ପାନୀ ଆଗାମୀ ସମୟରେ ଲାଭର ଆଶା ଅଧିକ ଯାହା ଦ୍ୱାରା ତାର ମୂଲ୍ୟ ବଢ଼ିବାର ସମ୍ଭାବନା ବଢ଼ିଯାଏ । ବ୍ୟାପାରିକ ପତ୍ରିକା, ରିସର୍ଚ୍ଚ ସମ୍ଭାବନା ବଢ଼ିଯାଏ । ବ୍ୟାପାରିକ ପତ୍ରିକା, ରିସର୍ଚ୍ଚ ଏଜେନ୍ସି, ଷ୍ଟକ ଏକ୍ସଚେଞ୍ଜର ୱେବସାଇଟ ନିରନ୍ତର ଅବଲୋକନ କରି ଏହି ପ୍ରକାରର କମ୍ପାନୀ ଚିହ୍ନଟ କରାଯାଇ ପାରିବ । କେତେ ଥର କୌଣସି ନିଶ୍ଚିତ ଉଦ୍ୟୋଗରେ ମାନ୍ଦା ଅବସ୍ଥାର ସମାପ୍ତ ହେବା ପରେ ସେହି କ୍ଷେତ୍ର ସହିତ ସମ୍ପର୍କିତ କମ୍ପାନୀ ଟର୍ଣ୍ଣ ଆରାଉଣ୍ଡ ହୋଇଯାଏ । ଏହିପରି କେତେକ ସମୟରେ ପୂରା ବଜାର ମଧ୍ୟ ଟର୍ଣ୍ଣ ଆରାଉଣ୍ଡ ହୋଇଯାଏ, ଯେଉଁଥିରେ ବଜାର ନିରନ୍ତର ହ୍ରାସ ହେବା ଜନିତ ନକରାତ୍ମକ ଧାରାରୁ ବାହାରି ସକରାତ୍ମକ ଆଡ଼କୁ ପ୍ରସ୍ଥାନ କରେ ।

ଟେ଼କ ଓଭର : ଯେତେବେଳେ କୌଣସି ଏକ କମ୍ପାନୀର ଅଧିଗ୍ରହଣ କରେ ସେତେବେଳେ ଏହାକୁ ଟେକଓଭର କୁହାଯାଏ । କର୍ପୋରେଟ କ୍ଷେତ୍ରରେ ବଡ଼ କମ୍ପାନୀମାନେ ନିଜ ପରି କାରବାର କରୁଥିବା ଛୋଟ କିନ୍ତୁ ଭଲ କମ୍ପାନୀମାନଙ୍କର ଟେକଓଭର କରି ନିଜେ ଆଗକୁ ବଢ଼ନ୍ତି । ନିଜେ କିଛି ସମୟ ପୂର୍ବେ ଟାଟା ଷ୍ଟୀଲ କ୍ଷେତ୍ରରେ ଟାଟା ଷ୍ଟୀଲ ଦ୍ୱାରା ବିଦେଶୀ କମ୍ପାନୀ କୋରସର ଅଧିଗ୍ରହଣ କଥା ଶୁଣିଥିବେ । ଏବେ ସତରେ ଫୋର୍ଟିସ ହେଲ୍‌ଥ କେୟାର ବିଦେଶୀ କମ୍ପାନୀ ପାର୍କୱେର ମେଜରୀଟୀ ଭାଗ ଅଧିଗ୍ରହଣ କରିଛି । ଭାରତୀ ଏୟାରଟେଲ ଆଫ୍ରିକାର ଏକ କମ୍ପାନୀର ଅଧିଗ୍ରହଣ କରି ଚର୍ଚ୍ଚାରେ ରହିଛି । କୌଣସି ବି କମ୍ପାନୀ ଯେତେବେଳେ ଅନ୍ୟ କମ୍ପାନୀର ଟେକଓଭର କରେ ସେତେବେଳେ ତାର ସ୍ୱାମୀତ୍ୱ ନିୟନ୍ତ୍ରଣ ନିଜ ହାତକୁ ନେଇନିଏ, ଯେଉଁ କାରଣ ଏହି ଟେକଓଭର ସେୟାର ଧାରକ ଏବଂ ନିବେଶକ ପାଇଁ ସମ୍ବେଦନଶୀଳ ଓ ମହତ୍ୱପୂର୍ଣ୍ଣ ହୋଇଯାଏ । ଯେତେବେଳେ କୌଣସି ମଜଭୂତ ଓ ସମର୍ଥ କମ୍ପାନୀ କୌଣସି ଅନ୍ୟ କମଜୋର କମ୍ପାନୀର ଅଧିଗ୍ରହଣ କରେ ସେତେବେଳେ କମଜୋର କମ୍ପାନୀର ଶେୟାର ଧାରକ ଖୁସୀ ହୋଇଯାନ୍ତି, ଯେତେବେଳେ କି ଅଧିଗ୍ରହଣେ କରିବା ବାଲା କମ୍ପାନୀର ଶେୟାର ଧାରକ ଭାବନ୍ତି ଯେ ଏହା ଦ୍ୱାରା ତାଙ୍କ କମ୍ପାନୀର ବୋଝ ନ ବଢ଼ିଲେ ଭଲ ।

ଟେକଓଭର ପରସ୍ପର ସହମତ ଦ୍ୱାରା ମଧ୍ୟ ହୋଇଥାଏ ତଥା ବଜାରର ବ୍ୟୁହରଚନା ସହିତ ଚାଲାକିର ସହିତ ମଧ୍ୟ କରାଯାଏ, ଯେଉଁଥିରେ ଅନେକ ଥର ଯେଉଁ କମ୍ପାନୀର ଟେକଓଭର କରାଯାଏ, ସେହି କମ୍ପାନୀର ମ୍ୟାନେଜମେଣ୍ଟକୁ ଅନ୍ଧାର ମଧ୍ୟରେ ମଧ୍ୟ

ରଖାଯାଏ । ଏହି ଧରଣର ଟେକଓଭର ପ୍ରହାରର ଅନେକ କାହାଣୀ କର୍ପୋରେଟ ଇତିହାସରେ ଲେଖାଯାଇଛି । ଏପରି ଟେକଓଭରକୁ ହୋଷ୍ଟାଇଲ ଟେକଓଭର କୁହାଯାଏ । ଏହି ବିଷୟରେ ଜଟିଳତା ଜଣେ ଶେୟାର ଧାରକର ସୁରକ୍ଷା ଏବଂ ହିତର ବିଭିନ୍ନ ପୂଞ୍ଜିକୁ ଧ୍ୟାନରେ ରଖି ସେବୀ ଟେକଓଭର ରେଗୁଲେଶନ ପ୍ରସ୍ତୁତ କରିଛନ୍ତି ଓ ସମୟ ସମୟରେ ଆବଶ୍ୟକତା ଅନୁସାରେ ସେଥିରେ ସୁଧାର ମଧ୍ୟ ଅଣାଯାଏ । ନିବେଶକମାନଙ୍କର କର୍ପୋରେଟ ଟେକଓଭରର କାହାଣୀ ଉପରେ ନଜର ରଖିବା ଉଚିତ୍, କାରଣ ଆଗାମୀ ବର୍ଷମାନଙ୍କରେ ଏପରି କାହାଣୀ ବଢ଼ିବାର ସମ୍ଭାବନା ଅଛି । ଭାରୀ ପ୍ରତିଦ୍ୱନ୍ଦିତାରେ ତିଷ୍ଠି ନପାରିବା ଭଳି ଛୋଟ ଓ ମଧ୍ୟମ ଧରଣର କମ୍ପାନୀମାନଙ୍କୁ ବିଶାଳକାୟ କମ୍ପାନୀ ଯଦି ଟେକଓଭର କରିନେବ ତେବେ ଏପରି ଅବସ୍ଥାରେ ସେହି ଛୋଟ କମ୍ପାନୀମାନଙ୍କର ଭାଗ୍ୟ ବଦଳିଯାଏ, ଯହାର ପ୍ରଭାବ ଦୁଇଟି କମ୍ପାନୀର ଶେୟାର ମୂଲ୍ୟ ଉପରେ ପଡ଼େ ।

ଟାର୍ଗେଟ : ଏହାର ସରଳ ଅର୍ଥ ହେଉଛି ଲକ୍ଷ୍ୟ । ଶେୟାର ବଜାରରେ ଟାର୍ଗେଟ ଶବ୍ଦର ଉପଯୋଗ ଶେୟାରର ମୂଲ୍ୟ ସଂଦର୍ଭରେ ବହୁଳ ଭାବେ ବ୍ୟବହାର କରାଯାଏ । ବିଶେଷତଃ ଆନାଲିଷ୍ଟ ନିଜ ରିପୋର୍ଟରେ ଏହି ଶବ୍ଦର ବ୍ୟବହାର କରନ୍ତି । ଉଦାହରଣ ସ୍ୱରୂପ ଗୋଟିଏ କମ୍ପାନୀର ଶେୟାରର ମୂଲ୍ୟ ଆଗାମୀ ତିନି ମାସରେ ବା କିଛି ମାସରେ ୫୦୦ ଟଙ୍କା ପର୍ଯ୍ୟନ୍ତ ପହଞ୍ଚିବାର ଟାର୍ଗେଟ ଅଛି । ଏହି ଟାର୍ଗେଟ ଅର୍ଥାତ୍ ଲକ୍ଷ୍ୟ ପାଇଁ ଏନଲିଷ୍ଟ ହୋଇଥିବା ବିଭିନ୍ନ କାରଣ ବି ଜଣାଇ ଦିଅନ୍ତି । ଟାର୍ଗେଟ ମୂଲ୍ୟ ଶର୍ଟ ଟର୍ମ ପାଇଁ ଅଧିକ ବ୍ୟବହାର କରାଯାଏ ଓ ସେଥିରେ ପରିସ୍ଥିତିମାନଙ୍କ ଅନୁସାରେ ସମୟ ସମୟରେ ପରିବର୍ତ୍ତନ ମଧ୍ୟ କରାଯାଏ । ଏଠାରେ ଏହି କଥାର ବିଶେଷ ଧ୍ୟାନ ରଖିବା ଉଚିତ୍ ଯେ ଯେତେବେଳେ କୌଣସି ଏନଲିଷ୍ଟ କୌଣସି ଶେୟାରର ଟାର୍ଗେଟ ମୂଲ୍ୟ ଜଣାଇଦିଏ ସେତେବେଳେ ତାକୁ ଆଧାର କରି ଆଖି ବନ୍ଦ କରି ନିବେଶ କରିବା ଉଚିତ୍ ନୁହେଁ । ବଜାରରେ ବୃଦ୍ଧି ସମୟରେ ଟାର୍ଗେଟ ପୂରା ହେଲେ ମଧ୍ୟ ସର୍ବଦା ଏପରି ହେବ, ଏହା ଜରୁରୀ ନୁହେଁ ।

ଟ୍ରୀଗର : ଏହି ଶବ୍ଦ ଟିକେ ସମ୍ବେଦନଶୀଳ ଅଟେ ଏହାର ସିଧାସାଧା ଅର୍ଥ ହେଉଛି ବଜାରର ଚାଲାକ ବଳ ବା ଡ୍ରାଇଭର । ବଜାରର ଭାଷାରେ କୁହାଗଲେ ମାର୍କେଟକୁ ଉଚ୍ଚକୁ ନେଇଯିବା ପାଇଁ କୌଣସି ଟ୍ରୀଗରର ଆବଶ୍ୟକତା ପଡ଼େ । ଶେୟାର ବଜାର ଏକ ବା ଅନେକ କାରକ ତତ୍ତ୍ୱମାନଙ୍କ ଆଧାର ଉପରେ ସଂଚାଳିତ ହୋଇଥାଏ । ତାର ଗତି ଉପରକୁ ବା ତଳକୁ ହୋଇପାରେ । ପରନ୍ତୁ ବଜାରକୁ ବେଗ ଦେବା ପାଇଁ ଟ୍ରୀଗର ପଏଣ୍ଟ ଆବଶ୍ୟକ ଅଛି ଉଦାହରଣ ସ୍ୱରୂପ ସରକାର ଯେତେବେଳେ କୌଣସି ଉଦାର ଓ ପ୍ରୋତ୍ସାହନ ମୂଳକ ନୀତି ଅବଲମ୍ବନ କରନ୍ତି ସେତେବେଳେ ବଜାରକୁ

ଉପରକୁ ଯିବା ପାଇଁ ଟ୍ରୀଗର ମିଳିଯାଏ ଅଥବା ରିଲାଏନ୍ସ ପରି ବିଶାଳ କମ୍ପାନୀର ପରିଣାମ ଯଦି ଅଧିକ ଉତ୍ସାହ ବର୍ଦ୍ଧକ ଜଣାଯାଏ ତେବେ ଏହା ବଜାରକୁ ଉପରକୁ ନେଇଯିବା ପାଇଁ ଟ୍ରୀଗରର ଲକ୍ଷଣ ଅଟେ । ରିଜର୍ଭ ବ୍ୟାଙ୍କର ଋଣ ନୀତି ଅତ୍ୟଧିକ ପ୍ରୋତ୍ସାହନ ଦେଉଥିଲା, ଯାହା ଦ୍ୱାରା ବଜାରକୁ ଉପରକୁ ଯିବାର ଟ୍ରୀଗର ମିଳି ଯାଉଥିଲା । ଏହିପରି ଶେୟାର ବଜାରର ଚାଲକୁ ବେଗ ଦେଉଥିବା କାରକ ତତ୍ତ୍ୱକୁ ଟ୍ରୀଗର କୁହାଯାଏ, କାରଣ ଏହାକୁ ପଢ଼ି ଆପଣ ଲାଭାନ୍ୱିତ ହୁଅନ୍ତି ।

ୟୁସୀସୀ (ୟୁନିକ କ୍ଲାଏଣ୍ଟ କୋଡ) : ଶେୟାର ଦଲାଲମାନଙ୍କ ପାଖରେ ନିଜର ପଞ୍ଜୀକରଣ କରାଉଥିବା ପ୍ରତ୍ୟେକ ଗ୍ରାହକଙ୍କୁ ଗୋଟିଏ କାର୍ଡ ନମ୍ବର ଦିଆଯାଏ । ବ୍ରୋକର ପାଖରେ ଶେୟାରର ସଉଦା ଲେଖାଇବା ସମୟରେ ଗ୍ରାହକାମାନଙ୍କୁ ଏହି କୋଡ଼ ନମ୍ବର କହିବାକୁ ପଡ଼େ ।

ୟୁଲିପ : ଅପ୍ରେଲ ମାସରେ ଏହି ନାମ ବିବାଦ ମଧ୍ୟକୁ ଚାଲି ଆସିଥିଲା । ୟୁଲିପର ପୂରା ନାମ ହେଉଛି ୟୁନିଟ ଲିଙ୍କଡ ଇନ୍ସ୍ୟୋରେନ୍ସ ପ୍ଲାନ ଅର୍ଥାତ୍ ଏକ ଏପରି ନିବେଶ ଯେଉଁଥିରେ ନିବେଶ କରିବା ଦ୍ୱାରା ବ୍ୟକ୍ତିର ଜୀବନ ବୀମା ମଧ୍ୟ ହୋଇଯାଏ । ତା ଦ୍ୱାରା କରାଯାଇଥିବା ନିବେଶର ସିକ୍ୟୁରଟୀଜ ମାର୍କେଟରେ ପ୍ରବେଶ କରାଯାଏ, ଯାହା ଦ୍ୱାରା ତାକୁ ପ୍ରତିଭୂତି ବଜାରର ଏକ୍ସପୋଜର ମଧ୍ୟ ମିଳିଯାଏ । ଏବେ ଆମେ ଏହାର ବିବାଦ କଥା ଆରମ୍ଭ କରିବା । ୟୁଲିପ ଗୋଟିଏ ମ୍ୟୁଚୁଆଲ ଫଣ୍ଡ ପରି ସ୍କିମ ଅଟେ ଯାହା ନିବେଶ ସହିତ ବୀମାର ଲାଭ ଅଫର କରେ । ଏଠାରେ ଏହା ସ୍ପଷ୍ଟ କରିବା ଜରୁରୀ ଅଟେ ଯେ ନିବେଶକମାନଙ୍କୁ ବୀମା ପ୍ରଡକ୍ଟରେ ବୀମାର ପ୍ରଣାଳୀ ଦ୍ୱାରା ହିଁ ନିବେଶ କରିବା ଉଚିତ୍ । ଯେଉଁ ବ୍ୟକ୍ତି ସତରେ ନିଜ ପରିବାରର ହିତ ପାଇଁ ନିଜ ଜୀବନକୁ ବୀମା ଦ୍ୱାରା ସୁରକ୍ଷା କରିବାକୁ ଚାହେଁ ତାର ନିବେଶରେ ବୀମାର ମାତ୍ରା ଅଧିକ ରାଶି ବାଲା ଯୋଜନା ମାନଙ୍କର ସମାବେଶ ହେବା ଉଚିତ୍ । ୟୁଲିପରେ ବୀମାର ଭାଗ ବହୁତ କମ ହୋଇଥାଏ ଓ ସିକ୍ୟୁରିଟୀଜରେ ନିବେଶର ଭାଗ ବହୁତ ଉଚ୍ଚ ଅଟେ । ୟୁଲିପ ହେଉ ବା ଏପରି ଅନ୍ୟ କୌଣସି ଯୋଜନା ହେଉ ନିବେଶକ ଏହି ଯୋଜନାଗୁଡ଼ିକୁ ଭଲଭାବେ ପଢ଼ି ନିଜ ଆବଶ୍ୟକତା ଅନୁଯାୟୀ ଏହାକୁ ବାଛନ୍ତୁ ।

❑❑❑